高校学生管理教育与校园文化建设探究

刘强珺　段　强　郑静雯 ◎ 著

吉林出版集团股份有限公司

版权所有　侵权必究

图书在版编目（CIP）数据

高校学生管理教育与校园文化建设探究 / 刘强珺，段强，郑静雯著． — 长春：吉林出版集团股份有限公司，2024.4

ISBN 978-7-5731-4883-4

Ⅰ．①高… Ⅱ．①刘… ②段… ③郑… Ⅲ．①高等学校－学生－学校管理－研究－中国②高等学校－校园文化－建设－研究－中国 Ⅳ．①G645.5②G647

中国国家版本馆CIP数据核字（2024）第079313号

高校学生管理教育与校园文化建设探究
GAOXIAO XUESHENG GUANLI JIAOYU YU XIAOYUAN WENHUA JIANSHE TANJIU

著　　者	刘强珺　段　强　郑静雯
出版策划	崔文辉
责任编辑	杨　蕊
封面设计	文　一
出　　版	吉林出版集团股份有限公司
	（长春市福祉大路5788号，邮政编码：130118）
发　　行	吉林出版集团译文图书经营有限公司
	（http://shop34896900.taobao.com）
电　　话	总编办：0431-81629909　营销部：0431-81629880/81629900
印　　刷	北京昌联印刷有限公司
开　　本	787mm×1092mm　1/16
字　　数	350千字
印　　张	17
版　　次	2024年4月第1版
印　　次	2024年4月第1次印刷
书　　号	ISBN 978-7-5731-4883-4
定　　价	89.00元

如发现印装质量问题，影响阅读，请与印刷厂联系调换。电话：010-82751067

前　　言

在当今社会，高校学生管理教育与校园文化建设，已经成为教育体制改革和高等教育发展的重要议题。随着社会的不断进步和高校规模的扩大，学校管理教育与校园文化建设愈发凸显其对培养学生全面素质、促进学术繁荣和社会发展的重要性。

高校学生管理教育是高等教育中一项至关重要的任务，它不仅关系到学生个体的成长与发展，更涉及整个社会的未来。随着社会的不断发展，高校学生面临着日益丰富多样的学科知识和社会信息，培养出具有扎实专业素养、创新能力和团队协作精神的优秀人才成为当务之急。因此，高校学生管理教育应当注重培养学生的综合素质，引导他们积极参与社会实践，培养独立思考和解决问题的能力，使其具备应对未来社会挑战的能力。

同时，高校校园文化建设也是学校管理中不可或缺的一环。校园文化是学校精神风貌的象征，体现了学校的价值观、人文关怀和办学理念。一个丰富多彩、积极向上的校园文化，有助于激发学生的学术兴趣和创造力，促使他们更好地融入学术社群，并在学业和个人发展中迎来更多可能性。通过塑造积极向上的校园文化，高校可以营造浓厚的学术氛围，培养学生的团队协作和创新思维，为其未来职业生涯奠定坚实基础。

然而，高校学生管理教育与校园文化建设之间的关系却并非一成不变。在实际操作中，学校管理者常常面临如何平衡管理与教育、传承与创新的复杂问题。如何在强调学术成果的同时，保持校园文化的多样性和包容性？如何在规范学生行为的同时，激发其创新潜力和个性发展？这些问题无疑需要我们进行深入思考和探讨。

本书从学生管理教育和校园文化建设两个方面出发，分析它们在高校发展中的地位和作用。通过对高校学生管理教育与校园文化建设的深入研究，我们有望发现一些新的思路和方法，为高校管理者提供更具针对性和前瞻性的管理策略。同时，我们也将为广大教育工作者、学生和社会各界提供有益的参考，促使更多人关注高校教育的重要性,共同推动我国高等教育事业的健康发展。

在全球变革的潮流中,高校学生管理教育与校园文化建设将不断面临新的挑战与机遇,我们期待通过本书的深入讨论,为高等教育的可持续发展贡献一分微薄之力。

目 录

第一章 高校教育管理概述 ··· 1
第一节 高校教育管理的内涵与价值 ································ 1
第二节 高校教育管理的理念与原则 ································ 15
第三节 高校教育管理的过程与方法 ································ 26
第四节 高校教育管理的发展与创新 ································ 36

第二章 高校学生心理健康管理 ·· 46
第一节 高校学生心理健康现状 ······································ 46
第二节 高校学生情绪管理 ·· 54
第三节 高校学生抗压管理 ·· 63

第三章 高校学生管理工作理念与模式 ································ 73
第一节 学生管理工作理念的实质与内涵 ························· 73
第二节 学生管理工作创新的实现途径 ···························· 84
第三节 学生管理模式创新的基本原则 ···························· 90
第四节 学生管理模式的法制化 ······································ 101

第四章 高校学生管理工作体系的构建 ································ 111
第一节 大学生管理工作新体系构建的意义 ···················· 111
第二节 大学生管理工作新体系构建的思考 ···················· 122
第三节 大学生管理工作新体系构建的实践 ···················· 133

第五章 新生代大学生的教育管理策略 ································ 141
第一节 更新大学生教育管理理念 ·································· 141

第二节　创新大学生教育管理方法 ································ 150
　　第三节　拓展大学生教育管理途径 ································ 159
　　第四节　提升高等院校教育管理主体素质 ························ 165
　　第五节　激发学生个体的主体自觉性 ······························ 176
　　第六节　管教结合，促进大学生个性发展 ························ 186

第六章　高校校园文化的作用与功能 ································ 196
　　第一节　高校校园文化对学校发展的推动作用 ·················· 196
　　第二节　高校校园文化的社会辐射功能 ··························· 206
　　第三节　高校校园文化的育人功能 ································ 217

第七章　高校校园文化建设的实现路径 ······························ 230
　　第一节　大学校园文化建设的目标和原则 ························ 230
　　第二节　大学校园文化建设的机制构建 ··························· 241
　　第三节　大学校园文化的创新发展 ································ 254

参考文献 ·· 265

第一章 高校教育管理概述

第一节 高校教育管理的内涵与价值

一、高校教育管理概念解析

高校教育管理是指在高等教育机构内,通过制定和执行各种政策、规章制度,组织实施教学、科研、学科建设等各项工作的过程。随着社会的不断发展和高校规模的扩大,高校教育管理变得日益复杂而关键。本书从多个维度对高校教育管理进行全面解析,包括其概念、重要性、组织结构、政策制定、质量保障、信息化应用等方面。

(一)高校教育管理的概念

高校教育管理是以组织、计划、协调、监督为主要内容的活动,旨在推动高等教育机构的科学发展、提高教育质量、促进教育公平。具体而言,高校教育管理包括学科建设、课程设置、师资队伍建设、学生管理、财务管理、设施建设等方面的工作。

1. 学科建设管理

高校教育管理的重要组成部分之一是学科建设管理。涉及确定学科发展方向、配置学科资源、制定学科发展规划等。通过科学合理的学科建设,高校可以更好地适应社会需求、培养更具竞争力的人才。

2. 师资队伍建设

管理高校的师资队伍是高校教育管理的核心之一。包括教师招聘、培训、考核、激励等一系列工作。优秀的师资队伍是高校保证教育质量的基础,而高效的管理是实现这一目标的保障。

3. 课程设置与教学管理

高校教育管理需要对课程设置进行规划和调整，以适应社会需求和学科发展。同时，教学管理也涉及教学计划的制定、教学评估、教学资源的合理利用等方面。

4. 学生管理

学生是高校的重要组成部分，学生管理涵盖了招生、培养、管理等方方面面。包括学籍管理、学业辅导、生活服务等，旨在提供良好的学习环境和全面的发展支持。

5. 财务管理

财务管理是高校教育管理的基础。包括经费的申请、使用、监管，以及财务决策的科学性和透明性。良好的财务管理有助于确保高校的正常运转和可持续发展。

（二）高校教育管理的重要性

高校教育管理的重要性不仅体现在保障高校正常运作，更关系到高等教育的质量、社会效益和国家创新力的提升。

1. 质量保障

教育质量是高校存在的根本。通过科学合理的管理，可以更好地规范教育教学活动，确保课程的质量、业水平，提高高校的整体办学水平。

2. 社会效益

高校是社会培养人才的重要渠道，而人才的培养需要高效的管理。科学的师资队伍、优质的课程设置、丰富的实践机会，都需要管理者有针对性地进行规划和推动。

3. 国家创新力提升

高校在科研、创新方面发挥着关键作用。通过科学的管理，高校可以更好地调动科研资源，促进科研成果的转化和应用，提升国家的创新力。

4. 资源优化利用

高校拥有丰富的资源，包括人才、资金、设施等。通过科学的管理，可以更好地优化这些资源的利用，提高教学效益和研究成果的产出。

（三）高校教育管理的组织结构

高校教育管理的组织结构，通常包括领导层、职能部门和基层单位。这些组织构成相互协作，形成一套科学的管理体系。

1. 领导层

高校领导层通常包括校长、党委书记等。他们负责高校的整体发展战略的制定、对外事务的协调，是高校教育管理的最高决策层。

2. 职能部门

高校的教育管理职能部门涉及招生、教务、科研、学生工作、财务等多个方面。这些部门负责制定相关政策、推动各项工作的实施，协调不同职能部门之间的协作，确保高校的正常运行。

招生办公室：负责高校的招生计划、招生政策的制定与执行，以及招生宣传和录取工作的组织。

教务处：管理学科建设、课程设置、教学计划的制定，监督和评估教学工作，处理学术事务。

科研处：负责科研项目的管理、科研政策的制定，协调科研资源，推动科研成果的产出。

学生工作处：负责学生的管理与服务，包括学籍管理、学生发展规划、心理健康教育等。

财务处：负责高校的财务管理，包括经费的申请、使用、监督，财务决策的制定等。

3. 基层单位

基层单位是高校教育管理的实施单位，包括各个学院、研究所、实验室等。基层单位负责具体的教学、科研、学科建设等工作，是高校管理的执行主体。

（四）高校教育管理的政策制定

高校教育管理的政策制定是保障高校顺利运行的基础。包括以下几方面：

1. 法规政策

高校教育管理需要遵守国家和地方相关的法规政策，包括《高等教育法》《学位授予规定》等，确保高校的办学行为合法合规。

2. 内部规章

高校制定一系列内部规章，如学科专业设置方案、课程教学大纲、招生计划等，以规范内部管理，确保各项工作的顺利推进。

3. 发展规划

高校需要制定长期发展规划，明确未来的发展方向和目标，为高校的持续发展提供战略指导。

4. 人才培养方案

高校需要根据社会需求和学科发展，制定人才培养方案，明确专业的培养目标、课程设置、实践环节等。

5. 财务预算

财务管理是高校教育管理的重要组成部分。高校需要制定财务预算，合理安排资金使用，确保各项工作的顺利进行。

（五）高校教育管理的信息化应用

随着信息技术的飞速发展，高校教育管理也逐渐迈入了信息化时代。信息化应用对高校教育管理的影响主要体现在以下几个方面：

1. 学生信息管理系统

学生信息管理系统通过数字化手段实现学生档案的建立、管理和查询，包括学籍信息、成绩记录、奖励信息等，提高了学生信息管理的效率。

2. 教务管理系统

教务管理系统涵盖了课程安排、选课管理、考试安排等方面。通过该系统，高校可以更加科学地制定教学计划，提高教务工作的透明度和规范性。

3. 科研管理系统

科研管理系统能够帮助高校更好地管理科研项目、研究团队、科研成果等。数字化的管理方式提高了科研信息的整合和流通效率。

4. 在线教育平台

高校可以通过在线教育平台拓展教育资源，实现信息化教学。这种方式不仅提高了教学资源的利用率，还拓展了高校的影响力。

5. 决策支持系统

决策支持系统通过数据分析和可视化展示，为高校领导提供科学决策的支持。通过对数据的深入分析，领导层能够更好地制定发展战略和政策。

（六）未来发展趋势

1. 智能化管理

未来，高校教育管理将更加智能化。通过引入人工智能、大数据分析等技术，实现对教育管理的智能化决策和优化。

2. 全球化视野

高校教育管理将更加注重国际化、全球化。推动国际合作，吸引国际学生和教职工，提高高校在国际上的竞争力。

3. 终身教育

高校将逐渐发展成为终身教育的平台，提供更广泛的教育服务。除了传统的本科教育，还将拓展培训、成人教育等多元化的教育形式。

4. 社会责任感

高校将更加强调社会责任感，注重培养学生的社会责任意识和创新精神。高校教育管理将更加关注社会需求，积极参与社会服务和解决社会问题，促进产学研深度融合。

5. 在线化运营

随着数字化和信息化的推进，高校的运营将更加在线化。包括在线教育、在线招生、在线管理等方面，提升高校运营的灵活性和效率。

6. 数据驱动决策

未来高校管理将更加依赖数据驱动决策。通过大数据分析，高校可以更准确地洞察学生需求、课程效果等，从而优化教学管理和资源配置。

7. 跨界合作

高校将进一步推动产学研合作，加强与行业、企业的跨界合作。不仅有助于学术研究与实际需求的对接，还能为学生提供更多实践机会。

8. 社交化教育

社交媒体和在线社交平台的普及将使得教育更具社交化特征。高校教育管理将更多地利用社交媒体平台，进行招生宣传、学生交流等，推动教育与社交的融合。

高校教育管理作为高校运行的基础和保障，不仅关系到高校的发展和质量，也与培养出符合社会需求的优秀人才密切相关。随着社会的不断发展和科技的不断进步，高校教育管理也在不断创新与变革。未来，高校教育管理将更加注重智能化、全球化、社会责任感等方面的发展，以适应社会的需求变化，推动高校教育事业的不断提升。在这一过程中，高校管理者需要不断学习、适应变革，引领高校朝着更加开放、创新、卓越的方向前行。

二、高校教育管理的核心价值

高校教育管理是一项综合性、系统性的工作，旨在推动高等教育机构的科学发展、提高教育质量、促进教育公平。高校教育管理的核心价值体现在对学校整体运作的引导和支持上，以实现优质教育的目标。本书从多个维度深入探讨高校教育管理的核心价值，包括其对学术研究、学科建设、人才培养、社会服务等方面的影响。

（一）培养创新人才的使命

高校教育管理的核心价值之一是培养创新人才。创新人才是社会进步和发展的引擎，而高校作为人才培养的主要场所，教育管理必须以培养创新能力为核心目标。在这一使命下，高校教育管理应该注重以下几个方面：

1. 创新性课程设置

通过灵活多样的课程设置，高校能够满足不同学科和专业的学生的需求，激发学生的创新潜力。跨学科的课程设计、实践项目和创新实验，有助于拓展学生的思维和能力。

2. 科研创新支持

高校教育管理应该为科研提供良好的支持环境。鼓励教师参与创新性研究项目，提供必要的科研经费和实验设施，激发教师的研究热情，同时也为学生提供更多参与科研的机会。

3. 创业与实践机会

为学生提供创业与实践的机会是高校教育管理的一项重要任务。通过与企业的合作、创业孵化基地的建设，学生能够在实际操作中培养创新精神和实践能力。

4. 创新教学方法

高校教育管理应促进创新教学方法的应用，包括案例教学、项目驱动教学、在线教育等。这有助于激发学生的学习兴趣，培养他们自主学习和解决问题的能力。

（二）提升学术水平的追求

高校教育管理的核心价值之一是追求学术卓越，为学术研究提供有力支持。高校作为知识生产和传播的中心，教育管理应以提升学术水平为己任。

1. 学术自由和独立性

高校教育管理应该创造良好的学术环境，保障学术自由和独立性。包括尊重教师的学术观点和研究方向，为他们提供充足的时间和资源进行深度研究。

2. 国际学术交流

通过国际学术交流，高校能够引入先进的研究思路和方法，提升学术水平。国际合作项目、学术会议、访问学者计划等都是促进学术交流的有效手段。

3. 学术评价机制

高校教育管理应建立科学的学术评价机制，鼓励和奖励优秀的学术成果。包括科研项目的评审、发表论文的评价、专著出版等，以促进教师的学术积极性。

4. 学术资源共享

高校教育管理应促进学术资源的共享。建立开放获取平台、共享实验室等，有助于提高学术研究的效率，推动知识的共同创造。

（三）实现全面人才培养的目标

高校教育管理的核心价值还在于实现全面人才培养的目标。全面人才培养不仅包括专业知识的传授，更关注学生综合素养和实践能力的培养。

1. 素质教育

高校教育管理应该倡导素质教育理念，关注学生的综合素养。培养学生的文化修养、社会责任感、创新能力等，使其具备更全面的人才素质。

2. 实践教育

通过实践教育，高校能够培养学生的实际操作能力和团队协作精神。实践环节包括实习、实训、社会实践等，学生在实际中学以致用。

3. 终身学习观念

高校教育管理的核心价值还在于培养学生的终身学习观念。在知识更新迅速的时代，学生需要具备不断学习、适应变化的能力。高校教育管理应该通过课程设置、导师制度等方式，激发学生持续学习的兴趣和动力。

4. 全球视野与跨文化能力

高校教育管理的核心价值还包括培养学生的全球视野和跨文化能力。意味着在课程设置中融入国际化元素，鼓励学生参与国际交流与合作，使其具备处理全球性问题和跨文化沟通的能力。

5. 职业发展支持

高校教育管理应该为学生提供全方位的职业发展支持。包括职业规划指导、实习机会提供、校企合作等，使学生在毕业后更好地适应职场需求。

（四）社会服务与责任担当

高校教育管理的核心价值还表现在对社会服务与责任的担当上。高校作为社会的重要组成部分，教育管理应该服务于社会，承担相应的社会责任。

1. 服务地方经济社会发展

高校教育管理应紧密结合当地经济社会发展的实际需求，为地方经济发展和社会进步提供智力支持。通过产学研合作、技术转移、咨询服务等方式，为社会做出积极贡献。

2. 社区服务与文化传承

高校应该通过各种方式与社区建立联系，进行社区服务和文化传承。例如，组织学生参与社区志愿活动、推动文化传统的传承与弘扬等，使高校成为社会的文化和社区建设的重要力量。

3. 解决社会问题与研究

高校教育管理的核心价值还在于促进教师开展关注社会问题的研究。通过深入社会调研、开展社会科学研究，为解决社会问题提供学术支持和政策建议。

4. 社会责任教育

高校教育管理应该注重培养学生的社会责任感。通过开设相关课程、组织社会实践活动，使学生认识到作为一名大学生的社会责任，激发其参与社会公益的热情。

（五）促进教师发展与团队协作

高校教育管理的核心价值还在于促进教师的个人发展和团队协作。教师是高校教育事业的中坚力量，其发展直接关系到高校整体水平。

1. 学术自由与创新

高校教育管理应保障教师的学术自由，鼓励其追求学术创新。通过提供良好的科研环境、合理的工作压力和激励机制，激发教师的学术激情。

2. 专业发展与培训

高校教育管理应该提供全方位的教师培训与发展机会。包括参与国内外学术会议、培训项目、进行跨学科研究等，使教师能够不断提升自身专业水平。

3. 团队协作与交流

高校教育管理应该鼓励教师之间的团队协作与交流。通过组织学科交叉研讨、合作研究项目、定期的教学经验分享等方式，促进教师之间的沟通与合作。

4. 激励机制与晋升途径

高校应建立科学合理的激励机制和晋升途径。通过奖励优秀的教学、科研成果，提供晋升通道等方式，激励教师为高校的发展贡献更多力量。

（六）持续改进与适应变革

高校教育管理的核心价值还体现在持续改进和适应变革的能力上。高校教育管理需要保持敏锐的洞察力，随时调整策略，以适应社会、科技和教育的不断变革。

1. 教育创新

高校教育管理应该鼓励教育创新。包括引入新的教学方法、采用新技术手段、调整课程设置等，以不断提升教育质量和适应学生的需求。

2. 信息化建设

高校教育管理需要加强信息化建设。通过引入先进的教育技术、建设数字化校园，提升教学管理效能，为学校的可持续发展提供数字支持。

3. 灵活的管理机制

高校教育管理应具备灵活的管理机制，能够快速响应外部变化。灵活的管理机制包括对组织结构的灵活调整、决策机制的灵活性、资源配置的灵活应变等。

4. 教育质量保障与评估

高校教育管理的核心价值还在于持续改进教育质量保障体系。建立科学的教学评估机制，注重教学效果和学生满意度，不断优化课程设置和教学方法。

5. 开放合作与资源共享

高校应鼓励开放合作与资源共享。通过与其他高校、研究机构、产业界等建立紧密合作关系，实现资源共享，共同推动教育事业的发展。

6. 人才引进与培养

高校教育管理的核心价值还在于引进和培养优秀的管理人才。通过人才引进政策、定期的管理培训等方式，培养一支具备国际视野和管理专业知识的管理团队。

7. 社会反馈与调整

高校教育管理应该保持与社会的密切联系，及时获取社会反馈。通过听取各方面的建议和意见，及时调整教育管理策略，确保学校的办学方向与社会需求相一致。

（七）公平与多元文化的倡导

高校教育管理的核心价值还在于倡导公平与多元文化。教育公平是社会公正的基石，而多元文化的融合有助于培养具有国际视野的人才。

1. 招生与录取公平

高校教育管理应确保招生与录取过程的公平性，打破地区、贫富差异对教育机会的影响，创造平等的学术竞争环境。

2. 多元文化融合

高校应鼓励多元文化的融合。通过开设多元文化课程、组织国际交流活动，促进学生跨文化交流，培养他们的国际背景和跨文化沟通能力。

3. 性别平等与包容

高校教育管理应关注性别平等与包容。建立公平的晋升机制、关注性别平等教育，使学生都能在平等、包容的环境中学习成长。

4. 残疾人士支持

高校应提供良好的支持体系，确保残疾人士能够平等融入校园生活，享受优质教育资源。

（八）创新与发展的源泉

高校教育管理的核心价值还在于成为创新与发展的源泉。作为知识产业的主要创造者，高校教育管理应成为科技创新和社会发展的引领者。

1. 科技创新与产学研合作

高校教育管理应鼓励和支持科技创新。通过产学研合作，将科研成果转化为实际生产力，推动技术创新和产业升级。

2. 创业与企业家培养

高校应鼓励创业精神，培养更多的创业者和企业家。通过创业导师制度、创业孵化基地等方式，帮助学生将创新理念转化为创业项目。

3. 文化创意与人才培养

高校教育管理的核心价值还在于培养文化创意人才。通过推动文化创意产业的发展，培育艺术、设计等领域的专业人才。

4. 社会服务与问题解决

高校教育管理应鼓励教师和学生参与社会服务和问题解决。通过结合学科优势，开展服务社会的实践项目，解决社会问题，为社会发展提供有力支持。

高校教育管理的核心价值涵盖了培养创新人才、提升学术水平、实现全面人才培养、服务社会与责任担当、促进教师发展与团队协作、持续改进与适应变革、公平与多元文化的倡导、创新与发展的源泉等方面。这些核心价值在高校的长远发展中起到了指导和推动的作用，为高校的使命和愿景提供了有力支持。高校教育管理的核心价值在于促进学校的整体进步、适应社会发展的需要、培养具有综合素养的人才，以及推动科技创新和社会服务的发展。在未来的发展中，高校教育管理需要不断适应时代的变化，保持开放、创新的精神，不断推动高等教育事业的深化和提升。

三、高校教育管理对学校发展的意义

高校教育管理作为高等教育机构内部运作的组织体系和决策机构，其发展和实践对整个学校的健康发展至关重要。高校教育管理的有效性，直接影响学校的教学质量、科研水平、社会服务以及师生发展。本书将探讨高校教育管理对学校发展的深远意义，包括其在提升教育质量、培养人才、推动科研创新、服务社会、建设和谐校园等方面的重要作用。

（一）提升教育质量

1. 制定科学合理的教学计划

高校教育管理的首要任务之一是制定科学合理的教学计划。通过深入分析学科发展趋势、了解学生需求和社会用人需求,制订能够适应时代发展的教学计划,提高课程的实用性和针对性,从而增强教育的质量。

2. 推动创新教学方法

教育管理者需要鼓励教师在教学中采用创新的教学方法。通过引入现代化的教育技术、实践性强的教学设计、问题解决型教学等方式,激发学生学习兴趣,提高他们知识吸收和应用能力。

3. 建设有效的教育评估体系

高校教育管理需要建设科学、全面的教育评估体系,对教学质量进行定期评估。通过学生满意度、教师教学质量、毕业生就业率等指标的评估,及时发现问题,调整教学策略,提高教育的整体水平。

4. 支持教师专业发展

教育管理者还应支持教师的专业发展。通过提供培训机会、鼓励参与学术研究、推动教育教学方法的交流与创新等方式,提高教师的教学水平,从而直接影响教育质量的提升。

(二)培养具有国际竞争力的人才

1. 强调跨学科和综合素养

高校教育管理需要更加关注学生的跨学科能力和综合素养的培养。通过拓宽专业设置,提供跨学科课程,引导学生全面发展,培养具有广泛知识和创新能力的人才,使其更具国际竞争力。

2. 推动全球视野与国际交流

教育管理者应积极推动全球视野的培养。建立国际化的课程体系,鼓励学生参与国际交流项目,培养具有国际背景和跨文化沟通能力的人才,使学生具备更广阔的发展空间。

3. 强化实践能力培养

通过拓展实习机会、校企合作项目等方式,高校教育管理可以促进学生实际操作能力的培养。学生在校园外能够更好地适应社会需求,增加就业竞争力。

4. 注重终身学习观念

教育管理者还应鼓励学生养成终身学习的观念。通过提供各类学习资源、建设在线学习平台等方式,激发学生自主学习的兴趣,使其具备适应未来知识更新的能力。

（三）推动科研创新

1. 支持教师科研项目

高校教育管理在支持教师科研项目方面具有重要作用。通过提供科研启动经费、搭建研究平台、协助申请科研项目等方式，推动教师深入科研领域，提高学校整体的科研水平。

2. 鼓励学科交叉研究

教育管理者需要鼓励学科之间的交叉研究。设立跨学科研究中心、组织学术交流活动，促进不同学科之间的合作，推动更具创新性的研究成果的产生。

3. 建立科研成果转化机制

高校教育管理需要建立科研成果转化的机制。通过引入科技成果转化团队、与企业合作等方式，学校的科研成果将更好地转化为实际生产力，推动科技创新对社会经济的贡献。

4. 推动国际学术交流

教育管理者还应该积极推动国际学术交流。通过组织国际学术会议、邀请国际专家讲座、开展联合研究项目等方式，促进学校与国际科研机构的交流与合作，拓展科研领域，提高学术影响力。

（四）服务社会与产业发展

1. 建立产学研合作机制

教育管理者应当主动促进学校与产业界的合作。通过建立产学研合作机制，加强与企业的紧密联系，推动科研成果的转化，为产业发展提供技术和智力支持。

2. 社会服务与问题解决

高校教育管理对于学校服务社会的角色至关重要。通过组织学生参与社区服务、开展公益项目、解决社会问题的研究等方式，学校真正成为社会的服务者和贡献者。

3. 推动创业与创新

教育管理者需要鼓励学校内部的创业与创新。通过建立创业孵化中心、提供创业资金支持、组织创业大赛等方式，培养学生的创新创业精神，促进创新成果的转化。

4.服务地方经济社会发展

高校教育管理应紧密结合地方经济社会发展的实际需求。通过参与地方政府重大科技项目、为地方企业提供咨询服务等方式，推动学校与地方社会的融合发展，为地方经济社会发展做出积极贡献。

（五）建设和谐校园

1.关注师生健康

教育管理者需要关注师生的身心健康。通过提供健康服务、建立心理健康支持体系、开展体育活动等方式，促进师生身心健康，创造和谐的学习与工作环境。

2.推动文化建设

高校教育管理在推动学校文化建设中扮演着重要角色。通过制定文化建设规划、组织丰富多彩的文化活动、倡导校园精神，培养学校的文化氛围，增强师生的归属感和认同感。

3.建立民主、平等的管理机制

高校教育管理需要建立民主、平等的管理机制。通过广泛征求师生意见、设立教职工代表机构、建立有效的沟通渠道，形成教育决策的广泛共识，推动学校管理的科学化和民主化。

4.注重安全管理

教育管理需要注重学校的安全管理。包括校园安全、网络安全、食品安全等方面，通过建立健全的安全管理制度、加强安全教育宣传，确保师生在安全的环境中学习和工作。

（六）推动数字化时代的发展

1.建设数字化校园

高校教育管理在数字化时代发展中具有引领作用。通过建设数字化校园，提供在线教育服务、建立学生信息管理系统、推动智能化教室建设等方式，为师生提供更便捷、高效的学习和工作环境。

2.推动在线教育发展

教育管理需要积极推动在线教育的发展。通过建设在线课程平台、支持教师开展在线教学、促进远程教育等方式,满足学生多样化学习需求,推动高校教育的全球化。

3. 数字化教学资源建设

高校教育管理需要加强数字化教学资源建设。通过引入先进的教学技术、建设数字图书馆、推动开放式在线课程等方式,提供丰富多样的数字化教学资源,提升教学效果。

4. 数据驱动的决策

教育管理者需要利用大数据技术进行数据驱动的决策。通过收集、分析学生学习数据、教学效果数据等,优化教学管理流程,提升教育质量和效益。

高校教育管理对学校发展的意义,不仅在于管理的规范和高效,更在于其对学校使命的贯彻和实现。在全球化、数字化的时代,教育管理者需要紧密关注教育的本质需求,积极应对社会变革,推动高校朝着更高质量、更国际化、更创新的方向发展。高校教育管理的意义在于实现学校的长期可持续发展,使学校在时代发展中更好地履行社会责任,培养更多符合社会需求的优秀人才,推动科研创新,服务社会发展,构建和谐校园,适应数字化时代的变革,为高等教育事业的繁荣做出积极贡献。

第二节 高校教育管理的理念与原则

一、教育管理理念的演变与选择

教育管理理念的演变是教育领域长期发展和变革的产物。从传统的管理观念到现代的创新型管理理念,教育管理在不断反思和创新中走过了漫长的历程。本书探讨教育管理理念的演变过程,分析不同时期的管理理念特点,并探讨当前选择和未来发展的趋势。

(一)传统教育管理理念

1. 权威管理

传统的教育管理理念在很长一段时间内被权威主义主导。学校的管理者通常是权威的象征,决策和执行主要集中在学校领导层。教育管理被视为一种指令性的、层级分明的过程,学校的各个层次都需服从上级的指导。

2. 标准化教育

传统时期强调标准化教育,即一刀切的教学和管理方式。学校追求学科知识的传递和学生的统一培养,管理以规章制度为主,强调纪律和秩序。

3. 强调纪律与规范

传统的教育管理理念强调纪律与规范。学校通常采取严格的纪律管理,对学生的行为进行规范,重视传统的学科分类,强调考试分数的重要性。

(二)现代教育管理理念

1. 学生中心

随着社会的变革和教育理念的更新,学生中心的管理理念逐渐崭露头角。这一理念将学生置于教育活动的核心,关注每个学生的个性、兴趣和需求,提倡因材施教,注重培养学生的创造力和综合素养。

2. 合作与互动

现代教育管理理念强调合作与互动。学校管理者和教师之间、教师和学生之间、学校与社会之间的合作与互动,成为推动学校发展的关键。强调团队合作和共建共享的理念,促进教育资源的整合和优化。

3. 终身学习

现代教育管理理念鼓励终身学习。不仅是学生,教育管理者和教职工也需要不断学习、更新知识,适应社会的快速变化。学校管理应该支持全体成员的职业发展,促使他们实现全面发展。

4. 创新与实践导向

现代教育管理理念强调创新和实践导向。学校应该鼓励教师创新教学方法,支持科研项目,培养学生实际应用能力。管理者需要具备创新精神,推动学校从传统到现代的转变。

(三)当前选择的教育管理理念

1. 教育品质管理

当前,教育品质管理成为教育管理的核心理念之一。这一理念强调提高教育质量，通过评估、监测和改进机制，不断提升学校的整体教育水平。教育品质管理注重全员参与，强调对教育过程各环节的科学管理。

2. 创新创业教育

随着社会对创新能力和创业素养的需求增加，创新创业教育理念逐渐崭露头角。学校致力于培养学生的创新精神、实践能力和团队协作能力，为学生提供创业的机会和平台。

3. 社会责任教育

社会责任教育理念倡导学校应该肩负社会责任，积极参与社会事务，通过教育实现社会的可持续发展。这一理念强调培养学生的社会责任感，鼓励学校服务社会，推动社区发展。

4. 数字化教育管理

随着信息技术的迅速发展，数字化教育管理成为当前的热点。学校通过建设数字化校园、推行在线教育、利用大数据进行决策分析等方式，提高管理效能和服务水平。

（四）未来发展的趋势与挑战

1. 个性化教育

未来教育管理理念可能更加注重个性化教育。通过运用先进的技术手段，根据学生的个体差异制定个性化教育方案，更好地满足学生的学习需求，激发学习兴趣，提高学习效果。管理者需要关注每个学生的发展轨迹，为其提供个性化的支持和引导。

2. 全球化视野

未来教育管理理念可能更加注重全球化视野。随着国际社会的日益紧密联系，学校需要培养具有全球背景和跨文化沟通能力的人才。管理者需要推动国际化办学，促进学术交流与合作。

3. 教育科技融合

未来教育管理理念将更深度地融合教育和科技。教育科技的应用将更加普及，管理者需要具备数字化时代的思维，推动教育科技与教学的深度融合，提高教育的质量和效益。

4. 可持续发展

未来教育管理理念可能更加注重可持续发展。学校需要在管理中考虑经济、社会、环境等多方面的可持续性，培养学生具备可持续发展意识和实践能力。管理者需要推动学校走向绿色可持续的发展道路。

5. 社会创新与企业合作

未来教育管理理念可能更加注重社会创新与企业合作。学校需要与社会各界建立更加紧密的合作关系，将创新与实践融入教育过程，培养学生具备解决社会问题的能力。

（五）教育管理者的角色与挑战

1. 领导者与战略家

教育管理者需要具备领导者和战略家的角色。需要制定学校的长期发展战略，引领学校适应社会发展趋势，同时具备前瞻性思维，预判未来的教育需求。

2. 沟通者与协调者

教育管理者需要充当沟通者和协调者的角色。需要与教师、学生、家长、社会等多方进行有效沟通，促进信息共享，协调资源优化配置，形成合力推动学校的整体发展。

3. 创新者与变革者

教育管理者需要具备创新者和变革者的精神。需要不断引入创新理念、推动管理模式的变革，鼓励教师和学生积极探索，推动学校朝着更加灵活、适应性强的方向发展。

4. 数据分析与决策者

面对大数据时代，教育管理者需要具备数据分析与决策的能力。通过收集、分析学校的运行数据，制定科学的决策，优化学校的管理效能，推动学校发展。

5. 社会责任与可持续发展者

教育管理者需要担负起社会责任与可持续发展的使命。需要关注社会问题，积极参与社会服务，推动学校可持续发展，培养学生具备社会责任感。

教育管理理念的演变是教育领域不断发展的产物，反映着社会变迁、科技进步和教育理念的更新。传统的权威管理逐渐被学生中心、合作与互动、创新与实践导向的理念取代。当前，教育管理者在教育品质管理、创新创业教育、社会责任教育和数字化教育管理等方面做出了积极的尝试。未来，个性化教育、全球化视野、教育科技融合、可持续发展以及社会创新与企业合作等，将成为教育管理的新趋势。

教育管理者在多元化、变革迅速的时代里，需要具备领导者、战略家、沟通者、创新者和社会责任者等多重角色。他们需要不断学习、适应变革，引领学校迈向更加健康、可持续的发展方向。教育管理者的责任在于推动学校成为社会的创新引擎，培养具备综合素养的未来人才，为社会进步和可持续发展贡献力量。

二、高校教育管理的基本原则

高校教育管理是确保高等教育机构正常运转、促进学校发展的关键环节。为了实现高质量、可持续的发展，高校教育管理必须遵循一系列基本原则。这些原则涵盖了教育的方方面面，包括教学、科研、学生管理、人才培养等。本书围绕高校教育管理的基本原则展开论述，以期为高校管理者提供指导和借鉴。

（一）全面贯彻素质教育

1. 个性发展与全面素质培养

素质教育是高校教育管理的基本原则之一。管理者应确保学校教育不仅仅关注知识传授，更要注重学生个性的培养与发展。培养学生的批判性思维、创新能力、团队协作精神，使其具备综合素养。

2. 注重学科知识与实践能力结合

素质教育强调理论与实践相结合。高校管理者应推动课程设置和教学方法的创新，使学生在学科知识的基础上，能够运用所学知识解决实际问题，提高实践能力。

3. 培养终身学习意识

素质教育还要求培养学生的终身学习意识。高校教育管理者应鼓励学生主动学习，培养自主学习的能力，使其具备持续学习的动力。

（二）推动教学科研一体化

1. 整合资源推动教学科研一体化

高校管理者应当通过整合各类教育资源，推动教学与科研一体化发展。通过设立科研项目、鼓励教师开展科研活动等方式，促使科研成果能够融入教学中，实现理论与实践的紧密结合。

2. 激励教师积极参与科研

确保教师在科研领域的积极参与是管理者的责任之一。激励教师参与科研项目，提供相应的支持与奖励机制，推动科研与教学相辅相成。

3. 建立学科交叉机制

学科交叉是促进教学与科研一体化的关键。高校管理者应鼓励学科之间的交叉合作，建立跨学科的研究机构，推动教学与科研的跨界融合。

（三）确保人才培养质量

1. 建立完善的课程体系

高校教育管理应确保建立完善的课程体系，结合行业需求和学科发展趋势，设计具有前瞻性的课程，保证学生接受到全面、系统的知识培养。

2. 强化实践环节

人才培养质量关键在于实践环节的设置。高校管理者应确保学生有足够的实践机会，通过实习、实训等活动，培养学生实际应用能力。

3. 多元评价机制

人才培养的多元性要求建立多元的评价机制。不仅关注学生的学科知识水平，还要注重学生的综合素养、创新能力、团队协作能力等方面。高校管理者应推动建立全面、多层次的评价制度，包括学科考核、综合素质评价、实践成果等方面的考核体系。

4. 个性化教育服务

人才培养不同于单一的标准化培养，需要更加个性化的教育服务。高校教育管理者应提供个性化的学业规划、职业指导、心理辅导等服务，满足学生不同层次、不同需求的成长要求。

（四）营造优质学术环境

1. 加强学科建设

为提高学术水平，高校教育管理应加强学科建设。鼓励教师开展前沿研究，推动学科创新，提升学校整体的学术实力。

2.注重国际交流与合作

优质学术环境需要国际化的视野。高校管理者应积极推动国际学术交流与合作，邀请国际学者讲学，组织学生参与国际性学术活动，促使学术研究走向国际化。

3.建设开放的学术平台

建设开放的学术平台有助于学术交流与合作。高校管理者应鼓励学术团队开展开放合作，共享研究资源，推动学术成果的传播与应用。

（五）强化学生管理与服务

1.建立健全的学生管理体系

学生管理是高校教育管理的一项基本工作。管理者应建立健全的学生管理体系，包括学生档案管理、学业管理、心理健康服务等方面，确保学生能够在健康、和谐的环境中成长。

2.提供全方位服务

学生服务不仅包括教学服务，还应涵盖生活、职业、心理等方面。高校管理者应提供全方位的学生服务，满足学生在不同方面的需求。

3.鼓励学生参与校园文化建设

高校管理者应鼓励学生参与校园文化建设，组织各类丰富多彩的活动，培养学生的综合素养、团队协作精神，使学生在校园中获得全面的成长。

（六）保障师资队伍建设

1.建立科学的师资培养机制

高校管理者应建立科学的师资培养机制，包括定期的培训、进修、考核等，提高教师的业务水平和综合素质。

2.激励优秀教师

为了激发教师的积极性，高校管理者应建立激励机制，通过评优奖励、晋升制度等方式，激励优秀教师在教学和科研方面取得更好的成绩。

3.提供良好的工作环境

为了留住人才，高校管理者应提供良好的工作环境，包括教学设施、科研平台、师生关系等方面，确保教师在舒适的环境中从事教育工作。

（七）强调信息化建设

1. 数字化教学

高校管理者应推动数字化教学的发展，包括建设在线课程平台、推动远程教育、利用教育科技手段提高教学效果。

2. 学校信息化管理

学校信息化管理是高校现代化管理的必然要求。高校管理者应加强信息技术的应用，建设学校信息化管理系统，提高管理效率。

3. 推动数据驱动决策

高校管理者应推动数据驱动决策的理念，通过数据分析手段，进行科学决策，优化资源配置，提高学校整体管理水平。

高校教育管理的基本原则涵盖了方方面面，从教学研一体化、人才培养质量、学术环境建设，到学生管理、师资队伍建设、信息化建设，再到社会责任、可持续发展、与社会的互动以及制度体系的建立，都需要高校管理者在实践中不断努力。这些原则共同构成了高校教育管理的基石，对于高校的长远发展和培养优秀人才都具有重要的指导意义。高校管理者应以这些原则为指导，结合实际情况，不断完善管理体制，推动高校朝着更加科学、民主、可持续的方向发展。

三、现代社会背景下的高校管理理念

随着社会的不断发展，高校管理理念也在不断演变。现代社会对高校提出了更高的期望，要求高校在培养人才、科学研究、社会服务等方面发挥更大的作用。本书探讨现代社会背景下高校管理所面临的挑战，以及在这一背景下应当倡导的管理理念。

（一）全球化与国际化

1. 跨文化交流与合作

在现代社会，全球化趋势日益明显，高校管理者需要面对来自不同文化背景的师生。因此，跨文化交流与合作成为高校管理中的一项重要任务。高校应通过建立国际合作项目、推动学术交流等方式，促使学校内外的跨文化互动，培养学生具备全球视野和国际竞争力。

2. 引进国际化教育理念

国际化教育理念的引进是高校管理的一项重要举措。管理者应推动国际课程设置，拓宽学生的国际视野，为其提供参与全球化竞争的机会。同时，吸引国际优秀教师任教，推动教育资源的国际化。

（二）信息化与数字化

1. 数字化教育管理

在信息化时代，数字化教育管理已成为高校管理的重要方向。高校管理者应借助先进的信息技术，建设数字化校园，包括在线教育平台、学生信息管理系统、教学资源共享平台等，提高管理效率和服务水平。

2. 大数据驱动决策

利用大数据技术进行学校管理决策是现代高校管理的一项创新。通过对学生学习行为、教师科研成果、校园设施利用等方面的数据分析，管理者可以更准确地把握学校的运行状况，制定科学的决策方案。

（三）创新与实践导向

1. 培养创新人才

现代社会对创新能力的需求日益增强，高校管理者应将创新与实践融入教育管理中。强调实践性教学，鼓励学生参与创业实践、科研项目，培养学生的创新思维和实际应用能力。

2. 推动科研成果应用

高校不仅要注重科研的产出，更要关注科研成果的应用。管理者应推动教师将科研成果转化为实际产品或服务，促进科技创新对社会的积极影响。

（四）社会责任与可持续发展

1. 社会服务与参与

高校不再是封闭的象牙塔，应积极承担社会责任。高校管理者应引导学校参与社区建设、社会服务活动，通过学校的力量为社会解决问题贡献力量。

2. 可持续发展

在面临资源有限和环境问题的情况下，高校管理者需要思考可持续发展的问题。包括在校园建设中注重节能减排、推动绿色科研、培养可持续发展意识等，为社会和环境的可持续发展作出贡献。

（五）灵活的管理机制

1. 扁平化组织结构

传统的高校管理机构通常较为庞大，决策流程较为繁琐。现代社会背景下，高校管理者应推动组织结构的扁平化，降低管理层级，提高管理效率。

2. 灵活的人才流动机制

为了适应社会变革的需求，高校管理者应建立灵活的人才流动机制。鼓励教师和管理人员在不同学科、部门之间进行流动，以促进多领域知识的交叉与创新。

（六）注重综合素养的培养

1. 全人教育

传统的高校教育主要注重学科知识的传授，而现代社会更加强调全人教育。高校管理者应设计全人教育的课程体系，注重学生品德、情感、社会适应力等方面的培养。

2. 跨学科综合素养

现代社会问题日益复杂，需要具备跨学科综合素养的人才。高校管理者应通过跨学科的课程设置、项目合作等方式，培养学生具备跨领域的综合素养，使其能够更好地应对复杂多变的社会环境。

（七）社交媒体与公共关系

1. 有效利用社交媒体

在现代社会，社交媒体成为信息传播的主要渠道之一。高校管理者应善于利用社交媒体平台，与师生、社会公众保持良好的沟通，及时传递校园动态，塑造良好的学校形象。

2. 加强公共关系

公共关系在高校管理中至关重要。高校管理者应积极与政府、企业、社区等建立紧密联系，寻求合作机会，提高学校的社会影响力和声誉。

（八）人性化管理与关怀

1. 关注师生需求

现代社会注重个体的需求和情感，高校管理者应更加关注师生的需求，设立专业的心理健康服务机构，提供个性化的辅导和支持。

2. 人性化的激励机制

为了激发教师的积极性，高校管理者应建立人性化的激励机制。通过奖学金、荣誉称号、职称晋升等方式，激发教职工的工作热情，提高工作效率。

（九）法治意识与合规管理

1. 依法办学

在现代社会，法治意识越来越强烈，高校管理者应强化法治观念，确保学校的办学行为合法、合规。制定并执行严格的学校规章制度，防范法律风险。

2. 建立合规管理体系

建立合规管理体系是现代高校管理的一项基本原则。高校管理者应制定全面的合规政策，建立内部合规机制，确保学校的运行与政策法规保持一致。

（十）可持续发展与社会创新

1. 绿色可持续发展

在应对全球性的环境问题时，高校管理者应推动绿色可持续发展理念。在校园建设、能源利用、废弃物处理等方面采取环保措施，引导师生形成绿色生活方式。

2. 社会创新与服务

高校不仅是知识的传承者，更应是社会创新的推动者。通过科研项目、产学研合作等方式，为社会提供新知识、新技术，推动社会的科技创新。

现代社会背景下，高校管理面临着更为严峻的挑战，也蕴藏着更多的机遇。在管理理念方面，高校管理者需要适应社会变革，不断创新管理模式，注重人才培养、社会服务、可持续发展等方面的要求。通过全球化、信息化、创新等现代理念的引领，高校管理者可以更好地适应社会的发展需求，为培养更多更全面的人才、推动科技创新、服务社会做出更大的贡献。

第三节　高校教育管理的过程与方法

一、教育管理的基本过程概述

教育管理是指对教育机构和教育活动进行组织、协调、监督、评估和改进的过程。教育管理的目标是提高教育质量、优化教育资源的配置、促进学校的可持续发展。本书对教育管理的基本过程进行概述，包括规划、组织、领导、控制和评估等环节，以全面了解教育管理的运行机制。

（一）规划

1. 制定教育目标

教育管理的规划阶段首先涉及到制定明确的教育目标。需要从宏观层面明确教育机构的愿景和使命，然后将其转化为具体可操作的短期和长期目标。目标的设定应考虑到学生的需求、社会的发展趋势以及教育机构的资源状况。

2. 制定教育计划

在设定了教育目标后，教育管理者需要制定相应的教育计划，明确实现这些目标的具体措施和步骤。包括制定教学计划、拟定课程设置、规划教育资源的分配等。计划的制定应注重科学性、可行性和灵活性，以适应不断变化的教育环境。

3. 预测和规划未来

规划阶段也涉及对未来的预测。这包括对教育需求的预测、社会趋势的分析以及新技术和方法的引入等。通过对未来的规划，教育机构可以更好地适应变革和挑战，保持教育的先进性和创新性。

（二）组织

1. 建立组织结构

组织是教育管理中的核心环节。在规划的基础上，教育管理者需要建立清晰的组织结构，明确各部门和岗位的职责和权限。合理的组织结构有助于提高工作效率、促进信息流动和确保决策的迅速实施。

2. 配置人力资源

教育管理的组织过程中，配置合适的人力资源至关重要。包括招聘和选拔合格的教职工、培训和发展教育工作者、建立团队合作机制等。通过科学的人力资源配置，可以更好地激发工作动力、提高教育服务水平。

3. 分配教育资源

教育资源的分配是组织过程中的一个关键环节。包括财政资源、物质资源、信息资源等。教育管理者需要根据规划和需求，合理配置这些资源，确保其最大化利用，提高教育效益。

（三）领导

1. 制定领导方针

领导是教育管理中的关键要素，教育管理者需要明确领导方针。包括树立正确的教育理念、强调学校文化和价值观、制定组织发展战略等。领导方针的制定有助于明确组织发展的方向，凝聚团队共识。

2. 激发工作激情

领导者需要激发教职工的工作激情，使其在工作中充满热情和动力。可以通过提供良好的工作环境、建立激励机制、注重人才培养和发展等方式来实现。激发工作激情有助于提高教育服务的质量和效率。

3. 发挥榜样作用

领导者还需要发挥榜样作用，引领团队朝着共同的目标前进。通过言传身教，领导者可以树立起积极向上的工作风气，培养出团结、合作的团队文化。

（四）控制

1. 制定监测机制

控制是确保教育管理目标实现的一个关键环节。教育管理者需要建立监测机制，对教育活动和组织运行进行实时监测。包括教学质量监测、教职工绩效评估、学校经济状况审计等。

2. 进行绩效评估

绩效评估是控制过程中的一个重要环节。教育管理者需要对教育目标的实现情况、学校整体绩效进行定期评估。这有助于发现问题、改进管理方法、调整规划，确保教育机构朝着正确的方向发展。

3. 反馈与调整

在控制过程中，教育管理者需要根据监测和绩效评估的结果，进行及时的反馈和调整。发现目标未能如期实现或存在其他问题，需要采取相应的措施进行调整。可能包括改进教学方法、调整资源配置、优化组织结构等，以确保整个教育系统运行得平稳和高效。

（五）评估

1. 教育评估

评估是教育管理的最后一个环节，通过对整体教育活动的评估，可以全面了解教育目标的实现情况。教育评估包括学生学业成绩评估、教师教学效果评估、学校整体教育质量评估等。评估结果有助于发现问题、总结经验、提出改进建议。

2. 教育机构评估

除了对教育活动的评估外，还需要对整个教育机构进行评估。包括学校管理效能的评估、教育资源配置的评估、社会服务水平的评估等。通过对教育机构的评估，可以为提升整个学校的竞争力和影响力提供依据。

3. 持续改进

评估的最终目的是持续改进。通过对教育目标的评估，教育管理者可以识别出成功的经验和存在的问题，进而采取措施改进。持续改进的理念有助于教育机构保持活力、适应变化，并不断提高教育服务的质量和水平。

（六）教育管理的挑战

1. 多元化需求

教育管理面临着多元化的需求，学生、家长、社会对教育的期望不断提高，教育管理者需要更加灵活地调整管理策略，满足不同群体的需求。

2. 信息化时代的挑战

信息技术的快速发展给教育管理带来了新的挑战。管理者需要适应信息化时代的要求，善于利用先进的信息技术工具，提高工作效率和服务水平。

3. 全球化竞争

教育机构之间的竞争不再局限于国内范围，全球化竞争愈发激烈。教育管理者需要更具国际视野，与国际接轨，吸引国际化的师资和学生，提高教育机构的国际影响力。

4. 个性化教育

学生的个性化需求日益凸显，管理者需要面对更多差异化的教育需求。个性化教育的实施需要教育管理者调整管理模式，提供更灵活、个性化的教育服务。

5. 社会责任与可持续发展

教育机构在社会责任和可持续发展方面面临更高的要求。教育管理者需要注重社会责任，积极参与社会服务，推动教育的可持续发展。

（七）未来发展趋势

1. 教育智能化

随着人工智能技术的不断发展，教育管理也将迎来智能化的时代。智能化的教育管理系统将更好地支持决策、提高效率，并为学校提供更精准的数据支持。

2. 创新管理模式

未来教育管理将更加注重创新管理模式的探索。包括教学模式的创新、管理理念的创新、组织结构的创新等，以适应社会的变革和需求。

3. 全球合作与交流

随着全球化的深入，教育管理将更加强调全球合作与交流。国际化的师资、学生交流将成为常态，教育机构需要更好地融入国际教育体系。

4. 社区参与与服务

未来的教育管理将更加注重与社区的互动合作。教育机构需要更主动地参与社区建设，提供更多的社区服务，与社区形成紧密的关系。

教育管理是一个复杂而庞大的系统工程，涉及多个环节和层面。通过规划、组织、领导、控制和评估这一系列过程，教育机构能够更好地实现教育目标，提高教育服务的质量。在未来，教育管理将面临更多的挑战，但也将迎来更多的机遇，需要教育管理者不断创新、不断提升管理水平，以适应时代的发展潮流。

二、高校教育管理方法的分类与应用

高校教育管理是一项复杂而庞大的任务，涉及各个层面的组织、规划、领导和控制。为了更好地应对多变的教育环境和提高管理效能，高校教育管理者需要运用多种管理方法。本书对高校教育管理方法进行分类与应用的探讨，以期为高校管理者提供有益的参考。

（一）高校教育管理方法的分类

1. 传统管理方法

传统管理方法强调组织的层级结构、明确的职责和权力分配。这类方法通常采用严格的管理体制，通过规章制度、权威决策来实现管理目标。传统管理方法的代表包括科学管理理论、行政管理模式等。

2. 行政管理方法

行政管理方法注重规范化、程序化的管理手段，强调效率和组织纪律。通过建立合理的组织结构、流程和规章制度，实现高校管理的科学化和规范化。行政管理方法在高校中常被用于财务管理、人力资源管理等方面。

3. 市场导向管理方法

市场导向管理方法强调高校对市场需求的敏感性和灵活性。它倡导高校将学科专业、课程设置等调整得更符合社会需求，注重与企业、社会机构的合作，以更好地适应社会发展的需求。市场导向管理方法在高校中强调产学研合作，推动产业与教育的深度融合。

4. 质量管理方法

质量管理方法强调以质量为导向的管理思维，通过设定标准、评估和改进过程，实现教育服务的不断提升。包括ISO9000质量管理体系、教育质量认证等。质量管理方法有助于高校提高教育质量、确保学校声誉。

5. 教学团队协作方法

教学团队协作方法强调教师之间的合作和协同。通过建立教学团队，将不同学科、不同层次的教师组合在一起，共同制定教学计划、分享教学资源，提高整体教学水平。有助于促进教学创新和跨学科的教学活动。

6. 人本管理方法

人本管理方法关注个体的需求和发展，强调激发员工的创造力和积极性。在高校中，这意味着关注教职工的发展、提供个性化的培训和支持，以提高工作满意度和团队凝聚力。

（二）高校教育管理方法的应用

1. 教育规划与发展战略

在管理方法的选择上，高校管理者可以运用传统的规划方法，明确高校的发展方向和目标。同时，可以采用市场导向的方法，根据社会需求和就业市场的变化，调整专业设置，开发新的学科方向。

2. 学科建设与质量管理

在学科建设和质量管理方面，传统的行政管理方法可以用于建立清晰的学科发展规划和质量管理体系。质量管理方法则可用于确保教学质量的稳步提升，通过评估和改进流程实现教育服务的不断优化。

3. 教学团队协作与创新

在促进教学团队协作和创新方面，教学团队协作方法是一种有效的选择。通过建立跨学科的教学团队，实现资源共享和协同教学，推动教学创新。

4. 人才培养与生涯发展

在人才培养和教职工生涯发展方面，人本管理方法是一种值得采用的方式。通过关注员工的需求，提供个性化的培训和发展计划，激发员工的积极性和创造力，提高工作满意度。

5. 研究与产学研合作

在推动研究和产学研合作方面，市场导向管理方法是关键。通过了解市场需求，调整科研方向和产业合作项目，提高高校的科研水平和社会影响力。

6. 学生服务与社会责任

在学生服务和社会责任方面，高校管理者可以运用人本管理方法，关注学生的个体需求，提供全方位的学生服务。与此同时，市场导向方法也可用于调整专业设置，以满足社会对人才的需求。

7. 教育信息化与智能化管理

在推动教育信息化和智能化管理方面，可以采用市场导向方法和传统行政管理方法。市场导向方法有助于高校管理者更好地把握教育信息化和智能化发展趋势，调整教育服务模式，提高信息技术的应用水平。传统行政管理方法则可用于建立和规范信息系统、确保信息安全和数据管理。

8. 绩效评估与持续改进

在绩效评估和持续改进方面，可以运用质量管理方法。通过设定明确的绩效指标，定期进行自我评估和外部评估，发现问题、总结经验，采取措施，不断提高高校的管理水平和教育服务质量。

9. 多元文化与国际交流

在促进多元文化和国际交流方面，可以采用市场导向方法和教学团队协作方法。市场导向方法有助于高校吸引国际学生和优秀的国际教职工，推动国际化办学。教学团队协作方法则可用于建立多元文化的教学团队，促进不同文化背景的交流与合作。

10. 社会服务与可持续发展

在履行社会责任和推动可持续发展方面，可以运用市场导向方法和人本管理方法。市场导向方法有助于高校发掘社会需求，调整专业设置，提供更贴近社会需求的人才。人本管理方法则可用于关注员工和学生的生活品质，推动可持续的人才培养和学校发展。

（三）高校教育管理方法的挑战与前景

1. 挑战

复杂多变的环境：高校管理面临着复杂多变的社会、经济和政策环境，管理者需要适应快速变化的环境，及时调整管理策略。

多元化需求：学生和社会对高校的需求日益多元化，管理者需要面对不同层次、不同背景的需求，提供个性化的教育服务。

国际化竞争：随着全球化的深入，高校面临着来自国际的竞争压力，需要提升国际影响力，拓展国际合作。

信息技术的快速发展：信息技术的飞速发展给高校管理带来新的挑战，管理者需要及时掌握并应用新技术，提高信息化水平。

2. 前景

创新管理模式：面对挑战，高校教育管理有望通过创新管理模式应对变革。包括采用智能化技术、强调学科交叉、推动产学研合作等。

强化质量导向：强调质量管理和质量导向的方法，将有助于高校提升教育质量，确保学校的声誉和吸引力。

社会责任和可持续发展：高校应更加注重履行社会责任，推动可持续发展，强调社区服务、环境保护等。

全球合作与交流：高校应积极开展全球合作与交流，吸引国际化的师资和学生，提高国际竞争力。

高校教育管理方法的分类与应用是一个综合而系统的问题。在实际操作中，高校管理者可以根据学校的实际情况，选择合适的管理方法，并结合不同方法，形成适合学校发展的管理模式。在不断变化的教育环境中，高校教育管理者需要具备灵活性和创新性，不断总结经验，不断改进管理策略，以适应时代发展的需要。同时，高校教育管理者还需要注重团队建设，激发员工的激情和创造力，共同推动高校的可持续发展。

三、数据驱动的高校教育管理

随着信息技术的迅猛发展，大数据、人工智能等技术逐渐渗透到高校教育管理的各个方面。数据驱动的高校教育管理借助数据分析和科技手段，旨在提高管理效能、优化教学质量、促进学生发展。本书深入探讨数据驱动的高校教育管理，包括其定义、特点、应用领域、挑战与前景等方面。

（一）数据驱动的高校教育管理定义

数据驱动的高校教育管理是指在教育管理中广泛采用大数据和先进的数据分析技术，通过对教育过程中各类数据进行收集、整理、分析和挖掘，以获取深层次的信息和洞见，从而支持决策制定、优化教学流程、提高管理效率的一种管理模式。这种模式以数据为核心，通过数据的科学分析，为决策者提供客观、全面的信息基础，使决策更加科学化和精准化。

（二）数据驱动的高校教育管理特点

1. 数据全面性

数据驱动的高校教育管理具有全面性的特点，涵盖了从招生、教学到学生发展等方方面面的数据。包括学生的学业成绩、参与课外活动情况、社会实践经历等多维度的数据。

2. 实时性和即时性

数据驱动的高校教育管理注重数据的实时性和即时性。通过实时收集和更新数据，管理者能够及时了解学生的学习状态、教师的教学效果，使决策更具时效性。

3. 决策科学化

数据驱动的管理注重通过科学的数据分析为决策提供依据。决策者可以根据数据分析结果制定更科学、精准的管理策略,避免主观判断和盲目决策。

4. 个性化教育

基于数据分析,高校可以更好地了解学生的个性化需求,实施个性化教育。通过挖掘学生的学习特点和兴趣爱好,提供量身定制的学习计划和资源。

5. 效能优化

数据驱动的管理追求效能的优化。通过分析数据,可以发现教学过程中的瓶颈和问题,优化教学流程,提高教学效果。

(三)数据驱动的高校教育管理应用领域

1. 招生与生源管理

在招生与生源管理中,数据驱动的高校教育管理可以通过分析往届招生数据,预测未来的招生趋势;通过分析学生档案,了解生源质量,有针对性地开展招生工作。

2. 教学质量评估

通过对教学过程中的多维度数据进行分析,包括学生的评价、课程完成情况、教师的教学评估等,可以客观评估教学质量,发现教学中存在的问题,并进行及时调整。

3. 学生学业发展跟踪

数据驱动的高校教育管理可以实现对学生学业发展的全程跟踪。通过分析学生的学习历程、成绩变化、参与活动等数据,提前发现学业问题,为学生提供个性化的帮助和指导。

4. 教育资源配置

通过数据分析,高校管理者可以了解教育资源的利用情况,包括教师的工作量、教室利用率等,从而更科学地进行资源配置,提高资源利用效率。

5. 科研与产学研合作

在科研和产学研合作方面,数据驱动的管理可以通过分析科研成果、项目进展情况,评估研究团队的绩效,推动科研与产业的深度融合。

6. 学生服务和辅导

通过数据分析,可以了解学生的心理健康、社交关系、生活习惯等方面的信息,为学生提供更精准的心理辅导和生活服务。

（四）数据驱动的高校教育管理的挑战

1. 数据隐私与安全

大量的个人数据涉及到隐私问题，如何在数据分析的同时，保护学生和教职工的隐私成为一个重要的挑战。高校需要建立健全的数据安全制度，确保数据的安全性和隐私保护。

2. 数据质量和准确性

数据的质量直接影响到分析结果的准确性，而高校内部涉及多个系统和部门，数据的质量和一致性可能存在挑战。确保数据的准确性、完整性和一致性，需要建立统一的数据标准和质量管理机制，以保证分析的可靠性。

3. 数据分析人才短缺

实施数据驱动的高校教育管理需要专业的数据分析人才，包括数据科学家、分析师等。然而，当前高校中这类专业人才相对匮乏，因此培养和引进相关人才成为一个挑战。

4. 技术基础设施

数据分析需要强大的技术支持，包括高性能的计算机系统、先进的数据库管理系统等。高校需要投入大量资源来建设技术基础设施，以支持数据驱动管理的顺利实施。

5. 文化与管理模式转变

传统的高校管理模式强调经验和直觉，而数据驱动的管理则需要建立在科学的数据分析基础上。这需要高校管理者和教职工的文化与管理模式转变，接受数据分析在决策中的重要性。

（五）数据驱动的高校教育管理的前景

1. 智能化决策

随着人工智能和机器学习的不断发展，数据驱动的高校教育管理有望实现智能化决策。通过机器学习算法的应用，系统能够更准确地预测学业发展趋势，提供更具针对性的个性化建议。

2. 学科交叉与创新

数据驱动的高校教育管理有望促进学科交叉与创新。通过跨学科的数据分析，高校可以发现不同学科之间的关联性，促进跨学科研究与合作，推动知识创新。

3. 教学模式变革

数据驱动的高校教育管理将推动教学模式的变革。个性化教育、在线教育、远程教育等新的教育模式将更好地满足学生的需求，提高教育资源的利用效率。

4. 质量导向与绩效提升

通过数据分析，高校可以更好地把握教育质量，提升绩效。不断优化教学流程、改进管理模式，提高高校的整体竞争力和影响力。

5. 产学研深度融合

数据驱动的高校教育管理将促进产学研的深度融合。通过数据分析，高校可以更准确地把握产业需求，推动科研成果向产业转化，加强与企业的合作。

数据驱动的高校教育管理是适应信息时代发展的必然选择。尽管面临一系列的挑战，但通过不断完善技术基础设施、加强数据分析人才培养、推动文化与管理模式转变，高校可以更好地发挥数据的作用，实现管理的科学化、精准化，为教育的可持续发展提供有力支持。在未来，随着技术的进一步发展，数据驱动的高校教育管理将迎来更广阔的发展前景，为高校提供更多创新的可能性。

第四节 高校教育管理的发展与创新

一、高校教育管理的历史发展轨迹

高校教育管理的历史发展轨迹是一个丰富而复杂的过程，受到社会、文化、政治等多重因素的影响。从最早的传统管理到现代的科技驱动型管理，高校教育管理经历了多个阶段的演变。本书追溯高校教育管理的历史发展轨迹，探讨各个时期的特点、挑战与变革。

（一）传统管理时期（古代至19世纪中期）

1. 古代教育制度

在古代，教育主要由宗教、家庭和个体导师进行，没有现代高校的概念。学术传承以口传心授为主，学生通常寄住老师家中，学习特定的技能和知识。

2. 文科与理工分野

随着社会分工的加深，文科与理工科的分野逐渐形成。传统的大学通常以文科为主，注重哲学、神学等人文领域的教育，而技术类的教育则由行会或学徒制度负责。

3. 教学与管理模式

传统时期的教学和管理主要以师徒制为主导，强调学生对导师的依附。管理方式相对简单，主要由教授和学者共同参与，决策过程相对集中。

（二）现代高校成型阶段（19世纪中期至20世纪初）

1. 大学改革运动

19世纪中期，大学改革运动在欧美兴起，推动了高校教育的现代化。大学开始成为独立的机构，注重研究与教学的结合，强调学术自由和科学方法。

2. 理性主义的管理理念

在这一时期，高校管理逐渐引入理性主义的管理理念，强调组织的合理结构和科学决策。管理机构逐渐建立，包括校长、系主任等职务，学科设置逐渐明确。

3. 走向专业化

高校开始向专业化方向发展，不再仅限于传统的文科教育，而是涌现出理工科、医学等各类专业。学科专业化加强，为学科建设和研究提供了更多的支持。

（三）科技驱动型管理的兴起（20世纪中期至今）

1. 科技与信息时代

20世纪中期以来，科技和信息技术的飞速发展对高校教育管理产生深刻影响。计算机技术、互联网等工具的广泛应用，使得高校管理逐渐向科技驱动型发展。

2. 大规模高等教育

随着社会对高等教育需求的增加，高校规模扩大，大规模高等教育成为一个新的特点。管理者需要面对更加庞大、多元的师生群体，管理体系逐渐复杂。

3. 数据驱动的管理

近年来，数据驱动的管理理念逐渐兴起。高校通过大数据分析、人工智能等技术手段，更精确地了解学生和教育过程中产生的数据，为决策提供科学依据。这使得高校管理更加智能、精准和有效。

4. 国际化与全球竞争

在全球化的背景下，高校之间的竞争日益激烈，国际化程度不断提升。管理者需要适应全球化的教育环境，加强国际合作，提升学校的国际声誉和竞争力。

5. 学科交叉与跨界合作

科技的发展推动了学科交叉与跨界合作。不同学科之间的融合促进了创新，高校管理者需要构建更灵活的组织结构，促进学科之间的合作与交流。

（四）挑战与变革

1. 财政压力

高校面临着日益加剧的财政压力，特别是公立高校。管理者需要面对资金有限的挑战，同时寻找更有效的资金利用方式，确保高校的可持续发展。

2. 学术自由与管理需求的平衡

在追求高效管理的同时，高校需要平衡学术自由和管理需求之间的关系。如何在维护学术自由的前提下，进行科学有效的管理，是一个需要认真思考的问题。

3. 教育品质与规模的矛盾

随着高校规模的扩大，管理者需要面对教育品质与规模的矛盾。如何在规模扩大的同时保持或提升教育品质，是当前高校管理的一个重要课题。

4. 技术革新与教学模式创新

科技的不断革新对传统的教学模式提出了挑战。管理者需要不断推动教学模式创新，融入现代技术手段，提升教学效果。

5. 人才培养与社会需求的匹配

高校人才培养需要更加贴近社会需求。管理者需要与企业、行业密切合作，了解社会对人才的需求，调整专业设置和教学内容，确保毕业生更好地适应社会。

（五）未来发展趋势

1. 创新管理模式

未来高校教育管理将更加注重创新管理模式。通过引入先进的管理理念、灵活的管理机制等方式，提高管理的适应性和创造性，推动高校向更高质量发展。

2. 数据智能化管理

随着大数据和人工智能的不断发展，高校管理将更加智能化。数据驱动的管理将成为常态，通过智能分析提高管理的科学性和效率。

3. 国际化发展

高校将进一步加强国际化发展。通过建立国际化的办学理念、拓展国际合作，培养具有国际视野的人才，提高高校的国际影响力。

4. 社会责任与可持续发展

高校管理将更加注重社会责任和可持续发展。强调推动科研成果向社会转化、积极参与社会服务，为社会作出更大贡献。

5. 教育创新与终身学习

教育模式将更加注重创新和终身学习。高校将通过灵活的教学方式、个性化的学习路径，满足学生不断变化的学习需求，培养更具创新精神的人才。

高校教育管理的历史发展轨迹经历了从传统管理到现代科技驱动型管理的演变，未来发展趋势将更加注重创新、智能化和国际化。管理者需要不断适应社会变革，灵活运用新技术、理念和方法，应对不断变化的高校教育环境，推动高校更好地履行社会使命，为培养具有全球竞争力的人才做出积极贡献。

二、国际化视野下的高校教育管理创新

在全球化时代，高校面临着越来越多的国际化挑战和机遇。国际化不仅是高校的一项发展战略，更是一种对教育理念、管理机制和教学模式的全面创新。本书将探讨在国际化视野下，高校教育管理所面临的挑战，以及如何通过创新管理理念、提升国际合作水平，推动高校实现更高水平的国际化发展。

（一）国际化视野下的高校教育管理挑战

1. 跨文化管理困境

国际化使得高校面临跨文化管理的挑战。不同国家和地区的文化差异涉及组织结构、决策方式、人际关系等方面，管理者需要适应不同文化的背景，确保管理方式的有效性。

2. 资金与资源不平衡

国际化需要大量的资金和资源支持，但各国高校的资金和资源状况存在差

异。一些发达国家的高校可能更容易获得大量的资金，而一些发展中国家的高校可能面临资金不足的困境，导致国际合作的不平衡状态。

3. 语言障碍与沟通问题

在国际化过程中，语言障碍和沟通问题是一个常见的挑战。不同国家的教育者、学生使用不同的语言，沟通可能受到限制，需要寻找更有效的沟通方式。

4. 学科体系差异

不同国家的高校在学科体系上存在一定的差异。国际化合作时，需要解决学科体系的对接问题，确保合作项目的学科层面能够有效对接和协同发展。

5. 法律法规和政策障碍

不同国家存在着不同的法律法规和政策体系，国际化合作时，需要遵守各国的法规，管理者需要了解并应对不同国家的法律法规和政策要求。

（二）国际化视野下的高校教育管理创新

1. 创新管理理念

在国际化的背景下，高校管理需要创新管理理念，打破传统的管理模式。管理者应强调开放性、灵活性，鼓励创新思维，推动管理理念向适应多元文化和多样化需求的方向发展。

2. 提升国际化合作水平

国际化需要更多的国际合作。高校应积极开展国际合作项目，与世界高校、研究机构建立紧密联系，共同推动教育和科研的国际化。

3. 构建多元化的国际化课程

为适应不同国家和地区的学生需求，高校可以创新课程体系，构建多元化的国际化课程。包括开设双学位项目、提供跨文化教学等方式，满足学生的个性化需求。

4. 发展跨境研究中心

为了促进国际化合作，高校可以发展跨境研究中心，致力于解决全球性问题、推动国际学术交流，同时为学生提供更多的国际研究机会。

5. 制定国际化人才培养计划

国际化要求高校培养具有国际视野的人才。管理者可以制定国际化人才培养计划，包括提供留学机会、推动学生参与国际项目等，培养更具国际竞争力的人才。

6. 利用科技手段推动国际化

科技的发展提供了更多推动国际化的机会。高校可以利用在线教育、虚拟实验室等科技手段，突破地理限制，促进跨国交流与合作。

（三）国际化视野下的高校教育管理的前景

1. 提升高校国际竞争力

通过国际化视野下的创新，高校能够更好地适应全球化的潮流，提升国际竞争力。国际化的管理创新将使高校在全球范围内更具吸引力，吸引更多国际学生、学者和合作伙伴。

2. 推动教育品质的提升

国际化视野下的高校教育管理创新有助于推动教育品质的提升。引入国际先进的教育理念、课程体系和教学方法，有助于提高教育水平，培养更具全球视野的人才。

3. 拓展国际研究合作

创新的国际化管理将有助于拓展高校的国际研究合作。建立更多国际化的科研中心、项目和合作平台，促进学术交流，推动全球性问题的研究和解决。

4. 培养全球化人才

国际化视野下的管理创新有助于培养更多具备全球化背景的人才。通过跨文化教学、国际实习项目等方式，培养学生具备跨文化沟通能力、全球化思维和国际竞争力。

5. 推动高等教育可持续发展

国际化视野下的创新管理有助于推动高等教育的可持续发展。通过建立合理的国际化战略、加强国际合作等方式，高校能够更好地适应社会变革，为未来的可持续发展奠定基础。

在全球化时代，国际化已经成为高校教育发展的必然趋势。通过创新管理理念、提升国际合作水平、构建多元化的国际化课程等方式，高校可以更好地应对国际化的挑战，取得更大的发展成就。国际化视野下的高校教育管理创新不仅有助于提升高校的国际竞争力，更为培养全球化人才、推动高等教育的可持续发展注入新的活力。

三、先进技术对高校管理的影响与挑战

随着科技的飞速发展,先进技术正深刻地影响着各个领域,包括高校管理。先进技术如人工智能、大数据、云计算等,已经成为高校管理中的重要工具和手段。本书将探讨先进技术对高校管理带来的积极影响,同时分析它所带来的挑战,以期更好地理解和应对这一新时代的高校管理环境。

(一)先进技术在高校管理中的积极影响

1. 数据驱动决策

先进技术带来的大数据分析能力使得高校管理者能够更加全面、精确地了解校园内外的各类数据。包括学生学业表现、教师教学效果、校园设施利用率等多方面信息。通过数据驱动的决策,高校管理者可以更科学地进行规划,提高决策的准确性和效率。

2. 教育智能化

人工智能技术的应用为高校教育带来了智能化的可能。个性化教学、智能辅导系统、在线学习平台等,通过人工智能技术实现的创新,使得教育更加贴合学生需求,提高学习效果。管理者可以通过分析学生学习数据,更好地了解学生的学习状况,为个性化教学提供支持。

3. 提高教学效果

先进技术的应用使得教学过程更加生动、多样。虚拟实验室、远程教学、在线资源共享等技术手段为学生提供了更多学习渠道。不仅拓展了教学方式,还提高了学生的学习兴趣,促进了知识的深度和广度。

4. 提升科研水平

科技的发展为高校科研提供了更为便捷、高效的工具。大数据分析、高性能计算、虚拟现实等技术的运用,为科研人员提供了更广阔的研究领域和更强大的研究工具。这有助于提升高校的科研水平,推动学术进步。

5. 创新管理模式

先进技术的引入为高校管理带来了新的管理模式。例如,基于云计算的信息管理系统、智能化的校园服务系统等,使得管理工作更加高效、便捷。管理者可以通过这些新技术手段,实现信息的共享、资源的优化配置,推动管理模式的创新。

（二）先进技术在高校管理中的挑战

1. 需要庞大的投资

引入先进技术需要高校进行大规模的投资，包括硬件设备、软件系统、培训人员等。对于一些财政状况相对薄弱的高校来说可能构成一定的负担。同时，随着技术的更新换代，高校需要不断进行投资以保持技术设施的先进性。

2. 数据隐私与安全问题

大数据和人工智能技术的广泛应用带来了数据隐私和安全的难题。高校管理者需要处理好如何保护学生和教职工的隐私信息，防范数据泄露和滥用的风险。同时，加强网络安全意识和技术防范，是保障高校信息安全的重要举措。

3. 技术应用与人文关怀的平衡

尽管技术的应用可以提高效率和管理水平，但也需要在技术应用与人文关怀之间取得平衡。高校管理者需要注意，在追求效率的同时，不要忽视学生和教职工的个性化需求，保持对人文关怀的关注。技术应用应该服务于人文关怀的目标，而不是替代它。

4. 技术更新速度快

技术的快速更新换代是高校管理者面临的挑战之一。为了保持技术设施的先进性，高校需要不断进行更新和升级，这涉及到大量的人力、物力和财力投入。管理者需要制定科学的技术更新计划，确保先进技术的可持续应用。

5. 技术依赖带来的风险

高度依赖先进技术也带来了一定的风险。例如，网络故障、系统崩溃等技术问题，可能导致教学、科研和管理的中断。管理者需要建立紧急预案，降低技术依赖带来的风险，保障高校正常运作。

6. 技术应用对人才需求的改变

先进技术的广泛应用改变了对高校管理人才的需求。管理者需要具备更强的科技素养，能够理解和应用新技术。因此，高校需要加强对管理人才的培训和引进，以适应科技发展对人才结构的要求。

（三）未来发展趋势

1. 强调技术与人文的融合

未来高校管理的发展趋势强调技术与人文的融合。技术的应用不仅要追求高效管理，更需要关注学生和教职工的需求，实现管理过程中的人文关怀。高校管理者需要将技术作为服务的手段，而非唯一的目标。

2. 推动人工智能与教育的深度融合

人工智能技术在教育领域的应用将更为深度融合。个性化教学、学习过程的智能监测、智能辅导系统等，将成为未来教育的重要组成部分。高校需要积极探索如何最好地利用人工智能技术提升教学质量。

3. 强化数据治理与隐私保护

随着大数据的广泛应用，数据治理和隐私保护将成为管理的重要方面。高校需要建立健全的数据治理体系，明确数据采集、存储和使用的规范。同时，加强隐私保护的技术手段和法律制度建设，确保数据的合法、安全、保护隐私。

4. 推动在线教育的发展

在线教育将成为未来高校管理的重要组成部分。随着互联网技术的发展，高校管理者需要推动在线教育的创新，提供更多元化、灵活性强的学习方式，适应学生的多样化需求。

5. 强化数字化能力建设

高校管理者需要强化数字化能力建设，提升管理人员的科技素养。培养具备数字化思维和能力的管理团队，推动数字化在高校管理中的全面应用。包括对大数据、云计算、物联网等技术的深入理解，以及培养管理者处理数字化环境中各种复杂问题的能力。

6. 推动跨界融合发展

未来高校管理趋势将推动跨界融合发展。高校管理者需要加强与科研机构、产业界、政府等领域的合作，通过跨界合作，推动创新的管理模式和应用场景的发展。这样的合作有助于高校更好地服务社会、推动科技创新。

7. 加强教职工培训

面对先进技术的快速发展，高校管理者需要加强对教职工的培训。包括提升教师和管理人员的科技水平，使其能够更好地适应数字化时代的管理需求。培训可以涵盖信息技术、教育技术、数据分析等方面，使教职工更具竞争力。

8. 推动国际合作

未来高校管理的发展趋势还将强调国际合作。通过与国际先进高校、科研机构的合作，高校可以分享先进管理经验、引进先进技术，推动国际化发展。国际合作还有助于高校更好地适应全球化时代的管理要求，提升国际影响力。

先进技术对高校管理带来了巨大的影响，既带来了创新和便利，也带来了一系列挑战。高校管理者需要在迎接技术变革的同时，不断提升自身的管理水平，加强对新技术的理解和应用。未来，随着技术的不断发展，高校管理将面临更多新的机遇和挑战，需要不断调整管理策略，促进技术与管理的有机融合，实现高质量的教育和科研服务。在这个过程中，高校管理者需要着眼于全球趋势，加强国际合作，共同推动高等教育事业的可持续发展。

第二章　高校学生心理健康管理

第一节　高校学生心理健康现状

一、大学生心理健康问题的普遍性

随着社会的发展和高等教育的普及,大学生群体逐渐成为社会的中坚力量。然而,大学生心理健康问题也日益引起关注。这些问题的普遍性不仅影响着个体的成长与发展,还对整个社会产生深远的影响。本书将探讨大学生心理健康问题的普遍性,分析其原因,并提出一些建议以促进大学生心理健康的提升。

(一)大学生心理健康问题的普遍性

1. 学业压力

大学生在面对繁重的学业任务时,常常感受到巨大的学业压力。学科知识的深度和广度增加,学术竞争加剧,使得一些学生感到挫折、焦虑,甚至产生自卑情绪。特别是在期末考试、毕业设计等关键时刻,学业压力更是集中爆发。

2. 就业压力

随着社会竞争的加剧,大学生在面对就业压力时感到巨大的心理负担。择业困扰、求职压力、职业规划等问题,成为影响大学生心理健康的主要因素。对未来的不确定性和社会期望的承受,使得许多大学生陷入职业焦虑状态。

3. 人际关系困扰

大学生处于社会化的重要阶段,与各种社交关系密切相关。然而,人际关系的复杂性和多样性也给大学生带来了困扰。友谊的建立、情感关系的维系、与同学、室友之间的相处等问题,都可能引发大学生的心理困扰。

4. 生活适应问题

从家庭环境转变到大学生活，使得一些学生在面对新环境时感到无法适应。生活的自理能力、时间管理、财务管理等方面的不足，导致一些学生陷入困境，影响其心理健康。

（二）大学生心理健康问题的原因分析

1. 学校环境压力

学术压力、竞争压力等学校环境带来的压力是大学生心理健康问题的重要原因。大学课程紧张、考试制度严格，学生需要面对大量的学业任务，使得他们在追求学业成功的过程中感受到沉重的压力。

2. 社会变革背景

社会变革背景下，职业竞争激烈，就业形势严峻。使得大学生面对未来的就业压力时感到无法承受。社会对个体的期望、对成功的定义，也成为影响大学生心理健康的因素。

3. 家庭教育方式

家庭教育方式对大学生的心理健康产生深远影响。一些家庭对子女的期望过高，家庭教育缺乏沟通和情感支持，可能使大学生在面对困难时缺乏适应能力。

4. 社交媒体与信息过载

社交媒体的普及和信息的过载给大学生带来了新的心理压力。虚拟社交的不真实性、信息的碎片化、社交媒体上的社交焦虑等问题，可能使大学生产生自我比较、焦虑等心理问题。

5. 人际关系与自我身份认同

大学生处于自我认知和身份认同的关键时期。人际关系问题，特别是恋爱、友谊等方面的困扰，可能对大学生心理健康造成影响。在探索自我身份认同的过程中，一些学生可能感到困惑和焦虑。

（三）促进大学生心理健康的建议

1. 建立健康的学术氛围

学校应当努力创造一个积极向上、关注学术发展、倡导合理竞争的学术氛围。提倡学生树立正确的学业观，关注学科兴趣，培养对学术的浓厚兴趣，减轻学业压力。

2. 加强心理健康教育

学校应当加强心理健康教育，向学生普及心理健康知识，提高他们对心理健康的认知水平。心理健康教育可以包括心理学知识的普及、心理疾病的预防、应对压力的方法等内容。通过心理健康教育，学生能够更好地理解心理状态，学会应对心理困扰的方法。

3. 完善心理咨询服务体系

学校应当建立健全的心理咨询服务体系，提供专业的心理咨询服务。心理咨询服务可以包括面对面的咨询、心理健康讲座、心理支持小组等形式。通过及时、有效的心理咨询，学生能够得到专业的心理支持，解决心理问题，提升心理韧性。

4. 强化家庭教育的支持

学校和家庭应当形成合力，共同关注学生的心理健康。加强与家长的沟通，向家庭提供有关心理健康的信息和培训，使得家庭成为学生心理健康的支持系统。家长在学生面临问题时，应当以理解和支持为主，建立开放的沟通渠道。

5. 创造积极的社交环境

学校应当努力创造积极、健康的社交环境。通过开展文体活动、社交活动，鼓励学生积极参与社交，建立健康的友谊关系。学校还可以开展社交技能培训，帮助学生更好地处理人际关系。

6. 引导合理使用社交媒体

学校可以引导学生合理使用社交媒体，提高他们对社交媒体信息的辨识能力。通过开展关于社交媒体的教育，帮助学生树立正确的社交观念，减轻社交媒体带来的负面影响。

7. 建立心理健康档案

学校可以建立学生的心理健康档案，对学生进行心理健康状况的定期评估。通过建立档案，学校可以更好地了解学生的心理状况，及时发现问题，采取措施干预。

8. 加强心理健康研究

学校可以加强心理健康研究，通过开展心理健康调查、研究学生心理问题的原因与机制，为更有效的心理健康干预提供科学依据。学校还可以通过心理健康研究，为制定更有针对性的心理健康政策提供支持。

大学生心理健康问题的普遍性是一个复杂而严峻的社会问题，涉及学业、职业、人际关系等方面。解决这一问题需要学校、家庭、社会多方面的共同努力。通过建立健全的心理健康服务体系、开展系统的心理健康教育、提供专业的心理咨询支持，可以更好地促进大学生心理健康的提升，为其全面发展提供更有力的支持。

二、现代社会背景下大学生心理健康的特殊挑战

随着社会的快速发展和变革，大学生面临着前所未有的心理健康挑战。现代社会的复杂性、信息化、竞争激烈以及社会价值观的多元化等因素，对大学生的心理健康产生了特殊的影响。本书探讨现代社会背景下大学生心理健康的特殊挑战，分析其原因，并提出相应的应对策略。

（一）现代社会背景下大学生心理健康的特殊挑战

1. 社会竞争压力

在现代社会中，社会竞争愈加激烈。大学生面临着就业市场的高度竞争，对未来职业的不确定性使得他们承受着巨大的就业压力。这种压力不仅来自于学业成绩，还包括实习、社会经验等方面。在追求卓越的同时，大学生常常感到巨大的心理负担，担心无法适应激烈的社会竞争。

2. 社交网络的影响

社交网络的普及改变了人们的生活方式，但也带来了一系列的心理健康问题。大学生在社交网络上经常面临着自我呈现、社交比较等心理压力。虚拟社交带来的不真实感、对他人生活的羡慕，以及社交媒体上的社交焦虑，使得大学生更容易陷入心理健康问题。

3. 信息过载与焦虑

现代社会信息爆炸，大学生在学业和生活中接收到大量的信息。信息的过载可能导致学业焦虑、职业选择的迷茫、对未来的担忧等心理问题。信息的多样性也使得一些大学生难以确定兴趣和目标，增加了心理压力。

4. 家庭结构变化

现代社会家庭结构多样化，一些大学生可能面临着家庭关系的不稳定，单亲家庭、离异家庭等问题增加了大学生的心理负担。家庭变故可能导致大学生对未来的不安全感，对人际关系的不信任等问题。

5. 自我身份认同的困扰

在多元文化和多元价值观的社会环境中，大学生对自我身份认同的困扰也增加了心理压力。性别认同、文化认同、职业认同等方面的不确定性，可能导致大学生在心理上产生混乱和矛盾，增加了心理健康的挑战。

（二）现代社会背景下大学生心理健康挑战的原因分析

1. 社交网络的社会比较

社交网络提供了虚拟的社交空间，但同时也成为大学生进行社会比较的平台。通过社交媒体，大学生经常接触到他人的成功、幸福，这容易导致自我价值感的低下和社交焦虑。

2. 信息过载与选择困难

信息过载使得大学生在面对学业和职业选择时面临巨大的困扰。过多的信息可能导致选择的困难，无法明确自己的兴趣和目标，进而引发心理健康问题。

3. 家庭变故与心理冲击

家庭结构的多样化和变故可能带来心理冲击。家庭问题如离异、亲子关系不和谐等会影响到大学生的心理健康。在家庭不稳定的情况下，大学生可能缺乏安全感和归属感。

4. 文化认同的多元化

社会文化的多元化使得大学生在构建自我认同时面临更多的选择。性别、文化、职业等方面的多元化，使得大学生在建构自我身份认同时感到困扰，产生心理压力。

（三）应对现代社会背景下大学生心理健康挑战的策略

1. 培养积极心理品质

学校和社会应当通过心理教育和培训，帮助大学生培养积极心理品质，增强对抗挑战的能力。积极心理品质包括乐观、韧性、自我调节等，这些品质有助于大学生更好地应对社会压力和挫折，提升心理韧性。

2. 建立健康的社会网络

学校可以通过组织各类社交活动、培训社交技能等方式，帮助大学生建立健康、积极的社会网络。强调真实沟通、互助支持的社交关系，减少社交网络上的虚拟社交比较，有助于改善大学生的心理健康。

3. 提供职业发展支持

学校可以提供更全面的职业发展支持，包括职业规划、实习机会、就业辅导等。通过提供职业发展资源和指导，帮助大学生更清晰地了解自己的兴趣和职业目标，减轻就业压力。

4. 强化心理健康教育

加强心理健康教育，向大学生普及心理健康知识，提高他们对心理健康问题的认知水平。心理健康教育可以涵盖心理问题的预防、应对压力的方法、自我调节的技能等方面，帮助大学生更好地管理心理状态。

5. 鼓励多元文化认同

学校和社会应鼓励尊重多元文化、多元价值观，并提供支持与理解。通过开展多元文化活动、提供文化交流平台，帮助大学生更好地理解和接纳不同文化，减轻文化认同带来的心理负担。

6. 家庭支持与心理辅导

加强家庭支持，通过家长的理解、陪伴以及家庭心理辅导，帮助大学生更好地应对家庭变故和家庭关系问题。建立健康的家庭环境有助于大学生心理健康的稳定。

7. 管理信息过载

学校可以提供信息素养培训，教授大学生如何高效获取和处理信息。同时，学校应当加强对信息过载可能带来的心理影响的宣传，引导大学生合理、有选择地获取信息，减轻信息过载带来的心理负担。

8. 提供心理咨询服务

学校应建立健全的心理咨询服务体系，提供及时有效的心理咨询。心理咨询服务可以帮助大学生更好地理解心理问题，寻找解决问题的方法，减轻心理压力。

现代社会的快速发展带来了大学生心理健康面临的特殊挑战，包括社会竞争压力、社交网络的影响、信息过载与焦虑、家庭结构变化、自我身份认同的困扰等。解决这些问题需要学校、家庭、社会等多方共同努力。通过加强心理健康教育、提供全面的职业发展支持、建立健康的社会网络，可以帮助大学生更好地适应现代社会的挑战，提升心理韧性，实现全面的发展。

三、心理健康问题对学业和生活的影响

心理健康问题是当今社会面临的严重挑战之一,尤其在学生群体中更为突出。心理健康问题不仅对个体的身心健康产生负面影响,还可能严重影响学业和生活的方方面面。本书探讨心理健康问题对学业和生活的影响,并提出相应的应对策略。

(一)心理健康问题对学业的影响

1. 学习兴趣和动力下降

心理健康问题可能导致个体对学业失去兴趣和动力。抑郁、焦虑等心理问题会使学生感到沮丧、消极,降低积极性,影响学业的投入和表现。

2. 学习注意力不集中

心理健康问题可能导致学生的注意力不集中,难以保持专注。例如,焦虑情绪可能使学生分散注意力,无法有效地专注于学习任务,从而影响学业的质量和效果。

3. 学习记忆力减退

心理健康问题对记忆力的影响较为明显。患有抑郁症的学生可能出现记忆力减退的情况,导致学习效果下降,记忆新知识的能力降低。

4. 学业压力过大

心理健康问题可能带来的负面情绪,再加上学业本身的压力,使学生面临巨大的学业压力。这种压力可能导致焦虑、紧张,影响学生的学业表现和应对能力。

5. 学习效率下降

心理健康问题可能影响学生的学习效率。由于情绪不稳定、焦虑等原因,学生可能需要更长的时间来完成学习任务,导致学业进度滞后,影响学业规划的顺利进行。

(二)心理健康问题对生活的影响

1. 社交障碍和孤独感

心理健康问题可能导致个体社交能力的下降,使其难以建立和维持健康的

人际关系。孤独感和社交障碍会进一步影响到生活的质量，使个体感到孤立和不安。

2. 生活兴趣丧失

心理健康问题可能导致个体对生活中的兴趣和乐趣失去感知。抑郁等问题使人对日常活动失去兴趣，生活变得枯燥无味，缺乏积极向上的动力。

3. 生活自理能力下降

一些心理健康问题可能影响到个体的生活自理能力。例如，抑郁症可能导致个体对身体健康和卫生失去关注，生活自理能力下降，对健康产生不良影响。

4. 睡眠问题

心理健康问题经常伴随着睡眠问题。焦虑、抑郁等症状可能导致失眠、入睡困难或者过度睡眠，这会对个体的生物钟产生负面影响，影响日常生活的正常进行。

5. 饮食习惯异常

某些心理健康问题可能引起饮食方面的问题。例如，抑郁症患者可能出现食欲减退或过度进食的情况，从而对身体健康和生活造成影响。

（三）应对心理健康问题对学业和生活的影响的策略

1. 建立健康的心理支持体系

学校和社会应建立健全的心理支持体系，提供专业的心理咨询和支持。通过心理辅导、心理治疗等方式，帮助个体解决心理问题，提升心理韧性。

2. 推行心理健康教育

加强心理健康教育，向学生普及心理健康知识，提高他们对心理健康问题的认知水平。通过心理健康教育，使学生更早地了解并应对潜在的心理健康问题。

3. 提供学业和生活指导

学校可以提供学业和生活指导服务，帮助他们规划学业和生活，减轻学业压力。通过导师制度、学业辅导等方式，帮助学生更好地适应学术环境。

4. 鼓励积极的生活方式

学校和社会应当鼓励个体保持积极的生活方式，包括参与社交活动、锻炼身体、保持良好的作息习惯等。这有助于改善心理健康问题，提升生活质量。积极的生活方式可以成为缓解心理压力和促进身心健康的重要途径。

5. 增强社交支持

社交支持是缓解心理健康问题的重要因素。学校和社会可以通过组织社交活动、建立社交平台等方式，增强学生的社交支持系统，帮助他们更好地应对生活中的挑战。

6. 提供专业治疗

对于需要更深层次干预的个体，提供专业的心理治疗是必要的。心理治疗可以通过认知行为疗法、心理动力学治疗等方式，帮助个体理解和应对心理健康问题。

7. 强化学业辅导

学校可以加强学业辅导，为学生提供更全面、个性化的学业支持。了解学生的学业需求，通过辅导和指导，帮助他们更好地完成学业任务，减轻学业压力。

8. 宣传心理健康意识

加强社会对心理健康问题的宣传，打破心理健康问题的社会陈规，减少心理健康问题的污名化。鼓励个体敢于面对心理健康问题，及时寻求帮助，促进社会对心理健康问题的更深层次理解。

心理健康问题对学业和生活都产生着深远的影响，从学业方面来看，可能导致学习动力下降、学业压力过大等问题；从生活方面来看，可能引发社交障碍、生活兴趣丧失等情况。应对这些影响，需要学校、家庭、社会共同合作。通过建立健康的心理支持体系、推行心理健康教育、提供学业和生活指导、鼓励积极的生活方式等，可以帮助个体更好地应对心理健康问题，实现全面的个人发展。同时，社会应当加强对心理健康问题的认知，消除社会对心理健康问题的歧视，为个体提供更加友好和包容的社会环境。

第二节 高校学生情绪管理

一、情绪管理的基本概念

情绪是人类生活中不可或缺的一部分，是对内外界刺激的一种生理和心理的反应。情绪管理作为一种重要的心理技能，对个体的身心健康、社交关系以及职业生涯都具有深远的影响。本书将探讨情绪管理的基本概念，包括情绪的定义、情绪管理的重要性、情绪管理的原理，以及实际应用等方面。

（一）情绪的定义与特征

1. 情绪的定义

情绪是指个体在面对某种刺激或事件时，产生的一种主观的、短暂的、整体性的心理状态。包括情感体验、生理变化、认知评价和行为反应等方面。情绪是人类在与环境互动中产生的一种复杂而多层次的心理现象。

2. 情绪的特征

主观性：情绪是个体主观感受的结果，不同个体对同一刺激可能产生不同的情绪体验。

短暂性：情绪是一种相对短暂的心理状态，通常持续时间较短，与心情和性格等长期的个体差异有所区别。

整体性：情绪是一种整体性的心理现象，涵盖了生理、认知、主观体验和行为等多个方面。

相对一致性：情绪对特定刺激的反应，在一定程度上是相对一致的，但也受到个体差异、环境因素和文化背景等影响。

（二）情绪管理的重要性

1. 个体健康与幸福感

有效的情绪管理对个体的身心健康和幸福感具有积极的影响。长期的负面情绪状态，如慢性的压力、焦虑和抑郁，与多种心理和生理健康问题相关联。良好的情绪管理有助于降低这些健康风险，提升个体整体的生活满意度。

2. 社交关系的建立和维护

情绪管理对于社交关系的建立和维护至关重要。个体在社交互动中的情绪表达会影响他人认知和态度。通过有效的情绪管理，个体能够更好地理解和回应他人的情绪，促进良好的人际关系。

3. 工作和学业表现

在工作和学业领域，情绪管理对个体的表现和成就具有直接的影响。良好的情绪管理有助于提高个体的工作效率、创造力，减轻工作压力，增强对工作和学业的投入和积极性。

4. 自我认知和自我控制

情绪管理是自我认知和控制的重要组成部分。通过了解情绪反应、识别触发情绪的因素，个体能够更好地理解自己，提高对情绪的自我控制能力，避免情绪对决策和行为的负面影响。

（三）情绪管理的原理

1. 情绪识别

情绪管理的第一步是认识和识别自己的情绪。这包括对情感体验的敏感度，以及对情绪表达的理解。通过观察身体的生理反应、主观感受和思维模式，个体能够更准确地识别自己的情绪状态。

2. 情绪理解

了解情绪的产生原因和内在机制对于有效的情绪管理至关重要。这包括了解个体对不同刺激的反应、个人价值观和信仰对情绪的影响等。情绪理解有助于找到更有针对性的情绪管理策略，从而更好地适应各种情境。

3. 情绪表达

有效的情绪管理涉及到适当地表达个体的情感。不仅包括言语表达，还包括非言语表达，如面部表情、身体语言等。通过积极的情绪表达，个体能够更好地与他人沟通，促进良好的人际关系。

4. 情绪调节

情绪调节是情绪管理的核心环节。这包括积极的情绪调节策略，如寻求支持、寻找解决问题的途径、采用乐观的态度等。同时，个体还需要学会负面情绪的调节，如深呼吸、冥想、放松技巧等，以维持情绪的平衡。

5. 制定积极的情绪应对策略

情绪管理涉及在面对不同情境时选择积极的情绪应对策略。包括避免消极情绪的情境，寻找适当的解决问题的方法，以及培养积极的思维模式。制定积极的情绪应对策略有助于缓解负面情绪，提升个体的情绪弹性。

6. 持续学习和调整

情绪管理是一个持续学习和调整的过程。个体需要不断地反思和调整情绪管理策略，根据不同的情境和生活阶段进行灵活应对。这需要培养自我觉察和不断学习的习惯，以保持情绪管理的有效性。

（四）情绪管理的实际应用

1. 工作场景中的情绪管理

在工作场景中，情绪管理对于职业生涯的成功至关重要。个体需要学会在工作压力下保持冷静，有效处理职场冲突，以及通过积极的情绪表达和调节，提升团队协作和领导力。

2. 学习环境中的情绪管理

在学习环境中，学生常常面临考试压力、学业任务等挑战。良好的情绪管理有助于提高学习效率，增强兴趣和动力，缓解学业压力，从而更好地应对学术挑战。

3. 人际关系中的情绪管理

在人际关系中，情绪管理对于建立和维护健康的关系至关重要。个体需要学会处理与家庭、朋友、同事之间的情感交流，以及通过有效的情绪表达，促进亲密关系的建立。

4. 健康生活中的情绪管理

保持健康的生活方式也与情绪管理密切相关。充足的睡眠、适度的运动、健康饮食等都对情绪稳定有积极的影响。个体需要通过健康生活习惯来提升自身的情绪状态。

情绪管理作为一种关键的心理技能，对个体的身心健康、社交关系和职业生涯都具有重要的影响。通过识别、理解、表达和调节情绪，个体能够更好地应对生活中的挑战。情绪管理不仅有助于个体更好地适应社会环境，还有助于提升个体的整体生活质量。因此，培养良好的情绪管理能力是每个人都值得关注和努力发展的重要素养。

二、大学生情绪管理的特点与难点

大学生阶段是一个充满变革和挑战的时期，面临着学业压力、人际关系调适、未来职业规划等多方面的问题。在这一过程中，情绪管理成为大学生成长过程中不可忽视的重要议题。本书探讨大学生情绪管理的特点与难点，深入分析大学生面临的情绪管理挑战，并提出应对策略。

（一）大学生情绪管理的特点

1. 多元的情境挑战

大学生阶段涉及到课业学习、社会交往、家庭关系等多个方面，每个方面都可能成为情绪的触发点。学业竞争激烈、社交压力增大、家庭期望等多元的情境挑战使得大学生成为情绪管理的复杂场景。

2. 自主性和独立性增强

相较于中学阶段，大学生在学习和生活中的自主性和独立性得到了显著的提升。这种独立性的增强使得大学生需要更加自主地面对各种情绪，同时也需要承担更多的决策责任，这对情绪管理提出了更高的要求。

3. 身份认同和角色转变

大学生阶段常常伴随着对个体身份认同和社会角色的转变。从学生到职业人员的过渡，以及从家庭成员到独立个体的过渡，都可能引发情绪上的不适应和焦虑，需要适应新的身份和角色。

4. 未来不确定性

大学生通常面临着对未来职业和生活的不确定性，这种不确定性可能引发焦虑和压力。职业选择、就业竞争、未来规划等因素都可能成为情绪管理的挑战。

（二）大学生情绪管理的难点

1. 学业压力与竞争

大学生面临着更加严峻的学业压力，学科知识的增加、学业负担的加重，以及对未来就业的不确定性，都可能导致学业压力的积累。同时，与同龄人的竞争也是一种常见的心理压力源。

2. 人际关系的调适

在大学阶段，学生需要适应新的社交环境，建立新的人际关系。这一过程可能伴随着适应期的不适应感、孤独感，以及与舍友、同学之间的人际冲突，给大学生的情绪管理带来了挑战。

3. 自我认知与身份认同

大学生正处于个性发展的关键期，他们需要逐渐建立自己的价值观和人生目标，形成独立的个体意识。这一过程中，可能出现对自我认知的迷茫，以及对身份认同的混乱，对情绪管理造成困扰。

4. 就业和未来规划

面对即将到来的毕业和就业，大学生往往面临对未来的巨大不确定性，这可能引发焦虑和恐慌。对职业的选择、职场的适应，以及对未来生活的规划都是需要深思熟虑的问题。

5. 情绪表达和调节

大学生通常处于情感表达和调节的学习阶段，他们需要学会表达情感，同时也需要学会适当地调节情绪。这对于一些尚未形成成熟情绪管理机制的大学生来说，可能是一个较为困难的过程。

（三）应对大学生情绪管理的策略

1. 情绪认知与表达训练

通过情绪认知和表达训练，帮助大学生更好地认知和表达自己的情感。这包括提高情绪识别能力、培养积极情感表达的能力，以及学会用适当的方式表达负面情绪。

2. 压力管理与调适技能培养

培养大学生压力管理与调适技能，包括制定明确的学业计划、学会有效的时间管理、培养运动和放松的习惯等。这有助于缓解学业压力，提高应对挑战的能力。

3. 社交技能和人际关系管理

通过培养社交技能，帮助大学生更好地适应新的社交环境，主动参与各类社交活动，建立积极健康的人际关系。同时，学会有效沟通、解决冲突的技能也是关键。

4. 职业规划与未来导向

帮助大学生进行职业规划和未来规划，提供相关的职业辅导和咨询，使他们更清晰地了解兴趣和优势，更有信心地面对未来的不确定性。

5. 心理辅导与自我成长

提供心理辅导服务，通过心理咨询、心理治疗等方式，帮助大学生解决情绪问题，促进自我成长和发展。心理辅导可以提供专业的支持和指导，帮助他们更好地理解自己，应对情绪挑战。

6. 情绪调节技巧的培养

培养大学生使用有效的情绪调节技巧,包括深呼吸、冥想、放松训练等。这些技巧可以帮助他们更好地面对挑战,缓解负面情绪,提高情绪的稳定性。

7. 团体活动与支持系统

鼓励大学生参与团体活动,加入兴趣小组或社团,建立良好的支持系统。团体活动有助于提高社交能力,同时在团体中获得支持和鼓励,对于情绪管理具有积极作用。

8. 亲密关系的建立

在大学阶段,建立亲密的关系可以为大学生提供情感支持。培养亲密关系,与家人、朋友建立良好的沟通,有助于缓解情绪困扰,分享生活喜悦和压力。

大学生阶段是个体生命发展的重要时期,而情绪管理在此期间显得尤为重要。正确认识大学生情绪管理的特点与难点,采取有针对性的应对策略,有助于提升大学生的心理健康水平,增强应对挑战的能力。学校、家庭和社会应共同努力,为大学生提供全方位的支持和指导,创造有利于情绪管理的环境,促使大学生更好地适应和成长。通过培养良好的情绪管理能力,大学生将更有可能取得学业和生活的双赢。

三、有效的情绪管理策略与方法

情绪是人类生活中不可或缺的一部分,而有效的情绪管理对个体的心理健康、人际关系、工作表现等方面都具有重要的影响。在面对生活的压力和挑战时,学会合理有效地管理情绪是至关重要的。本书将探讨一些有效的情绪管理策略与方法,以帮助个体更好地理解、表达和调节情绪。

(一)情绪管理的基本原则

1. 情绪认知与识别

情绪管理的第一步是对情绪进行认知和识别。个体需要学会观察自己的情感体验,了解情绪的产生原因,以及在不同情境下的表现。情绪认知有助于建立对情绪的敏感度,从而更好地应对各种情绪。

2. 情绪理解与反思

理解情绪的产生原因和内在机制对于有效的情绪管理至关重要。个体需要反思对特定情境的情绪反应，分析触发情绪的因素，了解自己的情绪模式。通过情绪的理解和反思，个体能够更好地应对类似的情境。

3. 情绪表达与沟通

有效的情绪管理包括适当的情绪表达和沟通。个体需要学会用适当的方式表达情感，避免过分压抑或过度发泄。良好的情绪表达有助于与他人建立良好的沟通和理解，减少误解和冲突。

4. 情绪调节与情绪表达

情绪调节是情绪管理的核心环节。个体需要学会通过积极的情绪调节策略来维持情绪的平衡。包括寻找支持、寻找解决问题的途径、采用乐观的态度等。情绪调节有助于个体更好地适应各种情境。

5. 情绪应对策略的选择

在面对不同情境时，个体需要选择适当的情绪应对策略。包括避免消极情绪的情境，寻找适当的解决问题的方法，以及培养积极的思维模式。有效的情绪应对策略有助于缓解负面情绪，提升个体的情绪弹性。

（二）具体的情绪管理策略与方法

1. 深呼吸和冥想

深呼吸和冥想是一种常见的情绪管理技巧。通过深呼吸，个体能够放松身体，缓解紧张和焦虑感。冥想则可以帮助集中注意力，减轻压力，提高情绪的稳定性。定期练习深呼吸和冥想有助于建立情绪调节的习惯。

2. 运动和身体活动

身体活动对于情绪管理有显著的影响。运动释放身体中的紧张和压力，同时促使大脑释放更多的神经递质，提升心情。无论是有氧运动、瑜伽还是散步，都是有效的情绪管理方式。

3. 建立支持系统

有一个良好的支持系统是情绪管理的重要支持。与亲友、同事建立良好的关系，分享情感体验，得到理解和支持，有助于缓解情绪压力。定期与他人交流，寻求支持，是维护心理健康的有效途径。

4. 制定目标和计划

设定清晰的目标和制定实际可行的计划，有助于个体更好地应对生活中的挑战。设立短期和长期目标，逐步实现，有助于提高个体的动力和自我效能感，减轻焦虑和挫折感。

5. 培养乐观心态

乐观的心态有助于更积极地应对生活中的问题。个体可以通过培养感恩心情、关注积极事物、从正面看待挑战等方式，培养乐观的心态。乐观的态度有助于减轻负面情绪，提升情绪的稳定性。

6. 时间管理

合理的时间管理是情绪管理的有效手段。通过制定合理的工作和学习计划，避免过度压力和焦虑，有助于提高工作效率，减轻负面情绪。合理分配时间，让生活更有秩序和掌控感。

7. 学习应对压力的技能

学会应对压力的技能对于情绪管理至关重要。包括设定合理的期望，面对挑战时保持冷静，寻找问题的解决方案，以及学会从失败中吸取经验教训。这些技能有助于减轻因压力而产生的负面情绪。

8. 积极参与爱好和兴趣

积极参与喜欢的爱好和兴趣可以让个体更好地放松身心，提高生活满足感。投入到有趣的活动中，有助于转移注意力，减轻负面情绪，增强正面情感。

9. 寻求专业帮助

在面对较为严重的情绪问题时，寻求专业的心理咨询和治疗是一种有效的策略。专业心理医生能够提供针对性的建议和治疗方案，帮助个体更好地理解和应对情绪问题。

（三）情绪管理的实际应用场景

1. 工作场景中的情绪管理

在工作场景中，有效的情绪管理对于提高工作效率、改善团队协作至关重要。通过合理的时间管理、积极的沟通和冲突解决技巧，个体能够更好地应对工作中的挑战，保持积极态度。

2. 学习环境中的情绪管理

在学习环境中，学业压力是一个常见的情绪触发源。通过合理的学习计划、积极的学习态度和寻求学业帮助，个体能够更好地管理学业压力，提高学业表现。

3. 人际关系中的情绪管理

在人际关系中，有效的情绪管理有助于建立良好的人际关系。通过倾听、理解和尊重他人，以及运用积极的情绪表达技巧，个体能够更好地维护和改善人际关系。

4. 健康生活中的情绪管理

保持健康的生活方式对于情绪管理至关重要。通过规律的作息、健康的饮食和适度的运动，个体能够提升健康水平，从而对情绪的稳定性产生积极影响。

情绪管理是个体生活中不可或缺的一部分，而有效的情绪管理策略和方法有助于提高个体的心理健康水平，改善人际关系，提高工作和学习效率。通过认知、理解、表达和调节情绪，个体能够更好地适应各种情境，减轻负面情绪，增强情绪的弹性。在不同的场景下，选择适当的情绪管理策略，使之成为生活的积极助力。通过不断的实践和培养，个体能够建立起良好的情绪管理机制，提升整体生活质量。

第三节　高校学生抗压管理

一、大学生面临的压力源与类型

大学生时期是一个充满挑战和机遇的阶段，伴随着学业的提升、人际关系的调整以及未来职业的规划，大学生往往面临着各种压力。本书将探讨大学生面临的压力源与不同类型的压力，深入分析这些压力对大学生心理健康的影响，并提出应对策略。

（一）大学生面临的压力源

1. 学业压力

学业压力是大学生面临的主要压力之一。学科知识的增加、学业负担的加重，以及对未来就业的不确定性，都可能导致学业压力的积累。学业竞争激烈、期末考试、论文写作等阶段性任务也会增加学生的学业压力。

2. 社交压力

大学是一个新的社交环境，学生需要适应新的同学、室友、教授等各类人际关系。建立新的友谊、融入新的社交圈，以及应对可能出现的人际冲突，都是社交压力的来源。

3. 家庭期望

家庭期望也是一种常见的压力源。家长对于子女的期望，尤其是对于学业成绩、职业选择的期望，可能使学生感到沉重的责任，面对家庭的期望，一些学生可能会感到压力倍增。

4. 就业压力

大学生面临着即将毕业和踏入职场的压力。就业市场的竞争激烈，对于未来职业的不确定性、找工作的压力，以及对于职业发展的迷茫，都可能给大学生带来一定的心理压力。

5. 自我价值认同

大学生正处于人生发展的关键期，对自我认知和自我价值的建构是一项重要任务。对自己的定位、对未来的规划，以及对自身价值的认同，都可能成为心理压力的源泉。

6. 时间管理

大学生需要同时处理学业、社交、兴趣爱好等方面的事务，因此时间管理成为一项具有挑战性的任务。时间压力可能源于任务的紧迫性、计划的不合理性，以及对于时间利用的过分焦虑。

7. 经济压力

独立生活的大学生可能面临经济独立的挑战。学费、生活费、文娱开支等方面的经济负担，尤其是来自经济困难家庭的学生，可能因为经济压力而感到不安。

（二）不同类型的大学生压力

1. 学业压力类型

考试压力：长时间的备考、期末考试的临近可能引发学业压力。

论文压力：需要完成大量论文、毕业论文等学术性任务可能导致压力。

选课压力：选择适合专业方向和兴趣的课程可能是一项挑战。

2. 社交压力类型

同学关系：适应新同学、建立友谊、处理人际关系问题可能带来社交压力。

室友关系：与室友相处、解决可能出现的矛盾也是社交压力。

3. 家庭期望类型

学业成绩期望：家长对于学业成绩的期望可能是一种常见的家庭压力。

职业规划期望：家长对于子女未来职业选择的期望也可能带来压力。

4. 就业压力类型

职业选择压力：不确定未来职业方向、担忧找不到理想的工作。

竞争压力：竞争激烈的就业市场可能导致找工作的艰难。

5. 自我认知压力类型

身份认同：对于在大学阶段的角色认知，以及对未来身份的认同可能带来压力。

自我价值认知：对于自身价值和意义的思考可能引发自我认知的压力。

6. 时间管理压力类型

任务紧迫性：处理多项任务、计划紧凑可能导致时间管理的压力。

计划不合理性：制定不切实际的计划可能使时间管理成为一项挑战。

7. 经济压力类型

学费负担：中低收入家庭的学生可能面临支付学费的经济困境。

生活费开支：生活费用的支付、文娱支出等方面的经济压力。

（三）压力对大学生心理健康的影响

1. 心理问题

长期的高强度压力可能导致大学生出现各种心理问题，包括焦虑、抑郁、自卑感、紧张感等。学业、社交、家庭等方面的压力叠加可能影响到学生的心理健康水平。

2. 学业表现下降

学业压力过大可能导致学生的学业表现下降，学科知识的掌握、考试成绩、论文质量等方面受到影响。长期的学业压力可能导致学业疲劳，影响学生对学习的积极性。

3. 社交问题

社交压力可能使得学生在社交场合中感到不适应，可能出现交往困难、社交回避等问题。可能导致学生在学校的社交圈中感到孤立，影响其社交技能的发展。

4. 情绪不稳定

不同类型的压力可能使得学生的情绪变得不稳定，包括焦虑、沮丧、愤怒等。情绪不稳定可能会影响到学生的日常生活、人际关系以及心理健康。

5. 生活习惯改变

面对压力，一些学生可能会改变原有的生活习惯，如饮食不规律、睡眠质量下降等。这种生活习惯的改变可能对学生的身体健康产生负面影响。

（四）应对大学生压力的策略

1. 建立合理的时间管理

通过制定合理的学习计划和生活安排，合理分配时间，减轻学业和生活压力。

2. 发展应对能力

培养应对挑战的能力，通过积极的心态和解决问题的方法应对面临的困难。

3. 寻求支持

积极与朋友、家人、老师等建立联系，分享自己的感受，寻求社会支持。

4. 放松技能

学会运用放松技巧，如深呼吸、冥想、放松训练等，缓解身体和心理的紧张感。

5. 调整心理态度

培养乐观的心态，学会从积极的角度看待问题，调整对压力的认知。

6. 寻求专业帮助

在面对严重的心理问题时，寻求专业的心理咨询和治疗是一种有效的策略。

大学生时期，面临各种类型的压力是不可避免的。了解压力的来源和类型，以及对大学生心理健康的影响，有助于学生更好地应对挑战。通过建立合理的应对策略和寻求支持，大学生能够更好地应对压力，保持心理健康。学校和社会也应提供相关的支持和资源，共同促进大学生的全面发展。

二、抗压能力的培养与提升

在现代社会的高压环境下,抗压能力成为一个至关重要的素质。无论是在职场、学业还是生活中,人们面临着各种各样的挑战和压力。本书将深入探讨抗压能力的概念、重要性,以及如何培养和提升抗压能力,帮助个体更好地适应多变的环境,应对生活中的各种压力。

(一)抗压能力的概念和重要性

1. 抗压能力的定义

抗压能力,又称心理弹性或适应性,是指个体在面临压力、困境或挑战时,能够保持相对稳定的心理状态,迅速适应并应对各种压力的能力。抗压能力并非一成不变,而是可以通过培养和提升得到加强。

2. 抗压能力的重要性

职场成功:在职场中,面对工作压力、竞争和变革,拥有良好的抗压能力是成功的关键因素。能够应对挑战和压力的员工更容易在职业生涯中取得成就。

心理健康:抗压能力与心理健康密切相关。具备抗压能力的个体更容易保持积极的心态,减轻焦虑、抑郁等心理问题。

人际关系:良好的抗压能力有助于处理人际关系。在压力情境下,能够冷静、理智地与他人沟通、合作,有助于维护和谐的人际关系。

适应社会变革:社会和环境的变化是不可避免的,拥有强大的抗压能力使个体更能适应社会的变革,不被外部压力所阻碍。

(二)抗压能力的组成要素

1. 认知应对

认知应对是指个体在面对压力时,通过对问题的理性思考和积极的认知方式来调整自己的情绪。包括对问题的分析、寻找解决方案、正面思考等。

2. 情绪调节

情绪调节是指在面对压力时,能够有效管理自己的情绪反应,避免过度消极情绪的干扰。包括情绪表达、放松技巧的运用等。

3. 社交支持

社交支持是指通过与他人建立积极的关系,获取情感上的支持和帮助。有良好的社交网络和人际关系可以缓解压力，增强应对困难的信心。

4.自我效能感

自我效能感是指个体能够成功完成任务的信心和信念。具有较高自我效能感的个体更能在压力面前保持积极主动的态度。

5.适应性思维

适应性思维是指个体在面对变化和困难时，能够灵活调整思维方式，寻找新的解决方案。适应性思维有助于从挫折中学到经验，迅速调整行为。

（三）抗压能力的培养与提升策略

1.培养积极心态

正面思考：学会从积极的角度看待问题，注重寻找问题的解决方案而非困难之处。

感恩心态：感恩能够帮助个体关注生活中的正面因素，降低负面情绪的影响。

2.认知应对技能的培养

问题解决：学会理性分析问题，寻找解决问题的方法，而非过度担忧。

灵活思维：培养适应性思维，不固守一成不变的观念，灵活调整思维方式。

3.情绪调节技能的提升

放松技巧：学习运用深呼吸、冥想等放松技巧，帮助缓解紧张情绪。

情绪表达：学会以积极的方式表达情绪，避免情绪的过度抑制。

4.社交支持的建立

建立良好人际关系：积极与他人建立互助关系，寻求社交支持。

沟通技巧：提高沟通技巧，能够更好地表达需求和情感。

5.自我效能感的培养

设定小目标：制定可实现的小目标，逐步提升对自己的信心和能力的认知。

追求挑战：积极主动地接受新的挑战，逐渐扩大能力边界，提高自我效能感。

6.适应性思维的培养

学会学习：从挫折和困难中学到经验，将其视为学习的机会，不断提升适应新环境的能力。

灵活调整：面对变化，不僵化思维，灵活调整计划和策略，更好地适应新情境。

7. 培养自我管理技能

时间管理：学会有效规划时间，合理分配任务，减少时间压力。

压力释放：学会运用各种方法进行压力释放，如锻炼、艺术创作等。

抗压能力的培养与提升是一个长期而系统的过程。通过建立积极的心态、培养认知应对技能、提升情绪调节能力、建立社交支持系统、加强自我效能感、培养适应性思维以及学会自我管理等方式，个体可以更好地应对各种挑战和压力。

在教育和职业发展中，抗压能力的培养也是一项重要任务。学校和企业可以通过开展相关培训、提供心理咨询服务、创造积极的学习和工作氛围等方式，共同促进个体抗压能力的提升。在现代社会的快节奏和高压环境下，具备良好的抗压能力将成为个体成功的关键因素之一。

三、学校与个体共同推动抗压机制的建立

在现代社会的快节奏和高压环境下，个体的抗压能力越来越受到重视。学校作为个体成长的重要场所，不仅要提供优质的教育资源，还应积极参与抗压机制的建设。本书将深入探讨学校和个体在推动抗压机制建立中的角色，以及双方如何共同努力提升个体的抗压水平。

（一）学校的角色

1. 提供全面素质教育

学校应致力于提供全面素质教育，包括学科知识、综合能力培养、创新思维等方面的教育。通过多样化的教育内容和方法，培养学生的综合素养，使其在面对不同的压力时能够有更为全面的准备和应对能力。

2. 心理健康教育

学校应加强心理健康教育，通过课程、讲座、咨询等形式，向学生传递积极的心理健康理念。帮助学生了解压力的本质，学会正确对待压力，通过适当的方式来缓解和应对。

3. 建立支持体系

学校可以建立健全的心理咨询和支持体系，提供专业的心理咨询服务。通过与心理专业机构的合作，为学生提供更为专业和全面的心理辅导，帮助他们

更好地理解和应对个体面临的心理压力。

4. 创造积极学习氛围

学校应创造积极的学习氛围，减少学业竞争的压力。通过激发学生学习的兴趣、提供合作学习的机会、鼓励创新和探究等方式，使学习成为一种愉悦而有益的过程，而非纯粹的竞争和压力。

5. 紧密合作家庭和社区

学校应与家庭和社区紧密合作，形成共同育人的合力。及时了解学生在家庭和社会环境中所面临的问题，通过合作，共同制定更为贴近学生实际的抗压方案。

（二）个体的角色

1. 自我认知与自我管理

个体在抗压机制中的第一步是自我认知。了解自己的优势和劣势，明确目标和价值观，通过自我管理技能来合理规划学业和生活，提升控制感和抗压能力。

2. 寻求帮助

学会寻求帮助是个体在面对压力时的重要技能。不论是在学业、情感还是其他方面遇到问题，主动与老师、同学、朋友沟通，甚至寻求专业心理咨询帮助，都有助于及时解决问题。

3. 社交技能的培养

积极发展社交技能，加强与他人的沟通和合作，有助于建立良好的人际关系。在困难时期，有亲友和同学的支持可以缓解压力，提供情感支持。

4. 健康生活方式

保持良好的生活方式对抗压能力至关重要。充足的睡眠、健康的饮食和适度的运动能够提高身体素质，从而增强应对压力的能力。

5. 接受挑战与适应变化

个体需要具备接受挑战和适应变化的能力。正视挑战，从中汲取经验教训，灵活调整思维和行为方式，不僵化地应对生活中的变化。

6. 拥有目标与意义感

树立明确的目标和对生活的意义感，可以帮助个体更好地应对压力。有目标的人更容易在压力面前保持积极向前的动力，理清方向并有信心应对挑战。

（三）学校与个体共同推动抗压机制的建立

1. 建立沟通桥梁

学校和个体之间需要建立起畅通的沟通桥梁。学校可以通过定期的家长会、学生座谈会等形式，了解个体在学业和生活中的感受和需求。而个体也应该积极参与学校组织的各类活动，与学校保持密切联系。

2. 共同制定抗压方案

学校和个体可以共同制定适合个体实际情况的抗压方案。需要在了解个体的基础上，制定个性化的心理健康计划和学习计划，包括合理分配学业负担、设定目标、建立压力释放机制等。

3. 联合家庭和社区资源

学校、个体、家庭以及社区可以形成一个联合抗压的力量。通过共享资源、信息和经验，形成一个有机的支持网络，共同促进个体的抗压能力的提升。

4. 培养学习和生活技能

学校在课程设置中可以注重培养学生的学习和生活技能，如时间管理、沟通技巧、解决问题的能力等。个体则需要在学习中不断总结经验，提高学习和生活技能，更好地应对各种挑战。

5. 鼓励团队合作

学校可以鼓励团队合作，通过小组项目、合作学习等方式，培养学生的团队协作精神。在团队中，个体可以互相支持、共同努力，分担压力，增加对团队的归属感。

6. 创造积极心理氛围

学校要努力创造积极向上的心理氛围，倡导乐观、正面的心态。可以通过举办一些鼓励和肯定的活动、设立奖励机制等方式来实现。个体则要主动参与和传递积极的心态，共同促进校园积极心理文化的建设。

7. 定期评估和调整

抗压机制的建立是一个动态的过程，需要定期评估和调整。学校可以通过定期的心理健康评估、学业情况调查等方式，了解个体的状况，及时进行干预和调整抗压计划。

学校与个体共同推动抗压机制的建立是一项长期的工作，需要双方的积极参与和合作。通过学校提供全面素质教育、心理健康教育、建立支持体系等举措，以及个体的自我认知、寻求帮助、社交技能培养等个体层面的努力，双方共同促进了抗压机制的建立。

在这个过程中，学校和个体要建立起良好的沟通机制，形成合作共赢的局面。通过共同制定抗压方案、联合家庭和社区资源、培养学习和生活技能等方面的合作，可以更好地推动抗压机制的建立，为个体在面对压力时提供更为有效的支持和帮助。抗压机制的建设不仅关乎个体的心理健康和发展，也是学校育人工作的重要内容之一。通过双方的共同努力，可以为个体打造更为健康、积极的学习和生活环境，促使其更好地迎接各种挑战。

第三章　高校学生管理工作理念与模式

第一节　学生管理工作理念的实质与内涵

一、理念对学生管理工作的指导作用

学生管理工作是学校管理的一个重要组成部分，旨在引导和规范学生的行为，促进学生全面发展。理念在学生管理工作中发挥着重要的指导作用，它不仅是对学生管理目标和原则的明确表达，更是对学校办学理念的具体实践。本书将深入探讨理念在学生管理工作中的作用，以及如何通过理念的制定和实践，推动学生管理工作更好地发展。

（一）学生管理工作的基本任务与挑战

1. 基本任务

学生管理工作的基本任务是维护校园秩序，促进学生全面发展。包括对学生行为的规范、对学业的指导、对心理健康的关注等方面的工作。通过学生管理，学校旨在培养德智体美全面发展的社会主义建设者和接班人。

2. 面临的挑战

学生管理工作面临着社会多元化、信息化和全球化的挑战。学生的价值观念多样化，传统的管理方式可能不再适用。信息技术的飞速发展使得信息传播更加迅速，学校管理需要更高效的手段。同时，全球化的影响使得学生需要更具国际竞争力的素质。

（二）理念在学生管理中的指导作用

1. 设定明确的管理目标

学生管理的理念有助于为学校设定明确的管理目标。明确的目标有助于学生管理者更好地理解工作方向，以及需要采取的具体措施。例如，如果学校的管理理念是"以学生为本，促进全面发展"，那么管理目标可能包括提升学生的学术水平、培养学生的创新能力等。

2. 引导行为规范

学校的管理理念对于学生行为规范的制定和引导起到关键作用。管理理念中的价值观念和原则可以被转化为具体的行为准则，为学生提供明确的行为规范。通过明确规范，学生的行为更容易符合学校的期望，有助于维护良好的校园秩序。

3. 塑造学校文化

学校管理理念对于塑造学校文化起到塑造作用。管理理念中所强调的价值观念、使命和愿景，会在学校内部形成一种文化氛围。这种文化氛围会影响学生、教师、管理者等各个层面的行为和决策，进而影响整个学校的发展方向。

4. 指导学业规划

学生管理理念也应与学校的教育理念相一致，指导学生的学业规划。理念中对于学业的要求和期望，可以激发学生对于学业的积极性和主动性。通过理念的引导，学生更容易形成正确的学业观念，明确学业目标。

（三）理念制定的原则与步骤

1. 制定原则

与学校愿景一致：学生管理理念应与学校的愿景和使命相一致，使得学生管理工作成为学校整体发展的一部分。

注重实践可行性：理念不仅要抽象高远，还要具有一定的实践可行性。只有在实际操作中能够指导管理工作，理念才能更好地发挥作用。

关注个体发展：学生管理理念应关注每个学生的全面发展，包括学业、心理健康、社会能力等方面，使得学生都能够在学校得到充分的发展。

2. 制定步骤

调研分析：通过对学生、教师、家长等相关群体的调研，了解学校当前的管理情况和存在的问题，为制定管理理念提供依据。

明确核心价值观：根据学校的使命和愿景，明确学校的核心价值观，从而为学生管理理念提供价值导向。

参与共建：理念的制定不应该是单方面的，而是需要广泛参与。可以通过座谈会、专家讲座、学生代表会等形式，收集各方面的建议和意见。

制定文档：将得出的理念核心观点、原则和目标进行整理和梳理，形成具体的文档。文档中要包括理念的表达、目标的明确、实施策略等内容。

宣传推广：将制定好的理念进行宣传推广，让所有相关利益方都了解并认同学校的管理理念。可以通过学校网站、校园宣传、家长会议等多种途径进行。

建立监督机制：为了确保管理理念的贯彻实施，需要建立一套完善的监督机制。可以通过定期的评估、反馈机制、学生、教师和家长的参与等方式，对管理理念的实施进行监督。

（四）理念在学生管理工作中的实践

1. 学生行为规范

管理理念中的核心价值观可以被转化为具体的行为规范，用以引导学生的行为。例如，如果学校的管理理念强调"自律、守纪、尊重"，可以通过制定相关的校规和行为准则，引导学生在校园内形成文明守纪的行为习惯。

2. 学业规划与指导

管理理念对学业的期望和要求，可以成为学校制定学业规划和提供学科指导的依据。通过明确的管理理念，学校可以制定更具体的学业目标，为学生提供更有针对性的学业指导，促进学生在学业上的全面发展。

3. 校园文化建设

管理理念是校园文化的重要组成部分，通过学校的文化活动、主题教育等形式，将理念中的价值观念融入学生的日常生活。有助于形成积极向上的校园文化氛围，推动学生在良好的文化环境中成长。

4. 心理健康服务

如果管理理念关注学生的全面发展和心理健康，学校可以通过建立心理健康服务体系，为学生提供心理健康咨询、心理辅导等服务。管理理念中对于心理健康的关注将在学生管理工作中得以体现。

5.培养社会责任感

如果管理理念注重培养学生的社会责任感,学校可以通过组织社会实践、志愿服务等活动,引导学生关心社会问题,培养他们的社会责任感和公民意识。

理念对学生管理工作的指导作用是不可忽视的,为学校明确管理目标、规范学生行为、塑造校园文化提供了有力的支持。通过制定明确、符合学校使命和愿景的管理理念,并在实践中不断调整和完善,学校能够更好地引导学生全面发展,推动学生管理工作取得更好的成效。理念的制定和实践需要广泛参与,要与学校的具体情况相结合,既抽象高远又实际可行,真正成为学校管理工作的有效指导。在未来的学生管理工作中,不断弘扬和践行学校管理理念,将有助于促进学生的全面成长,为培养更优秀的社会人才奠定基础。

二、现代社会背景下的学生管理理念变革

随着社会的发展和变革,学生管理工作面临着新的挑战和机遇。传统的学生管理理念逐渐显得滞后,需要在现代社会背景下进行变革和创新。本书将探讨现代社会背景下学生管理理念的变革,包括变革的动因、方向以及变革的实践路径。

(一)现代社会背景下的学生管理挑战

1.社会多元化

现代社会呈现出多元化的特点,人们的价值观、文化背景、生活方式等差异明显。传统的一刀切管理方式可能无法满足不同学生的需求,需要更加灵活和个性化的管理理念。

2.信息化浪潮

信息技术的迅速发展使得信息传递更加便捷,学生获取信息的途径更加多样化。要求学生管理工作更注重信息的及时传递和沟通,以适应信息化社会的需求。

3.社会竞争压力

现代社会的竞争激烈,学生面临着更大的学业竞争和职业竞争。传统的学生管理理念可能无法满足学生在学业和职业方面的需求,需要更加关注学生综合素质的培养。

4. 心理健康问题

随着社会压力的增加，学生心理健康问题日益凸显。传统的学生管理理念较少考虑到心理健康的方面，需要更加关注学生心理健康问题的管理和预防。

（二）学生管理理念变革的动因

1. 个性化需求

现代社会注重个性化发展，学生的个性化需求日益凸显。管理理念需要更注重因材施教，关注学生的个体差异，为其提供个性化的培养和发展路径。

2. 创新能力培养

社会对创新能力的需求越来越大，传统的灌输式教育和管理理念无法满足需求。学生管理理念需要更加注重激发学生的创新潜能，培养其解决问题和创造性思维的能力。

3. 全人教育观念

传统的学生管理理念可能偏重学科知识的传授，而现代社会更加强调全人教育。学生管理理念需要更注重学生的综合素质培养，包括思想道德、身心健康、社会适应等方面。

4. 社会关注度提升

社会对学生发展的关注度不断提升，学生管理不再仅是学校内部的事务，而是社会关注的焦点。管理理念需要更加符合社会期望，关注学生对社会的贡献和责任。

（三）学生管理理念变革的方向

1. 强调个性发展

学生管理理念变革的方向之一是强调个性发展。管理者需要更加关注学生的个体差异，制定个性化的培养计划，激发每个学生的潜能，使其在个性发展上能够得到更好的支持。

2. 倡导创新教育

创新教育是现代社会教育的核心要素之一。学生管理理念的变革需要倡导创新教育，注重培养学生的创新思维、实践能力和团队协作精神，使其更好地适应社会的发展需求。

3.推动全人教育

全人教育是学生管理理念变革的重要方向。管理者需要从全面的角度出发，关注学生的身心健康、人文素养、社会责任等方面的培养，使学生能够在多方面得到平衡发展。

4.强化社会责任感

学生管理理念变革需要更加强化学生的社会责任感。培养学生对社会的关注和参与，使其具备为社会做贡献的能力和意愿，成为具有社会责任感的公民。

5.重视心理健康服务

心理健康问题在学生中日益突出，学生管理理念变革需要更加重视心理健康服务。建立完善的心理健康服务体系，关注学生的心理需求，提供专业的心理辅导和支持。

（四）学生管理理念变革的实践路径

1.制定符合学校定位的管理理念

学校有其独特的办学定位和特色，因此，在进行学生管理理念变革时，首先需要制定符合学校定位的管理理念。包括对学校使命、愿景的重新审视，明确学校的核心价值观和管理目标。管理者应与教师、学生及家长等广泛沟通，确保制定的管理理念能够得到共识和支持。

2.引入先进的教育理念和方法

学生管理理念的变革需要引入先进的教育理念和方法，包括但不限于项目化学习、合作学习、问题解决能力培养等。通过借鉴国际先进经验和教育研究成果，使学校管理更加符合当代学生的成长需求。

3.构建全面的评价体系

传统的评价体系主要关注学科知识的掌握，而在学生管理理念变革中，需要构建更全面的评价体系。包括对学生综合素质、创新能力、社会责任感等方面进行评价，从而更全面地了解学生的发展状况。

4.加强师资培训

学生管理理念变革需要师资队伍具备相应的理念和教育方法。因此，管理者应加强师资培训，提高教师的教育水平和综合素质，使其能够更好地贯彻新的学生管理理念。

5.积极倡导社会参与

在学生管理理念变革中,积极倡导社会参与是关键一环。学校可以通过组织社会实践、志愿服务等活动,引导学生更多地参与社会事务,培养其社会责任感和团队协作能力。

6.建立健全的心理健康服务体系

随着心理健康问题的日益凸显,学生管理理念的变革需要建立健全的心理健康服务体系。学校可以引入专业的心理医生、开设心理健康课程,为学生提供全方位的心理健康支持。

(五)学生管理理念变革的成效与挑战

1.成效

学生综合素质提升:学生管理理念的变革有助于培养学生更全面、更具创新能力和社会责任感的素质,促使其在不同方面得到更全面的发展。

教育质量提升:引入先进的教育理念和方法,有助于提升教育质量,使学校更具竞争力,吸引更多优秀的学生和教师。

校园文化建设:学生管理理念的变革可以促进校园文化的建设,形成积极向上的文化氛围,有利于学生的学习和成长。

2.挑战

社会认知的适应:学生管理理念的变革需要时间,社会认知的适应可能需要更长的过程。管理者需要面对来自社会的不同声音,更好地解释和推广变革的理念。

资源投入的增加:引入新的教育理念和方法,建立全面的评价体系,构建健全的心理健康服务体系,都需要更多的资源投入。学校需要在资金、师资、设施等方面进行相应的增加。

教师团队的适应:教师团队的适应是学生管理理念变革的一个关键环节。一些老师可能需要花费更多的时间来适应新的教育理念和方法,需要学校提供培训和支持。

在现代社会背景下,学生管理理念的变革是学校发展的必然趋势。通过强调个性发展、倡导创新教育、推动全人教育、强化社会责任感、重视心理健康服务等方面的变革,学校能够更好地适应社会的需求,培养更具综合素质的优秀人才。然而，变革过程中也面临一系列的挑战，需要管理者具备更高的战略眼光和决策智慧。只有不断总结经验，调整策略，与时俱进，学生管理理念的变革才能取得更为显著的成果。

三、高校学生工作理念的新思路

高校学生工作是大学教育中不可或缺的一部分，它不仅关注学生的学业进展，更涉及学生的全面成长和发展。然而，随着社会变革和高等教育体制的调整，传统的学生工作理念已经滞后。本书将探讨高校学生工作理念的新思路，包括变革的动因、新思路的方向以及实践的路径。

（一）传统学生工作理念的不足

1. 关注学科知识较多

传统学生工作理念在很大程度上注重学科知识的传授和学业进展的监督。然而，这种理念忽视了学生综合素质、职业素养等方面的培养，无法满足现代社会对高校毕业生的全面要求。

2. 缺乏个性化服务

传统学生工作理念较为一刀切，往往采取相对统一的管理方式，缺乏对学生个体差异的充分关注。使得一些学生在发展过程中无法得到个性化的引导和帮助。

3. 面向单一发展方向

传统学生工作理念可能偏向某一发展方向，如职业发展或学术研究，而忽视了学生在多方面的发展需求。使得学生在全面素质上的培养存在短板。

4. 忽视心理健康

心理健康问题在现代社会愈发突出，但传统学生工作理念对学生心理健康的关注相对较少，难以满足学生在这方面的需求。

（二）新思路的动因

1. 社会对人才需求的变化

现代社会对人才的需求日益多元化，不仅需要具备专业知识，还要具备创新能力、团队协作精神、跨文化沟通等综合素质。新思路的提出是为了更好地培养适应社会发展需求的高素质人才。

2. 学生需求的多样性

学生群体的多样性日益显著，他们在学科兴趣、职业规划、文化背景等方面存在较大差异。新思路的推出是为了更好地满足不同学生的个性化需求，实现个性化服务。

3. 心理健康问题的凸显

随着社会竞争的加剧，学生心理健康问题日益突出。新思路的提出是为了更全面关注学生的身心健康，提供更有效的心理健康服务。

4. 教育观念的更新

传统的教育观念逐渐被更新，注重培养学生的创新能力、批判性思维等高层次能力。新思路的出现是为了更好地融入现代教育理念，推动高校教育朝着更为全面的方向发展。

（三）新思路的方向

1. 强调综合素质培养

新思路强调学生工作要更加注重学生综合素质的培养，包括但不限于创新能力、团队协作、跨文化沟通等方面。学校应通过开设多元化的课程、组织各类实践活动，培养学生具备竞争力。

2. 实施个性化服务

新思路倡导实施个性化服务，根据学生个体差异制定个性化的发展规划和服务方案。学校可以建立学生档案系统，定期进行个性化发展指导，确保学生都能够得到针对性的帮助。

3. 建立全面评价体系

新思路主张建立更为全面的学生评价体系，不仅关注学科成绩，还要考虑学生在综合素质、实践能力等方面的表现。通过多层次的评价，更全面地了解学生的发展状况，为他们提供有针对性的指导。

4. 推动学科交叉与融合

新思路鼓励学科交叉与融合，弱化传统学科的界限，推动跨学科的学习与研究。有助于培养学生更为广泛的视野和创新能力，使他们在多领域有更强的适应力。

5. 强化心理健康服务

新思路强调强化心理健康服务，建立健全的心理健康服务体系。学校可以加强心理健康教育，提供专业的心理咨询服务，以帮助学生更好地应对挑战，提高心理素质。

（四）新思路的实践路径

1. 制定全面的学生发展规划

学校可以制定全面的学生发展规划，明确学校的培养目标和期望，为学生提供清晰的发展路径。需要学校与学生充分沟通，了解学生的兴趣、潜能、职业规划等方面的信息，制定符合个体差异的发展规划。

2. 实施导师制度

建立导师制度是新思路实施的有效途径之一。通过为每位学生分配专业的导师，导师可以深入了解学生的学业和生活情况，提供个性化的指导和帮助，关注学生的全面发展。

3. 引入跨学科课程

推动学科交叉与融合，引入跨学科课程，让学生在学科之间建立联系，拓宽知识领域。有助于培养学生的综合素质和跨学科思维，增强其在复杂问题解决中的能力。

4. 建设多元化实践平台

学校可以建设多元化的实践平台，包括社会实践、创业实践、科研实践等。通过参与实践活动，学生能够更好地运用所学知识，培养实际问题解决能力，提高综合素质。

5. 强化心理健康服务体系

建立全面的心理健康服务体系，包括心理健康教育、心理咨询、心理辅导等多层次的服务。学校可以开展心理健康活动，提高学生对心理健康问题的认知，鼓励他们主动寻求帮助。

6. 推行全员参与的学生管理模式

新思路强调全员参与的学生管理模式，使学生工作不仅成为学生工作部门的责任，而是全校师生共同的责任。通过学校全员的参与，形成更为有利于学生全面发展的氛围。

（五）新思路的成效与挑战

1. 成效

学生全面素质提升：新思路的实施有助于学生在综合素质、创新能力、团队协作等方面得到更全面的提升，更好地适应社会发展需求。

个性化服务取得显著进展：引入导师制度和个性化服务，使学生得到更为贴心和个性化的关怀，提高了服务的针对性和有效性。

学科交叉与融合促进知识广度：新思路推动学科交叉与融合，拓宽了学生的知识广度，培养了跨学科的综合素质。

2. 挑战

管理体制调整难度较大：实施新思路需要对学校的管理体制进行调整，可能会面临一定的阻力和难度。需要克服各方面的困难，确保管理体制的灵活性和适应性。

师资队伍培训压力增大：新思路要求教师更具综合素质，需要对师资队伍进行培训和提升。可能需要耗费一定的人力和物力资源。

学科交叉与融合的难度：推动学科交叉与融合，需要学校改变传统的学科划分和管理方式，可能面临学科建设、师资配置等方面的挑战。

新时代对高校学生工作提出了更全面、多元的要求，传统学生工作理念已经无法满足现代高校发展的需求。因此，新思路的提出是对高校学生工作进行创新和拓展的必然选择。通过制定全面的学生发展规划、实施导师制度、引入跨学科课程、建设多元化实践平台、强化心理健康服务体系以及推行全员参与的学生管理模式等实践路径，可以使学生在学业、职业发展和全面素质方面取得显著提升。然而，实施新思路也面临管理体制调整、师资队伍培训、学科交叉与融合的难度等挑战。

在未来，高校学生工作需要不断创新、总结经验，适应社会发展的变化，使学生工作更加贴近学生需求，更加有针对性和有效性。同时，学校管理者需要保持对新思路的敏感性，及时调整策略，确保新思路的实施能够取得预期的成效。

第二节　学生管理工作创新的实现途径

一、创新对学生管理的重要性

学生管理作为高校教育管理的一个重要组成部分，其质量直接关系到学生的成长发展和学校的整体形象。随着社会发展和教育理念的变化，传统的学生管理模式已经难以满足现代高校的需求。因此，创新成为推动学生管理进步的关键因素之一。本书将探讨创新对学生管理的重要性，包括创新的动因、创新的内容与方式，以及创新在提升学生管理质量中的作用。

（一）创新的动因

1. 社会发展的需求

随着社会的快速发展，对人才的需求也在不断变化。传统的学生管理模式往往注重学科知识的传授，而现代社会更加注重学生的创新能力、团队协作能力和实践能力。因此，为适应社会发展的需要，学生管理需要不断创新，培养更加全面素质的人才。

2. 教育理念的转变

传统的教育理念注重灌输和纯粹的知识传递，而现代教育理念更加强调学生的自主学习和终身学习能力。创新的学生管理要求学校更加注重培养学生的学习动机、学习方法和创新思维，以适应教育理念的转变。

3. 学生个体差异的考虑

学生群体的多样性日益显著，包括不同学科背景、文化背景、兴趣爱好等。传统的一刀切管理模式难以满足学生的个性化需求，因此需要通过创新，实施更为差异化的管理策略，关注学生个体差异。

4. 科技的普及与应用

随着信息技术的快速发展，学校管理系统、在线教育平台等工具，已经广泛应用于学校管理中。创新的学生管理不仅需要充分利用科技手段提高管理效率，还需要通过科技手段拓展学生管理的深度和广度，实现更全面的服务。

（二）创新的内容与方式

1. 引入现代管理理念

创新的学生管理需要引入现代管理理念，包括情境领导、服务型领导、共享领导等。这些理念能够更好地指导学生工作，激发学生的自主学习和自我管理能力，促使学生更好地参与管理过程。

2. 发展个性化的学业规划

通过引入个性化的学业规划，学校可以更好地了解学生的兴趣、优势和发展方向，为学生提供个性化的发展指导。这有助于激发学生的学习兴趣，提高学业成绩，并更好地为未来的职业发展做准备。

3. 实施导师制度

导师制度是学生管理中的一种创新方式，通过为每位学生配备专业的导师，使导师能够更全面地了解学生的学业、生活和发展情况，提供更为个性化的指导和关怀。

4. 引入在线学习与实践平台

创新的学生管理需要引入在线学习平台、实践平台等，通过科技手段拓展学生的学习和实践机会。有助于提高学生的实际问题解决能力，培养更全面素质的人才。

5. 加强心理健康服务

学生心理健康问题日益突出，创新的学生管理需要加强心理健康服务。通过建立心理健康服务团队、开展心理健康教育和心理咨询等方式，帮助学生更好地应对压力，保持心理健康。

（三）创新在提升学生管理质量中的作用

1. 激发学生学习动力

创新的学生管理可以通过激发学生学习动力，使学生更加积极主动地参与学习。引入创新教学方法、提供有趣的学科内容、开展实践活动等，能够激发学生对知识的兴趣，提高学习效果。

2. 提高学业成绩

通过个性化的学业规划、实施导师制度等创新方式，学校能更好地关注学生的学业进展，提供有针对性的学业指导。有助于提高学生的学业成绩，使他们在学术方面取得更好的成绩。

3. 促进综合素质的全面发展

创新的学生管理注重培养学生的创新能力、团队协作能力、实践能力等综合素质。通过引入跨学科课程、多元化实践平台，学校可以帮助学生更好地发展综合素质，提高他们在实际问题解决和团队协作中的能力。

4. 增强自主学习和创新思维

创新的学生管理通过引入现代管理理念、在线学习平台等，能够促使学生更好地发展自主学习和创新思维。学校可以鼓励学生参与创新项目、开展科研实践，培养他们在解决问题时的创新意识和能力。

5. 加强心理健康服务与关怀

创新的学生管理通过加强心理健康服务，有助于关注学生的心理健康问题，提供及时的心理支持。有助于减轻学生的心理压力，提高他们的学习和生活质量。

6. 提高学校整体形象

创新的学生管理能够提高学校的整体形象。学校通过引入现代管理理念、个性化服务等，展现出对学生关注的态度，使学校在教育领域更具竞争力，吸引更多优秀的学生和教师资源。

（四）面临的挑战与应对策略

1. 文化转变的挑战

创新学生管理需要学校进行文化转变，文化转变通常是一个漫长的过程，可能会遇到师生对变化的抵触情绪。学校可以通过开展培训、宣传教育，引导师生逐步接受和适应新的学生管理理念。

2. 技术应用的难题

引入新的技术工具和在线平台可能会面临技术应用的难题，包括系统的建设、教师和学生的培训等。学校可以与科技公司合作，开展技术培训，确保技术工具的顺利运行。

3. 资源投入的压力

创新学生管理可能需要大量的资源投入，包括人力、物力、财力等。学校可以通过合理规划，优化资源配置，寻求外部支持，确保创新学生管理的可持续发展。

4.风险管理的考验

创新可能伴随着一定的风险,包括新理念的不被接受、新技术的不稳定性等。学校需要建立完善的风险管理机制,及时发现并应对可能出现的问题。

创新对学生管理的重要性不可忽视。在社会发展的需求、教育理念的变革、学生个体差异的考虑以及科技的普及与应用等多重驱动下,创新学生管理已经成为提高教育质量、培养更全面素质学生的必然选择。通过引入现代管理理念、发展个性化的学业规划、实施导师制度、引入在线学习与实践平台、加强心理健康服务等创新方式,学校能够更好地激发学生学习动力,提高学业成绩,促进综合素质的全面发展,增强自主学习和创新思维,加强心理健康服务与关怀,提高学校整体形象。

然而,创新学生管理也面临一系列挑战,包括文化转变的困难、技术应用的难题、资源投入的压力和风险管理的考验。在应对这些挑战的过程中,学校需要有长远的规划,不断改进和完善创新策略,确保创新学生管理的实施能够取得长期、稳定的成果。通过创新,学校将能够更好地适应社会发展的需要,培养更具创新精神和实践能力的优秀人才。

二、高校学生管理工作的创新思维培养

随着社会的发展和教育理念的不断更新,高校学生管理工作也面临着新的挑战和机遇。传统的学生管理模式难以适应现代学生多样化的需求,因此,创新思维在学生管理工作中变得尤为关键。本书将探讨高校学生管理工作中创新思维的培养,包括创新思维的概念、培养创新思维的重要性以及具体的培养方法和策略。

(一)创新思维的概念

1.定义

创新思维是一种具有开放性、前瞻性和解决问题能力的思考方式,能够在面对新问题、新挑战时寻找创造性的解决方案。创新思维强调对传统观念的颠覆与超越,能够不断创造新的知识、新的方法和新的价值。

2.特征

创新思维具有多样性、敏感性、独立性和合作性等特征。多样性体现在能

够融合不同领域的知识和经验；敏感性意味着能够捕捉到周围环境中的新信息；独立性是在思考问题时具有独立见解；而合作性强调在团队合作中能够激发创新的火花。

（二）培养创新思维的重要性

1. 适应变革的社会需求

现代社会快速变革，科技、经济、文化等领域都在不断发展。培养具有创新思维的学生能够更好地适应这种变革，具备在复杂多变环境中迅速应对问题的能力。

2. 提高问题解决能力

创新思维培养学生具备更强的问题解决能力，能够从更广泛的视角看待问题，找到更具创造性的解决方案。有助于他们在学业和职业生涯中更好地应对各种挑战。

3. 促进个人职业发展

创新思维是创业者、领导者和各行各业的从业者所需的关键素质之一。培养创新思维有助于学生更好地发掘个人潜能，更具竞争力地投身职业生涯。

4. 培养团队协作精神

创新思维通常与团队协作紧密相连。培养具有创新思维的学生更容易融入团队，能够在集体智慧中不断激发新的创意，推动团队取得更好的成绩。

（三）培养创新思维的具体方法和策略

1. 开设创新课程

高校可以设计和开设创新课程，包括创业实践、设计思维、跨学科合作等。这些课程旨在激发学生对新观念和新方法的兴趣，培养他们在解决实际问题时的创新思维。

2. 提供实践机会

实践是培养创新思维的有效途径。学校可以与企业、社会组织等合作，提供学生参与实际项目、实习、创业等机会，让他们在实践中锻炼创新思维。

3. 鼓励跨学科学习

创新往往涉及多个领域的知识。鼓励学生跨学科学习，参与不同领域的课程和项目，有助于拓展他们的思维边界，培养综合素质。

4. 集体智慧与团队合作

组织团队项目和集体智慧活动，鼓励学生在团队中分享创意、合作解决问题。通过与他人的交流和合作，培养学生协同创新的能力。

5. 提供创新资源支持

学校可以为学生提供丰富的创新资源支持，包括实验室设施、图书馆资源、科研经费等。有助于学生更好地开展创新研究和实践活动。

（四）面临的挑战与应对策略

1. 传统教学观念的影响

传统的教学观念可能对创新思维的培养构成阻碍。学校可以通过培训教师，引导其更新教学理念，设计更具启发性和创新性的课程。

2. 评价体系的改革

传统的评价体系往往偏向于量化考核学生的知识水平，对创新思维的评价相对较少。学校可以考虑改革评价体系，引入更加注重学生创新思维和实践能力的评估方式，如项目报告、创意作品展示等。

3. 跨学科融合的困难

推动跨学科融合需要学校内部各学科之间的密切合作。学校可以通过设立跨学科研究中心、促进学科的交流活动等方式，打破学科壁垒，促进跨学科融合。

4. 资源投入的问题

培养创新思维需要一定的资源投入，包括人力、物力和财力。学校可以通过与企业、社会合作，争取更多的外部资源支持，同时优化内部资源配置，提高创新思维培养的效益。

在当前高校学生管理工作中，培养创新思维已经成为一项紧迫的任务。创新思维培养不仅能够满足社会对人才的需求，而且更能够使学生更好地适应未来社会的变革和挑战。通过开设创新课程、提供实践机会、鼓励跨学科学习、促进团队合作以及提供创新资源支持等手段，学校能够培养学生独立思考、解决问题的能力，为他们未来的职业发展打下坚实的基础。

然而，在培养创新思维的过程中，学校也会面临一系列挑战，包括传统教学观念的阻碍、评价体系的改革、跨学科融合的困难和资源投入的问题。解决这些问题需要学校具有更强的决策力和执行力，同时需要各方共同努力，形成合力。

总体而言，高校学生管理工作中的创新思维培养是一个复杂而长期的过程。只有通过持续的努力和改革，学校才能够更好地适应时代的变化，培养出更具创新力和实践能力的优秀学生。这不仅符合学生个体的发展需要，也为社会的进步和发展提供了可持续的人才支持。

第三节 学生管理模式创新的基本原则

一、学生管理模式的概念与演变

学生管理模式是高校为规范学生行为、促进学生全面发展而采用的一种组织和管理方式。随着社会的发展和教育理念的演变，学生管理模式也在不断变革与创新。本书将探讨学生管理模式的概念、演变过程，以及在不同时期的特点和趋势。

（一）学生管理模式的概念

1. 定义

学生管理模式是高校为引导和管理学生行为、促进学生全面发展而采用的一系列组织结构、管理策略和制度安排。这种模式旨在通过规范学生行为、提供教育服务、培养学生素质，实现教育目标。

2. 功能

学生管理模式的主要功能包括

规范学生行为：制定学校规章制度，引导学生形成良好的行为习惯，维护校园秩序。

促进学业发展：提供学业指导、辅导服务，帮助学生更好地完成学业目标。

培养综合素质：通过组织社团、文体活动等，培养学生领导力、创新能力等综合素质。

关心学生生活：提供心理健康服务、生活指导，关心学生身心健康，提高生活幸福感。

（二）学生管理模式的演变过程

1. 传统的监管式管理模式

早期学生管理主要以监管为主，强调对学生行为的严格规范和管理。学生被视为需要监督和引导的对象，管理模式以纪律为核心。

2. 发展为导师制度和个性化管理

随着对学生个体差异的认识，导师制度逐渐被引入。学校开始强调对学生个体发展的关注，强调个性化的引导，导师与学生建立更为密切的关系。

3. 引入全员参与和服务型管理

近年来，学生管理模式逐渐转向全员参与和服务型管理。强调学生参与管理的过程，鼓励学生对校园生活提出建议和意见。管理不再是一方对另一方的单向制约，而是更多以服务为导向，满足学生的个性需求。

4. 教育与创新的融合

当前，学生管理趋向教育与创新的融合。学校更注重培养学生的创新精神和实践能力，通过创新创业教育、实践项目等方式，将管理与教育目标更为有机地结合。

（三）不同时期的学生管理特点和趋势

1.20 世纪初至 20 世纪中期

这一时期学生管理以军事化、集权化为特点。学校对学生实行集中管理，强调纪律和秩序，注重学术成绩。

2.20 世纪 60 年代至 80 年代

学生管理逐渐转向更为宽松的方向。兴起了学生自治和学生运动，学校开始关注学生的个体差异和参与管理的权利。

3.20 世纪 90 年代至 21 世纪初

学生管理逐渐引入导师制度和个性化管理。学校开始强调对学生个体发展的关注，提倡个性化的学业规划和管理。

4.21 世纪至今

当前，学生管理趋向全员参与和服务型管理。学校鼓励学生参与决策，提供更多个性化的服务。创新教育理念逐渐融入学生管理，注重培养学生的创新能力。

（四）面临的挑战与未来发展趋势

1. 个性化与规范化的平衡

学生管理需要在个性化服务和行为规范之间找到平衡。如何既关注学生个体差异，又维护校园秩序，是需要思考的问题。

2. 科技与信息化的整合

随着科技的发展，学校可以借助信息化手段，提供更便捷、智能化的管理服务。但如何有效整合科技与信息化，确保服务的质量和隐私安全，是当前面临的挑战之一。

3. 面向未来的创新教育

学生管理模式需要更加紧密地与创新教育理念结合。培养学生的创新能力，使学生更具有应对未来社会挑战的能力，是未来学生管理的发展趋势之一。

学生管理模式是高校教育的重要组成部分，演变过程反映了高校对学生管理的不断思考和适应。从传统的监管式管理到如今强调全员参与和创新教育的模式，学校在培养学生成才、关注学生个体差异等方面有了长足的进步。

（五）未来发展方向

1. 强调创新教育

未来学生管理将更加强调创新教育，培养学生的创新精神、实践能力和团队协作意识。学生将有更多机会参与创业项目、科研实践等，从而更好地适应社会的快速变化。

2. 加强个性化服务

随着对学生个体差异认识的加深，未来学生管理将更加注重个性化服务。通过提供个性化的学业规划、心理辅导、职业规划等服务，满足学生的需求，使其得到更好的发展。

3. 整合科技手段

未来学生管理将更加依赖科技手段，包括大数据分析、人工智能等。通过智能化的信息系统，学校能够更好地了解学生的需求和行为，提供个性化的管理服务。

4. 倡导全员参与

全员参与的理念将得到更大的推动。学生、教职工、家长等将更加积极地参与学校管理的决策和实施过程，形成学校管理的共同体。

5. 关注学生生活品质

除了关注学业发展，未来学生管理也将更加注重学生的生活品质。通过提供更好的生活服务、关注学生的身心健康等方面，使学生获得更全面的成长。

学生管理模式的演变是高校对教育理念和社会需求不断回应的体现。从传统的监管式管理到现代强调全员参与和创新教育的管理模式，学校在实践中不断总结经验，不断完善管理体系，致力于培养更加全面发展、具有创新能力的优秀学生。

未来，随着社会的不断发展和高等教育的不断进步，学生管理模式将面临更多新的挑战和机遇。通过不断创新、科技引领、关注个性化需求等方式，学生管理将更好地服务于学生成长成才，为社会培养更多具有创造力和实践能力的人才。

二、创新学生管理模式的原则

学生管理是高校教育中的一项关键工作，目标在于引导学生全面发展，提高其综合素质。创新学生管理模式是适应当今社会发展、满足学生多样化需求的必然要求。本书将探讨创新学生管理模式的原则，指导高校在学生管理方面进行更加灵活、个性化的实践。

（一）个性化关怀原则

1. 学生个体差异的尊重

创新学生管理模式应尊重学生的个体差异，包括学科特长、兴趣爱好、性格特点等。管理者要认识到每个学生都是独一无二的个体，制定灵活的管理策略，以更好地满足他们的需求。

2. 个性化学业规划

提倡制定个性化的学业规划，鼓励学生根据自身兴趣和发展方向选择课程、参与实践项目。学校可通过导师制度等方式，为学生提供个性化的学业指导，帮助其更好地规划未来。

3. 精准的心理辅导服务

创新学生管理要关注学生的心理健康，建立健全的心理辅导体系。通过心理测评、个别辅导等方式，了解学生的心理需求，提供精准的心理健康服务。

（二）全员参与原则

1. 学生参与决策

创新学生管理鼓励学生参与决策过程。学校可以设立学生代表机构，让学生在学校事务中发表意见、提出建议，共同参与管理决策，增强学生参与感和责任感。

2. 教职工参与管理

除了学生，教职工也应全员参与学生管理。鼓励教师在开展学科教育的同时，积极参与学生发展规划、心理辅导等方面的工作，形成全员参与的管理团队。

3. 家长参与学生成长

建立家校合作机制，让家长更多地参与学生的成长过程。学校可通过家长会、定期家访等方式，了解学生在家庭环境中的情况，形成学校、学生和家长的良性互动关系。

（三）创新教育原则

1. 实践与理论相结合

创新学生管理要将实践与理论相结合，强调实践教育的重要性。通过实习、社会实践等方式，让学生在实际操作中学到知识，提高实际问题解决能力。

2. 跨学科综合素质培养

不仅关注学科知识的传授，还要注重学生综合素质的培养。鼓励开设跨学科课程，培养学生的综合能力，使其更好地适应未来复杂多变的社会。

3. 创新创业教育

强调创新创业教育，培养学生的创新精神和实践能力。学校可以与企业、创业孵化器等合作，为学生提供创业平台和资源，引导其积极参与创新创业活动。

（四）科技引领原则

1. 信息化管理系统

引入先进的信息技术，建立信息化学生管理系统。通过大数据分析，了解学业进展、兴趣爱好等信息，为个性化服务提供数据支持。

2. 创新教学手段

应用新兴的教学手段，如虚拟实验室、在线教育平台等，提高教学效果。借助智能化教学工具，满足学生个性化学习需求，拓展学生学科广度和深度。

3. 智能化辅助服务

利用人工智能技术提供个性化辅助服务，包括智能导师、智能心理辅导等。通过智能化手段，更好地满足学生的学业和生活需求。

（五）社会服务原则

1. 社会实践机会

创新学生管理要提供更多社会实践机会，让学生深入社会，增强实际操作能力。与社会企业、机构合作，为学生提供实践平台。

2. 职业规划指导

建立健全的职业规划指导体系，帮助学生更好地了解职业发展前景，制定个性化的职业规划。学校可以邀请职业规划专家、企业人才招聘负责人等开展职业规划讲座。

3. 社区服务项目

鼓励学生参与社区服务项目，拓展学生的社会责任感和实践能力。学校可以与社区建立合作关系，组织学生参与志愿服务、社区建设等，促进学生与社会的深度互动。

（六）持续改进原则

1. 定期评估与反馈

创新学生管理模式要建立定期的评估机制，通过学生满意度调查、毕业生追踪等方式，收集反馈信息。根据评估结果，及时调整管理策略，不断提升服务水平。

2. 灵活调整策略

面对快速变化的社会和学生需求，学校要保持灵活性，随时调整管理策略。及时响应新的挑战，采用创新手段，保持学生管理模式的敏捷性。

3. 参考其他经验

学校在创新学生管理模式时，可以参考国内外其他高校的成功经验。了解其他学校的先进管理理念和实践经验，有助于发现自身管理模式的不足之处，借鉴可行的创新点子。

（七）团队协作原则

1.跨部门合作

创新学生管理强调跨部门协作。各个部门之间要建立有效的沟通机制，共同为学生提供全方位的服务。例如，教务处、心理咨询中心、就业指导中心等共同合作，形成一体化的服务体系。

2.学生管理团队

建立专业的学生管理团队，包括管理人员、辅导员、心理咨询师等多领域专业人才。团队成员要具备跨学科的知识，能够共同为学生提供综合性的支持和服务。

3.与外部资源合作

学校与社会企业、行业机构等建立合作关系，充分利用外部资源。通过与外部合作，学校能够更好地了解社会发展趋势，提供更多实践机会和职业资源。

（八）社会责任原则

1.培养社会责任感

创新学生管理要注重培养学生的社会责任感。通过社会实践、志愿服务等方式，引导学生关心社会问题，积极参与社会公益活动。

2.学校社会责任

学校本身要具备社会责任感。在学生管理中，学校要思考自身在社会中的作用，通过提供高质量的教育和服务，为社会培养更多有社会责任心的人才。

3.可持续发展观念

学校要在学生管理中引入可持续发展观念。通过引导学生关注环境问题、社会公益事业，培养他们具备可持续发展的意识和行动力。

（九）沟通透明原则

1.信息公开

创新学生管理要建立透明的信息公开机制。学校要向学生、教职工、家长等公开管理政策、决策过程，保持信息畅通。

2.及时沟通反馈

建立及时的沟通反馈机制，让学生能够随时向学校提出问题、建议。学校要及时回应学生的关切，积极解决问题，维护沟通的顺畅性。

3. 提倡平等对话

倡导平等对话，鼓励学生与管理者进行开放、平等的沟通。学校要设立专门的沟通平台，促进学生与管理者之间的交流。

（十）综合服务原则

1. 一站式服务

创新学生管理要实现一站式服务。学校可以整合各类服务资源，提供学业规划、心理健康、就业指导等服务，使学生能够在一个平台上解决多方面问题。

2. 综合性辅导

辅导不仅仅限于学业，还应包括生涯规划、情绪管理等方面。学校可以设立综合性辅导团队，提供全方位的个性化辅导服务。

3. 长效服务

创新学生管理要构建长效服务机制。通过建立学生档案、追踪服务等方式，实现对学生的长期跟踪和服务，帮助其全面发展。

创新学生管理模式的原则不仅是一套管理理念，更是高校为适应时代变革、满足学生多元需求而采取的策略。这些原则在不同学校、不同环境中可能有所调整，但都应围绕个性化关怀、全员参与、创新教育、科技引领、社会服务、持续改进、团队协作、社会责任、沟通透明、综合服务等方面展开，形成一个系统而完整的学生管理体系。这些原则的实施将有助于提高学生的学习体验、促进个体发展、培养创新创业能力，最终为社会培养更具综合素质的人才。

在不断变化的社会和教育环境中，高校需要保持灵活性和适应性，及时调整学生管理模式，更好地满足学生的需求。创新学生管理模式的原则提供了一个指导性的框架，可以在具体实践中结合学校特点和时代要求进行调整。

总的来说，创新学生管理模式的原则是一个动态的、不断演进的过程。通过不断地尝试和调整，学校可以在实践中逐渐形成适合自身发展和学生需求的创新管理理念，为培养更具创造力和实践能力的学生做出贡献。

三、校企合作与学生培养模式的创新

随着社会经济的不断发展和高等教育的不断变革，校企合作作为一种新型的合作模式逐渐受到关注。校企合作旨在弥合校园与企业之间的鸿沟，促进教育与产业的深度融合,为学生提供更贴近实际、更具实践性的培养经验。本书将探讨校企合作与学生培养模式的创新,探讨在合作框架下如何更好地培养适应未来社会需求的高素质人才。

(一)校企合作的背景与意义

1. 校企合作的起源

校企合作源于对传统教育模式的反思。传统教育模式过于注重理论知识的灌输,与实际工作环境存在较大脱节。为了更好地满足社会对人才的需求,校企合作应运而生,试图通过与企业的紧密合作,使教育更贴近实际、更符合产业发展的需求。

2. 校企合作的意义

提高学生就业竞争力:通过校企合作,学生有机会在真实的工作环境中进行实践,培养实际操作能力和解决问题的能力,提高就业竞争力。

促进产学研结合:校企合作有助于学校与企业形成紧密的产学研结合,推动科研成果转化为实际生产力,促进产业创新。

满足产业需求:通过与企业深度合作,学校能更好地了解产业发展趋势和需求,调整课程设置,培养更符合市场需求的人才。

(二)校企合作的模式创新

1. 产学合作项目

通过开展产学合作项目,学生可以参与真实的项目实践,了解项目管理、团队协作等实际工作技能。企业能够借助学校的智力资源,推动项目的实施和创新。

2. 实习与实训基地建设

学校可以与企业建立实习与实训基地,为学生提供更为真实的工作场景。学生在实习过程中能够更深入地了解企业运作模式,提前适应职场环境。

3. 企业导师制度

建立企业导师制度,由企业专业人员担任学生的导师,进行一对一的指导。企业导师可以帮助学生更好地理解行业知识、发展职业规划,并提供实用的职业建议。

4. 双向人才流动

推动学生和企业员工的双向流动，让学生能够更多地走出校园，深入企业实习，同时企业员工也能够走进校园，进行知识传递和经验分享。有助于建立更紧密的校企联系。

（三）校企合作下的学生培养模式创新

1. 实践能力强化

通过校企合作，学生有机会在真实的工作场景中进行实践，增强实际操作能力。有助于培养学生在职场中快速适应和脱颖而出的能力。

2. 职业素养培养

校企合作模式注重培养学生的职业素养，包括团队协作、沟通能力、问题解决能力等。企业导师在实践中能够为学生提供实用性的职业建议，帮助他们更好地发展职业规划。

3. 创新思维培养

校企合作提供了更多的创新平台，学生参与企业项目时，可以提出新的想法和解决方案。有助于培养学生的创新思维，使他们在未来的职业生涯中更具竞争力。

4. 跨学科综合能力培养

通过校企合作，学生有机会跨足多个领域，了解不同专业之间的交叉点。有助于培养学生的跨学科综合能力，提高解决复杂问题的能力。

5. 团队协作能力

参与企业项目的学生通常需要与团队协作，共同完成任务。有助于培养学生的团队协作能力，使他们能够更好地适应未来职场的团队工作环境。

（四）校企合作面临的挑战与应对策略

1. 潜在利益冲突

企业和学校在合作中可能存在潜在的利益冲突，例如在项目管理、知识产权等方面。为应对此挑战，需要建立明确的合作框架和合同，确保各方权益得到保障。

2. 专业水平不一

企业和学校在专业水平上存在差异，可能导致合作过程中的沟通障碍。可以通过建立双向培训机制，使企业了解学校教育水平，学校了解企业行业需求，从而更好地协同工作。

3. 资源投入不足

校企合作需要双方共同投入大量资源，包括时间、人力和财力。为解决这一问题，可以建立资金支持机制，吸引更多企业参与合作，形成共赢局面。

4. 评估体系建设

如何科学地评估校企合作的效果是一个重要问题。建立全面的评估体系，包括学生实习效果、企业满意度等方面的指标，有助于更好地监控和改进合作模式。

（五）校企合作的未来发展方向

1. 强化信息技术支持

随着信息技术的飞速发展，可以通过建立在线平台、虚拟实习等方式，进一步拓展校企合作的形式，使合作更为灵活高效。

2. 拓展国际化合作

加强与国际企业的合作，引入国际先进的管理经验和技术，拓宽学生的国际视野，提高他们在全球范围内的竞争力。

3. 加强社会责任

校企合作不仅是为了学校和企业的利益，更应该承担起社会责任。可以通过参与社会公益项目、推动可持续发展等方式，体现合作的社会责任感。

4. 创新人才培养模式

在校企合作的基础上，探索更灵活、创新的人才培养模式。例如，引入企业内训模式，由企业导师在校园进行专业培训，为学生提供更贴合实际的职业技能。

校企合作是高等教育创新的一种重要形式，是适应社会需求、培养更具实践能力的人才的有效途径。在创新学生培养模式的过程中，校企合作扮演着重要的角色。通过双方的深度合作，学生得以更好地理解实际工作需求，企业也能更好地获得高素质的人才。随着社会的不断变化和发展，校企合作模式将继续创新，为培养适应未来社会需求的人才做出更大的贡献。

第四节　学生管理模式的法制化

一、学生管理法规体系的建立

学生管理法规体系的建立是高校管理的基础工程，为维护校园秩序、确保学生权益、促进学生全面发展提供了有力的法律保障。建立完善的学生管理法规体系既是学校管理规范的需要，也是对国家法律法规的贯彻执行。本书将探讨学生管理法规体系的建立，涉及法规的体系结构、内容要点、执行机制等方面，以促进学校管理的规范性和科学性。

（一）学生管理法规体系的体系结构

1. 校级法规

校级法规是学生管理法规体系的基石，是学校依法行政的基础。校级法规通常由学校根据国家法律法规和实际情况制定，涵盖学生入学、学习、考核、毕业等全过程。

2. 部门性法规

除了校级法规外，学校的不同部门可能还需要制定相关的部门性法规，以更具体、更专业的方式管理学生事务。例如，学生工作部门可能制定有关学生社团、心理健康等方面的法规。

3. 综合性法规

综合性法规是对校级法规和部门性法规进行横向整合的产物，以促进学校各方面工作的协调发展。这类法规可能包括学风建设、校园安全、学术纪律等方面的规定。

4. 学生权益保障法规

为了保障学生的合法权益，学校需要制定专门的学生权益保障法规，明确学生的权利和义务，规范学校与学生之间的关系，确保学生在学校能够得到公正对待。

5. 业务操作规定

在学生管理过程中，可能涉及具体的业务操作，为此，学校需要制定相应的业务操作规定，明确具体的操作步骤、流程和责任主体，以确保学生管理的科学性和高效性。

（二）学生管理法规体系的内容要点

1. 学生招生与录取

学生管理法规体系应明确学生招生与录取的相关规定，包括招生计划的确定、招生条件、录取程序、录取名额的分配等，以确保招生工作的公正、公平、透明。

2. 学业管理

涉及学生的学业管理，法规体系应明确学分制度、课程安排、考试制度等方面的规定，保障学生在学业上的正当权益，确保学业管理的公正和规范。

3. 学风建设

学风建设是高校管理的重要内容之一，法规体系应包括学风建设的相关规定，引导学生形成良好的学术道德和行为规范，促进学术诚信和创新精神的培养。

4. 课外活动管理

学生在校园中参与各类课外活动，法规体系应明确课外活动的组织、管理、参与方式等规定，以确保学生全面发展，同时保障活动的安全性和合法性。

5. 学生社团管理

学生社团是学生自我管理和发展的平台，法规体系应包括学生社团的注册、管理、资金使用等规定，以促进社团活动的规范运作。

6. 学生考核与评价

学生考核与评价是学生学业发展的重要环节，法规体系应包括学生考核的方式、标准、评价体系等规定，保障学生在考核过程中的公平、公正和透明。

7. 学生奖励与处分

为了激励学生的积极表现和规范学生的行为，法规体系应明确学生奖励与处分的相关规定，包括奖学金评定、荣誉称号授予以及处分措施等，以建立激励和约束机制。

8. 学生权益保障

学生权益保障是学生管理法规体系的重要内容，应包括学生的知情权、言论权、参与权等基本权益，明确学校的责任和义务，保障学生在校期间的正当权益。

9. 安全与保障

学校应确保学生在校园中的安全与保障，法规体系应包括学生的人身安全、财产安全、网络安全等规定，建立健全安全保障体系。

10. 学生管理流程

为了使学生管理更加规范和高效，法规体系应明确学生管理的流程，包括学生入学手续、学籍管理、学生异动手续等，确保学生管理工作有章可循。

（三）学生管理法规体系的执行机制

1. 法规发布与宣传

学生管理法规体系的执行需要通过法规的发布与宣传，来确保学校全体师生都了解法规的内容。学校可以通过公告、官方网站、校内媒体等途径进行法规的发布与宣传，提高广大师生的法规意识。

2. 法规培训

学校应定期组织法规培训，特别是在新生入学时和教职工入职时，进行学生管理法规的培训，使全体师生对法规内容有深入的了解，提高法规的贯彻执行力。

3. 督导与评估

学生管理法规体系的执行需要建立一套科学的督导与评估机制。学校可以设立专门的管理部门或委员会，负责对学生管理工作进行督导和评估，发现问题及时纠正，保证法规的有效执行。

4. 信息化建设

借助现代信息技术，学校可以建立信息化的学生管理系统，将学生管理法规纳入系统，通过信息化手段进行监控和管理，提高管理的效率和精准度。

5. 公正公开的投诉与申诉机制

为确保学生的合法权益，学校应建立公正公开的投诉与申诉机制。学生在遇到问题或不满意的情况下，可以通过投诉与申诉机制表达诉求，学校应及时处理，并给予合理解释。

（四）学生管理法规体系的完善与创新

1. 定期修订

学生管理法规体系应根据学校自身的发展和变革不断进行修订。学校可以设立专门的法规修订委员会，定期对法规体系进行检查和修订，确保法规的及时性和适应性。

2. 与时俱进

学生管理法规体系的制定需要紧跟时代的发展，关注社会变革和学生需求的变化，及时调整法规内容，使之更符合实际需要。

3. 创新管理理念

学校在制定学生管理法规体系时，可以结合现代管理理念，注重培养学生的创新精神和实践能力，推动学生管理工作的创新发展。

4. 各类参与

学生管理法规体系的制定和修订应充分征求师生的意见建议，建立起多方参与的决策机制，确保法规的合理性和民主性。

学生管理法规体系的建立是学校管理的基础工程，是确保学生管理工作规范、科学进行的保障。通过建立完善的法规体系，学校能够更好地规范学生行为，保障学生权益，促进学校和学生共同成长。学生管理法规体系的建设不仅需要法制观念的深入，更需要与时俱进的管理理念和科学的执行机制。通过不断完善和创新，学生管理法规体系将更好地适应现代高校管理的需要，为培养更全面发展的优秀人才提供坚实的法律基础。

二、学生权益保障的法制化路径

学生是高校的重要组成部分，保障学生权益既是高校的法律责任，也是高校发展的需要。建立法制化的学生权益保障路径，不仅有助于规范学校管理，提高学校治理水平，还能够增强学生对学校的信任感，促进学校和谐稳定发展。本书将探讨学生权益保障的法制化路径，涉及法规制定、法规宣传与教育、法规执行与监督等内容。

（一）法制化路径的基础：法规制定与完善

1. 学生权益保障法规的建立

学生权益保障的法制化路径的基础是建立完善的法规体系。学校应该制定明确的学生权益保障法规，明确学生的基本权利和义务，规范学校管理行为，确保学生的正当权益。

2. 法规的修订与完善

法规制定后需要不断修订与完善，以适应社会发展和学校变革。学校可以设立专门的法规修订委员会，定期对学生权益保障法规进行检查和修订，保持法规的及时性和灵活性。

3. 法规与相关法律法规的衔接

学生权益保障法规应与相关的国家法律法规衔接，确保学校法规的合法性和合规性。在法规制定的过程中，需要仔细研究国家法律法规，确保学生权益保障法规与之协调一致。

4. 专门法规的设立

为更全面地保障学生的权益，学校可以设立专门的法规，如《学术诚信规定》《学生社团管理办法》等，以细化学生权益的保障，明确相关的管理办法和规定。

（二）法制化路径的实施与推进：法规宣传与教育

1. 法规宣传与普及

法规的实施离不开对学生、教职工的宣传与普及。学校可以通过多种途径，如学校网站、校园广播、宣传栏等，对学生权益保障法规进行宣传普及，让全体师生了解法规内容。

2. 法规宣传与教育培训

定期组织法规宣传与教育培训活动，提高全体师生的法规意识和法规遵从性。可以邀请法律专家进行法规解读，通过培训课程加深师生对法规的理解。

3. 学生权益保障教育

将学生权益保障教育纳入学校课程体系，通过开设相关课程或专题讲座，向学生传授法律知识，培养学生的法治观念和法治素养。

4. 法规宣传的创新

为提高法规宣传的效果，学校可以采用创新手段，如制作法规宣传视频、开展法规知识竞赛等，以丰富多样的方式增强师生对法规的认知和理解。

（三）法制化路径的落实与监督：法规执行与监督

1. 法规的强制执行

学校应通过建立明确的法规执行机制，对学生权益保障法规进行强制执行。法规的执行不仅是一种制度，更是一种法治精神的具体体现。

2. 法规执行的程序化

法规执行需要程序化，即建立规范的执行流程和程序。明确法规的执行主体、执行步骤、执行时限等，确保法规执行的有序性和规范性。

3. 学校内部监督机制的建立

学校可以设立学生事务部门或独立的法规执行监督机构，负责对法规执行情况进行监督。这个机构可以接收师生的举报，开展定期巡查，确保法规的执行情况。

4. 学生参与的机制建设

学校可以建立学生代表参与法规执行的机制，通过学生代表参与法规执行的监督和评估，更好地了解学生的实际需求和反馈，促进法规的贴近实际。

5. 外部监督机制的接入

除了学校内部的监督机制外，可以引入外部监督机制，如学科评估机构、社会组织等，对学校的法规执行情况进行独立评估，确保评估的客观性和公正性。

（四）法制化路径的问题与挑战

1. 法规执行的难点

法规执行的难点主要体现在对法规的理解和执行的过程中遇到的阻力。法规本身的制定可能会受到社会环境、法律法规等方面因素的影响，导致法规的制定存在一定的不足或缺陷。

2. 法规宣传的挑战

法规宣传面临信息传递的过程中可能出现的阻碍。学校需要面对广大师生的信息获取途径多样化，传统的宣传方式可能难以吸引大家的注意。因此，如何创新宣传手段，使法规宣传更加生动有趣、贴近学生生活，是一个需要思考和解决的问题。

3. 学生参与的难题

在学生参与的机制建设中，可能会遇到学生参与积极性不高的问题。一些学生可能对法规执行的细节不够关心，或者因为学业繁重等原因，对参与法规执行的机制产生抵触情绪。如何激发学生的积极性，让他们更主动地参与到法规执行的监督中，是一个需要解决的问题。

4.外部监督的平衡

引入外部监督机制可能面临平衡内外矛盾的问题。一方面，学校需要保持一定的自治权，防止外部监督机制对学校的过度干预，另一方面，为了保证监督的客观性和公正性，又需要外部监督机制具备一定的独立性和权威性。在实际操作中，需要找到平衡点，使外部监督更好地服务于学生权益的保障。

学生权益保障的法制化路径是一个长期而复杂的过程，需要学校充分认识到法规的制定、宣传、执行、监督是相互联系、相互促进的，缺一不可。在这一过程中，学校需要不断总结经验，积极吸纳社会各界的建议，不断创新机制，建设更加完善的法制化体系。只有通过全社会的共同努力，才能够更好地保障学生权益，构建和谐、稳定的校园环境。同时，学生本身也需要加强法律意识，主动了解和参与学校法规的制定和执行，共同促进学校法制化建设的不断完善。

三、法治视角下的学生管理体系构建

随着社会的不断进步和高校管理的不断发展，学生管理体系的构建已经逐渐从简单的规章制度向更加法治化转变。法治视角下的学生管理体系构建，不仅有助于规范学校管理，提高学校治理水平，还能够促进学生的全面发展。本书将从法治的基本理念、学生管理法规的制定、法治宣传与教育、法治执行与监督等方面，探讨法治视角下的学生管理体系构建。

（一）法治视角的基本理念

1.法治的核心概念

法治是在国家的治理中，以法律为基础，依法治国，保障公民的合法权益，维护社会的公正和稳定。法治的核心理念是依法行政、依法治理，确保一切行为都在法律的框架内进行，实现公平、公正、公开的管理。

2.法治在学校管理中的体现

在学校管理中，法治视角强调学校管理的合法性、公正性和规范性。学校应当建立和完善法规体系，明确权责关系，建立法治文化，推动学校管理的规范发展。法治视角强调法律的尊严和约束力，为学校的发展提供了稳定和有序的法治环境。

3. 法治与学生权益

法治视角下，学生的权益应当得到充分保障。法治不仅是对学校管理的制度约束，更是对学生权益的保护。通过法治，学校能够更加规范地处理与学生相关的事务，确保学生的合法权益得到充分尊重和保障。

（二）学生管理法规的制定

1. 法规的合法性

在法治视角下，学生管理体系的构建首先需要建立一系列合法、合规的法规。包括学校章程、学生行为规范、学术诚信规定等，明确学生在校园中的基本权利和义务，确保法规的合法性。

2. 法规的公正性

学生管理法规应当体现公正原则，对学生一视同仁，不偏袒任何一方。在法规制定过程中，需要广泛征求师生的意见，确保法规的制定是公正、公平、公开的。

3. 法规的规范性

法治视角下，法规应当具有明确的规范性，对学生行为进行规范。法规应当细化具体行为的标准和规定，为学生提供明确的行为准则，使学生的行为更加规范。

4. 法规的时效性

法规的制定需要考虑到时效性，随着社会的发展和学校的变革，法规需要不断修订和完善。定期对法规进行评估，确保其与时俱进，适应学校发展的需要。

（三）法治宣传与教育

1. 法治宣传的重要性

法治宣传是法治视角下学生管理体系构建的重要环节。通过宣传，可以提高师生对法治的认识，加强法治观念的灌输，形成法治文化氛围，推动学校管理向法治化方向发展。

2. 法治宣传的途径

法治宣传可以通过多种途径，包括学校网站、校园广播、宣传栏、法治文化节等。借助现代科技手段,可以制作法治宣传视频、开展线上法治教育,使宣传更具时代感和趣味性。

3. 法治教育的融入课程

法治教育应当融入学校的课程体系。通过设置法治教育课程或将法治教育元素融入各类专业课程,使学生形成正确的法治观念。

4. 法治活动的开展

学校可以定期组织法治主题的活动,如法治讲座、法治知识竞赛等,增加法治宣传的互动性和参与度,使法治观念深入学生心中。

(四)法治执行与监督

1. 法治执行的机制

法治执行机制是法治视角下学生管理体系的核心。学校需要建立明确的法规执行机制,明确执行的主体、程序、时限等,确保法治的有效执行。

2. 法治执行的程序化

法治执行需要程序化,建立起规范的执行程序和流程。通过明确的程序,使执行过程更加有序、公正,防止个别人员对法规执行进行随意解释或执行。

3. 法治监督的建立

法治视角下的学生管理体系需要建立有效的监督机制。学校可以设立专门的法治监督委员会或由学校纪委等部门负责,对法规的执行情况进行监督。这个机制应当独立于学校管理体系之外,确保监督的客观性和公正性。

4. 学生参与的机制建设

为了增强监督机制的公正性,学校可以建立学生代表参与法治监督的机制。通过学生代表参与监督和评估,更好地了解学生的实际需求和反馈,促进法治的贴近实际。

5. 外部监督的接入

为了保证法治监督的独立性和客观性,学校可以引入外部监督机制,如学科评估机构、社会组织等,对学校的法治执行情况进行独立评估。这样的外部监督,可以为学校的法治建设提供更多的参考和建议。

（五）法治体系的问题与挑战

1. 法治理念的深化

在法治视角下，学生管理体系的构建需要学校深化法治理念，提高全体师生对法治的理解和认同。通过开展法治教育、法治宣传等活动，推动法治理念深入人心。

2. 法治机制的创新

法治机制需要不断创新，适应学校发展和变革的需要。在法治机制的建设中，需要吸收国内外先进经验，注重法治机制的灵活性和适应性，更好地服务于学校的管理和发展。

3. 法治宣传的难题

法治宣传面临信息传递的难题。学校需要面对师生信息获取途径多样化的现状，因此，如何通过创新手段，使法治宣传更具吸引力和趣味性，是一个需要思考和解决的问题。

4. 法治执行的挑战

法治执行可能会面临一些挑战，学校需要加强对相关人员的法治教育，提高大家对法规执行的认同度。

法治视角下的学生管理体系构建是一个全面而复杂的过程，需要学校充分认识到法治的重要性，推动学校管理朝着法治化的方向发展。在这一过程中，需要全体师生共同努力，建设更加完善的法治体系，以促进学校的和谐稳定和师生的全面发展。通过法治体系的构建，学校将更好地适应社会的发展需求，为培养高素质的人才做出更大的贡献。

第四章　高校学生管理工作体系的构建

第一节　大学生管理工作新体系构建的意义

一、传统学生管理模式存在的问题

随着社会的变革和高校管理的发展,传统的学生管理模式在逐渐面临挑战。传统学生管理模式以规章制度为主,注重纪律和秩序,但在应对日益复杂多变的学生需求和社会环境变化时,显露出一些问题。本书将从学生管理的理念、方法、机制等方面,深入探讨传统学生管理模式存在的问题。

(一)刚性管理理念的弊端

1. 对学生的压抑

传统学生管理模式以刚性的管理理念为基础,强调纪律和秩序。这种理念可能导致对学生的过度压抑,使学生缺乏个性发展的空间。学生在受到过多限制的情况下,可能会感到压力过大,影响其身心健康和创造力的发展。

2. 对学生创新能力的削弱

传统学生管理强调的是一种标准化的行为规范,对学生进行过多的规定和束缚。这种过度的规范可能会削弱学生的创新能力,使其缺乏独立思考和解决问题的能力。在现代社会,创新能力是一个重要的素质,但传统学生管理模式未必能够有效培养这方面的能力。

3. 与现代价值观的冲突

随着社会价值观的不断变革,传统学生管理模式中的某些规定可能与现代价值观发生冲突。例如,服装、发型等方面的规定可能与个体自由、多元文化的价值观相悖,导致学生对管理制度的反感和抵制。

（二）单一的管理方法的局限

1. 缺乏个性化关怀

传统学生管理往往采用一刀切的方式，对学生实施相同的管理标准。这种单一的管理方法容易忽略学生的个性差异，缺乏个性化的关怀。一些学生可能因为个体差异而需要不同的支持和指导，但传统管理模式难以做到精准管理。

2. 忽视学生参与的重要性

传统学生管理模式中，学生通常是管理的被动对象，对管理决策和规定的参与度较低。这种方式容易导致学生对管理体系的不认同感和抵触情绪。忽视学生参与的重要性，可能使管理决策脱离实际需求，难以获得学生的支持和配合。

3. 对综合素质培养的忽视

传统学生管理模式往往过于注重纪律和考试成绩，忽视了对学生综合素质的培养。现代社会对人才的要求更加强调创新、沟通能力等方面的素质，而传统模式未必能够有效地满足这方面的需求。

（三）信息化和科技化应用不足

1. 对现代科技的滞后

传统学生管理模式在信息化和科技化方面相对滞后。现代科技的快速发展为学生管理提供了更多创新手段，如数据分析、人工智能等技术，可以更好地服务于学生需求，但传统模式在这方面的应用不足。

2. 信息沟通的不畅

传统学生管理模式中，信息沟通主要依赖于传统的通知、通告等方式，而缺乏更为高效便捷的信息传递途径。学生、家长和学校之间的信息交流可能存在滞后和不畅，难以及时了解学生的情况和需求。

3. 对网络安全的关注不足

随着互联网的普及，学生在网络空间中的活动越来越多。传统学生管理模式可能对网络安全关注不足，未能有效应对网络欺凌、信息泄露等问题，存在一定的风险。

（四）缺乏综合服务的机制

1. 服务内容单一

传统学生管理模式中的服务内容相对单一，主要集中在纪律管理、考试安排等方面。而现代社会对学生服务提出了更为全面的要求，包括心理健康、就业指导、创业支持等服务，传统模式未必能够满足这些多元化的需求。

2. 缺乏跨学科的协同

传统学生管理模式中，各个管理部门往往相对独立，缺乏跨学科的协同机制。然而，学生问题往往是多层次、多领域的，需要跨学科的协同来解决，传统模式在这方面存在协同性不足的问题。

3. 对特殊群体关注不足

传统学生管理模式可能忽视了对特殊群体的关注和支持，例如，残障学生、国际学生、贫困生等。这些学生可能面临更多的困境和挑战，传统模式在关注和帮助这些群体方面存在不足。

（五）学生心理健康关注不足

1. 忽视心理健康问题

传统学生管理模式倾向于重视学术成绩和行为规范，但对学生心理健康问题的关注相对较少。现代社会，学生面临的学业压力、人际关系等问题，可能对心理健康产生负面影响，传统模式未必能够及时有效地解决这些问题。

2. 缺乏心理健康服务机制

学生心理健康服务需要专业的心理辅导师和心理医生，以及建立健全的心理健康服务机制。然而，传统学生管理模式中对心理健康服务的机制建设相对薄弱，可能导致学生在面临心理问题时得不到及时有效的帮助。

（六）对社会发展需求的跟不上

1. 就业与创业指导不足

传统学生管理模式在就业与创业指导方面可能存在不足。随着社会经济的发展，对于大学生的职业发展提出了更高要求，需要学校提供更为全面的职业规划和指导服务。

2. 社会服务机制的不健全

学生不仅是学校的一部分，更是社会的一员。传统学生管理模式可能未能很好地将学校与社会服务机构连接起来，提供更为全面的社会服务。学校的社会服务机制需要更好地与社会资源对接，促进学生更好地融入社会。

3. 对社会责任的认知不足

传统学生管理模式可能对学生的社会责任认知不足，过于关注学业和校园生活，而忽略了学生对社会的责任与贡献。现代社会需要大学生具备更多的社会责任感和公民意识，传统模式未必能够有效培养这方面的素养。

（七）对多元文化的适应不足

1. 多元文化教育不足

随着全球化的发展，多元文化成为现代社会的一大特点。传统学生管理模式未能足够关注多元文化的存在，缺乏对不同文化、背景的学生进行多元文化教育的机制。

2. 跨文化交流的机会不足

传统学生管理模式未能提供足够的机会让学生进行跨文化交流。现代社会，学生需要具备跨文化沟通和合作的能力，而传统模式未必能够提供足够的平台和机会。

3. 多元化的团队协作机制缺失

传统学生管理模式过于强调个体的纪律和规范，而缺乏对多元化团队协作的培养。现代社会，团队协作和合作精神对学生的综合素质提出更高的要求，传统模式在这方面可能存在一定的不足。

（八）缺乏自主发展的机制

1. 对学生自主性的忽视

传统学生管理模式在管理中较为强调学生的服从和依从性，较少关注学生的自主性发展。现代社会，对学生培养独立思考和自主学习的能力提出更高要求，传统模式未必能够满足这一需求。

2. 对创业和创新的支持不足

传统学生管理模式对学生的创业和创新支持不足。现代社会鼓励创新创业，而传统模式未必能够提供足够的支持和创业创新平台。

3. 对个体发展差异的缺乏关注

传统学生管理模式往往忽视个体发展差异，对于每位学生都采取相同的管理措施。然而，学生的兴趣、天赋和发展方向存在差异，传统模式未必能够提供个性化的发展支持，可能影响学生的全面成长。

（九）缺乏可持续发展的机制

1. 对生态环境的忽视

传统学生管理模式未必充分考虑到生态环境对学生发展的影响。学校环境、生活方式等问题可能未被纳入到传统模式的管理范畴，导致对学生全面发展的阻碍。

2. 对社会变革的适应不足

传统学生管理模式未必能够及时适应社会变革的需要。随着社会的不断发展，对于学生所需培养的素质也在不断变化，传统模式存在滞后于社会需求的问题。

3. 缺乏长期规划和跟踪

传统学生管理模式在规划和跟踪学生发展方面可能存在不足。学生的发展是一个长期过程，需要有系统的规划和跟踪机制，以确保学生在不同阶段都能够得到适切的支持和引导。

（十）缺乏全球化视野

1. 对国际化机制的缺失

传统学生管理模式未必能够有效建立国际化的管理机制。在全球化的背景下，学生需要具备跨文化的沟通和合作能力，而传统模式未必能够提供足够的国际化培养机会。

2. 对国际合作的薄弱支持

传统学生管理模式在国际合作方面可能存在支持不足的问题。学校与国际机构、外国学校的合作渠道不够畅通，影响学生参与国际性项目的机会。

3. 跨文化沟通技能的培养不足

在传统学生管理模式中，对于跨文化沟通技能的培养可能存在不足。全球化要求学生具备更强的跨文化沟通和合作能力，而传统模式未必能够有力地促进这方面的发展。

综上所述，传统学生管理模式在面对现代社会的复杂多变时，出现了诸多问题。刚性管理理念、单一的管理方法、信息化与科技化应用不足、缺乏综合服务机制等。为了更好地满足学生个体发展需求、促进学生全面素质提升，学校需要不断创新管理模式，引入更多现代化、科技化的手段，建立更为灵活、个性化的学生管理体系。在不断完善的过程中，学校能够更好地适应社会发展需求，为学生提供更全面的支持和服务。

二、大学生管理工作新体系构建对学校和学生的益处

大学生管理工作在学校管理中占据重要位置，对学校和学生的发展具有深远影响。随着社会的不断发展和教育理念的更新，构建新的大学生管理工作体系成为迫切的任务。本书将探讨新体系构建对学校和学生的益处，并分析其中的重要机制。

（一）提升学校整体管理水平

1. 引入现代管理理念

新体系构建将引入更先进、科学的管理理念，强调学生发展全面素质、个性化需求的重要性。采用现代管理理念，有助于学校更好地适应社会变革，提升整体管理水平，更好地服务于学校的发展战略。

2. 拓展管理手段与方法

新体系构建将带来多元化的管理手段和方法。通过引入信息技术、大数据分析等现代工具，学校可以更精准地了解学生的需求和问题，为其提供个性化的支持。多元化的管理手段也有助于创新管理方式，更好地应对复杂多变的学生需求。

3. 加强与社会的对接

新体系构建将促进学校与社会的更紧密对接。通过与企业、社区等的合作，学校可以更好地了解社会对人才的需求，调整教育培养目标，使学生成为更好地适应社会的人才。

（二）实现学生全面发展

1. 个性化发展规划

新体系构建将建立更为个性化的学生发展规划。通过充分了解学生的兴趣、特长、优势等，制定个性化的发展规划，使每个学生都能找到自己的定位和发展方向，实现全面发展。

2. 强化职业规划与支持

新体系构建将更加重视学生的职业规划与支持。通过提供职业咨询、实习

机会、创业支持等服务，学校可以帮助学生更清晰地认识职业发展方向，并提供相关资源和支持，促使学生更顺利地融入职场。

3. 注重创新创业教育

新体系构建将加强对创新创业教育的支持。通过开设创业课程、提供创业资金等方式，学校可以激发学生的创新创业精神，培养他们面对未来社会的适应力和创造力。

（三）增强学校与学生的互动与参与

1. 强化学生参与机制

新体系构建将建立更为灵活的学生参与机制。通过设立学生代表制度、学生议会等形式，鼓励学生参与学校事务的决策过程，增加学生对学校事务的参与度，提高学生的归属感和责任感。

2. 加强沟通与反馈机制

新体系构建优化学校与学生之间的沟通与反馈机制。通过建立更为畅通的沟通渠道，学校可以及时了解学生的需求和反馈，更好地调整管理措施，提高学生满意度。

3. 促进校园文化建设

新体系构建将注重校园文化建设，通过举办丰富多彩的文体活动、培养团队协作精神等方式，促进学生积极参与校园文化建设，增强校园凝聚力和活力。

（四）提高学校的社会形象和声誉

1. 强化社会责任感

新体系构建有助于学校树立更好的社会形象。通过注重学校对社会的责任感，积极参与社会公益活动、服务社区等方式，提高学校在社会中的声誉，增强社会对学校的认可度。

2. 增加社会参与度

新体系构建鼓励学校更加主动地参与社会事务。通过举办社会研讨会、与社会组织合作开展项目等方式，提高学校在社会中的参与度，增加社会资源的支持。

3. 建立良好的校友网络

新体系构建加强对校友的关系维护和利用。通过建立健全的校友网络，学校可以更好地与校友保持联系，充分利用校友资源，促进校友的支持，提升学校的社会声誉。

（五）促进学生社会适应能力的提升

1. 强化社会实践与实习机会

新体系构建注重学生的社会实践与实习机会。通过与企业、社会组织等建立紧密的合作关系，为学生提供更多实际操作的机会，增强他们的社会适应能力，更好地迎接未来职业挑战。

2. 提供社会交往技能培训

新体系构建加强学生社会交往技能的培训。通过开设沟通技巧、团队协作等课程，学校可以帮助学生更好地与他人交往，增加他们在社会中的自信心和应变能力。

3. 鼓励参与社会服务

新体系构建鼓励学生参与社会服务。通过组织志愿活动、社区服务等方式，学校可以培养学生的社会责任感，让他们更加关心社会问题，形成积极的社会公民意识。

（六）提高学生的学术与职业竞争力

1. 强化学术培养

新体系构建更加强化学术培养，注重培养学生的学科知识和专业技能。通过更新教育内容、提高教学质量，学校可以使学生在学术上更为优秀，提高学术竞争力。

2. 提供职业技能培训

新体系构建提供更为全面的职业技能培训。通过与行业合作，学校可以了解职业市场需求，为学生提供更切实可行的职业技能培训，提高职业竞争力。

3. 拓宽就业渠道

新体系构建拓宽学生的就业渠道。通过与企业、行业建立深入合作，学校可以更好地为学生提供就业机会，帮助他们更顺利地进入职业领域，提高他们的职业竞争力。

(七)建立持续发展的机制

1. 建立长效的评估机制

新体系构建建立更为科学、长效的评估机制。通过对学生发展、管理工作效果的定期评估,学校可以及时了解体系的运行情况,调整和改进管理工作,保持良性发展。

2. 激励创新与改进

新体系构建注重激励创新与改进。通过设立奖励机制,鼓励教职工提出创新性的管理举措,促使学校管理工作不断优化,适应不断变化的社会需求。

3. 建立反馈与改进循环

新体系构建建立更为灵活的反馈与改进循环。通过与学生、教职工建立良好的反馈机制,学校可以及时了解体系的不足,开展改进工作,推动体系的不断完善。

新体系构建给学校和学生带来的益处不仅是表面的管理优化,更是为学校和学生的全面发展提供了更为科学、灵活的支持和服务。通过提升学校整体管理水平、实现学生全面发展、增强学校与学生的互动与参与、提高学校的社会形象和声誉、促进学生社会适应能力的提升、提高学生的学术与职业竞争力、建立持续发展的机制等,新体系构建为学校和学生创造了更为有利的发展环境,为培养更优秀的人才奠定了坚实的基础。

三、国际经验与我国高校学生管理的对比分析

高校学生管理是高等教育领域的关键环节之一,对于培养学生全面发展、提高教育质量和学生满意度都有着重要的影响。在全球化的背景下,各国高校学生管理经验各异,融合国际先进经验,对于我国高校的学生管理也具有积极的启示。本书将通过对国际经验与我国高校学生管理进行对比分析,以期为我国高校学生管理提供新的思路和参考。

(一)国际经验的特点

1. 强调学生参与与自治

国际上一些先进的高校学生管理经验强调学生的参与与自治。通过建立学生议会、学生代表制度等形式,鼓励学生参与学校管理决策,增强学生自治意识,使学校管理更具民主性和透明度。

2. 个性化发展规划

国际经验注重制定个性化的学生发展规划。通过提供丰富多样的选修课程、实习机会、社会服务项目等，帮助学生根据个体差异制定发展目标，实现个性化成长。

3. 职业规划与支持

国际经验强调职业规划与支持。通过为学生提供职业规划咨询、实习机会、职业技能培训等服务，帮助学生更清晰地认识职业发展方向，提高就业竞争力。

4. 强化国际化教育

国际经验注重国际化教育。通过与国际高校建立合作关系、提供国际交流项目、鼓励学生参与国际实习等方式，培养学生的国际视野和跨文化交流能力。

5. 引入先进的管理技术

国际经验引入先进的管理技术。通过信息技术、大数据分析等手段，实现对学生的精准管理，为学校提供决策支持，提高管理效率。

（二）我国高校学生管理的现状

1. 学生参与度相对较低

我国高校学生管理存在学生参与度相对较低的问题。在一些学校，学生对于学校管理决策的参与程度有限，学生自治的意识相对较弱。

2. 发展规划相对单一

我国高校学生发展规划相对单一。在一些学校，学生的发展规划主要以课程学习为主，缺乏个性化、多元化的发展支持。

3. 职业规划与支持待加强

我国高校职业规划与支持体系有待加强。一些学校在提供职业规划与支持方面存在滞后，学生对于职业发展的认知和支持相对不足。

4. 国际化教育仍需提升

我国高校国际化教育需要提升。虽然近年来，一些高校加大了国际交流力度，但整体上仍存在国际化程度不够的情况。

5. 管理技术应用有待拓展

我国高校学生管理在管理技术应用方面有待拓展。尽管一些高校已经开始引入信息技术，但在大数据分析、智能化管理等方面还存在较大的发展空间。

（三）对比分析与启示

1. 学生参与度

国际经验强调学生的参与度，通过建立学生议会、学生代表制度等方式，增强学生对学校事务的参与。我国高校可以借鉴国际先进经验，建立更为灵活的学生参与机制，提高学生对学校管理的参与度。

2. 学生发展规划

国际经验注重个性化发展规划，为学生提供多元化的成长机会。我国高校可以通过优化课程设置、推行导师制度等方式，促进学生全面发展，提升个性化发展水平。

3. 职业规划与支持

国际经验强调职业规划与支持，为学生提供职业咨询、实习机会等服务。我国高校可以建立更为完善的职业规划体系，加强与企业的合作，提高职业竞争力。

4. 国际化教育

国际经验注重国际化教育，通过与国际高校合作、开展国际实习等方式，培养学生的国际视野。我国高校可以加强与国际高校的合作，提升国际化程度，培养具有国际竞争力的人才。

5. 管理技术应用

国际经验引入先进的管理技术，包括信息技术、大数据分析等。我国高校可以加强对管理技术的应用，借助先进技术手段提高管理效率，实现对学生的精准管理。不仅可以提高学校管理水平，还能更好地满足学生个性化需求。

（四）结合国情的创新与改进

1. 强化学生自治意识

针对我国高校学生参与度相对较低的问题，可以通过设立学生议会、学生代表制度，建立更为灵活的学生参与机制。此外，可以加强对学生自治意识的培养，通过相关课程和活动引导学生更积极地参与学校事务。

2. 制定个性化发展规划

针对我国高校学生发展规划相对单一的情况，可以优化课程设置，引入更多选修课程和实践项目，提供更多元化的发展机会。同时，建立导师制度，为学生制定个性化的发展规划，关注他们的兴趣和优势，推动学生全面发展。

3. 加强职业规划与支持

为了解决我国高校职业规划与支持体系待加强的问题，可以建立完善的职业规划咨询中心，提供职业咨询、实习机会、职业技能培训等服务。与企业建立紧密合作关系，了解职业市场需求，为学生提供更精准的职业规划指导。

4. 推进国际化教育

为提升我国高校的国际化水平，可以加强与国际高校的交流与合作，开展更多的国际实习项目，提供国际交流的机会。同时，通过引入国际化课程、培养外语能力等方式，培养学生具备跨文化交流能力。

5. 提升管理技术应用水平

为了推动我国高校管理技术的应用，可以加强信息技术基础设施建设，引入大数据分析、人工智能等先进技术，实现对学生的个性化管理。培养管理团队具备数字化管理能力，推动高校管理技术水平的提升。

（五）建立长效的改进机制

为了确保改进的长效性，可以建立定期的评估机制，通过学生、教职工的反馈来了解改进的效果。在发现问题后，及时调整管理策略，确保学生管理工作能够不断适应社会变化和学生需求的发展。

通过对比国际经验和我国高校学生管理现状，我们可以得出一些有益的启示。在推进学生自治、制定个性化发展规划、加强职业规划与支持、推进国际化教育、提升管理技术应用水平等方面，我国高校可以借鉴国际先进经验，结合我国国情进行创新与改进。这将有助于提高我国高校学生管理水平，培养更具竞争力的优秀人才。

第二节　大学生管理工作新体系构建的思考

一、大学生管理工作新体系构建的基本原则

大学生管理工作的新体系构建是高校在社会变革和学生需求不断发展的背

景下的迫切需求。这一新体系的构建需要遵循一系列的基本原则，以确保管理工作的科学性、灵活性、可持续性。本书将探讨大学生管理工作新体系构建的基本原则，并阐述原则的重要性和实践操作。

（一）学生参与原则

1. 原则概述

学生参与是大学生管理工作新体系构建的基石。这一原则要求将学生视为管理工作的主体，使他们能够参与到决策、规划、执行和评估的环节中。学生参与不仅能够提高管理工作的针对性，还能够培养学生的责任感和领导力。

2. 重要性

学生参与的重要性在于能够更好地了解学生的需求和期望，从而制定更为贴近实际的管理策略。通过学生的参与，管理工作可以更加灵活、具有针对性，并能够更好地解决问题，提高管理的效果。

3. 实践操作

实践中，可以设立学生议会、学生代表制度等机制，让学生参与学校管理决策；另外，可以通过定期开展学生座谈会、调查问卷等方式，主动收集学生的意见和建议，形成全员参与的管理氛围。

（二）个性化发展原则

1. 原则概述

个性化发展原则要求在大学生管理工作中充分尊重和关注学生的个体差异。包括但不限于学科兴趣、学习习惯、性格特点等，确保为每位学生提供个性化的发展支持，促进其全面成长。

2. 重要性

每位学生都是独一无二的，而传统的管理模式难以满足学生的个性化需求。个性化发展原则的重要性在于，通过了解学生的个性差异，可以有针对性地提供相应的支持和指导，激发其学习兴趣，推动其全面发展。

3. 实践操作

在实践中，可以建立个性化发展档案，记录学生的兴趣、优势、困惑等方面的信息，为其提供个性化的发展建议。同时，通过导师制度，使导师能够更全面地了解学生，提供个性化的辅导和支持。

（三）职业规划与支持原则

1. 原则概述

职业规划与支持原则要求将学生的职业发展融入整个大学生管理工作中。通过提供职业规划咨询、实习机会、职业技能培训等，帮助学生更清晰地认识自己的职业发展方向，提高其就业竞争力。

2. 重要性

在当前社会竞争激烈的背景下，大学生们面临着更为复杂的职业选择和发展挑战。职业规划与支持原则的重要性在于，通过为学生提供全方位的职业发展支持，使其更好地适应职业市场的需求，为未来的职业生涯做好准备。

3. 实践操作

实践中，可以建立职业规划中心，提供职业规划课程、职业咨询服务等。与企业建立合作关系，提供实习机会，使学生能够更早地接触到职业领域，增强实际工作经验。

（四）国际化教育原则

1. 原则概述

国际化教育原则要求将国际化元素融入大学生管理工作的方方面面，包括学术交流、国际实习、跨文化交流等。通过国际化的教育，帮助学生开阔国际视野，提高国际竞争力。

2. 重要性

国际化教育原则的重要性在于培养学生具备跨文化交流、全球视野和国际竞争力。在全球化的今天，不仅是提升学生综合素质的需要，也是适应未来职场和社会的必备条件。

3. 实践操作

在实践中，可以开设国际化课程，组织学生参与国际学术交流、实习项目、志愿服务等活动。与国际高校建立合作关系，推动双边交流，为学生提供出国留学的机会。此外，可以引进国际性的教育资源，使学生在国内也能体验到多元文化的教育氛围。

（五）管理技术应用原则

1. 原则概述

管理技术应用原则要求充分利用先进的信息技术、大数据分析等管理工具，实现对学生的精准管理。包括学生信息系统、智能化辅导系统等，通过科技手段提升管理效率。

2. 重要性

管理技术应用的重要性在于，通过科技手段可以更好地获取学生的信息、了解学生的需求，有助于提高管理工作的科学性和精准性。同时，这也为学校决策提供了更为全面的数据支持。

3. 实践操作

在实践中，可以建立学生信息管理系统，记录学生的学业情况、发展历程等信息。引入大数据分析技术，通过对学生数据的分析，为学生提供个性化的辅导和支持。此外，可以探索智能化辅导系统，通过人工智能技术提供更个性化的学业辅导。

（六）长效机制建设原则

1. 原则概述

长效机制建设原则要求在大学生管理工作中建立起稳定、可持续的改进机制。包括对体系的不断评估、调整，使之能够适应社会变革和学生需求的不断发展。

2. 重要性

建立长效机制的重要性在于，管理工作需要与时俱进，适应社会的发展和学生的变化。长效机制可以确保管理工作的灵活性和可持续性，为学生提供更为稳定、有力的支持。

3. 实践操作

在实践中，可以设立定期的评估机制，包括对学生满意度的调查、管理工作效果的评估等。根据评估结果，及时调整管理策略和体系，保持其与实际情况的契合度。建立学生管理工作的长效机制，使之成为学校管理的一项基础性工作。

大学生管理工作新体系的构建是一个综合性的工程，需要遵循一系列的基本原则，以确保管理工作的科学性、个性化、可持续性。学生参与、个性化发展、职业规划与支持、国际化教育、管理技术应用、长效机制建设等原则，相互交织，共同构建了一个有利于学生全面发展的管理体系。这些原则的实践操作将使大学生管理工作更贴近学生的需求，更具科学性和先进性，推动学生更好地完成学业，迎接未来的职业挑战。

二、学生需求与新体系构建的契合点

学生需求是大学生管理工作新体系构建的出发点和基础。新时代学生的需求不断发展变化，大学生管理工作需要根据这些需求进行有效的创新与改进。本书将深入探讨学生需求与新体系构建的契合点，以期更好地满足学生的个性化需求，推动管理工作向更为科学、灵活和适应性强的方向发展。

（一）理解学生需求的重要性

1. 学生需求的多样性

随着社会的发展，学生的需求变得更加多元化。包括但不限于学业需求、心理需求、职业需求、社交需求等，每位学生在不同阶段都有着独特的需求。因此，理解学生需求的多样性是新体系构建的前提。

2. 适应性管理的必要性

传统的管理模式往往较为刚性，难以满足学生多样化的需求。因此，建设新的管理体系需要具备高度的适应性，能够根据学生的实际需求进行灵活调整，以实现管理工作的更好服务学生。

3. 学生需求与综合素质培养的关联

学生需求不仅仅局限于学业方面，还包括对综合素质的培养。新体系的构建应该将学生需求与综合素质培养有机结合，通过满足学生需求，促使其全面发展，进而提高其综合素质。

（二）满足学业需求的契合点

1. 个性化学业辅导

学业需求是学生最直接、最迫切的需求之一。新体系构建的契合点之一在于提供个性化学业辅导服务。通过建立个性化学业档案，了解学生的学科兴趣、学习风格，为其提供有针对性的学业辅导，促进学业发展。

2. 引入新技术手段

利用新技术手段，如智能化辅导系统、在线学习平台等，满足学生对灵活学习的需求。通过技术手段提供多样化的学习资源、在线答疑服务，更好地适应学生异地学习、个性化学习的特点。

3. 提供实践机会

新体系应当关注学生对实践机会的需求，通过与企业的合作、实习项目的开展等方式，为学生提供更多实践锻炼的机会，让他们能够更好地将理论知识应用于实际问题解决。

（三）关注心理需求的契合点

1. 心理健康服务

学生在大学生活中面临诸多心理压力，新体系构建的契合点之一是加强心理健康服务。建设心理健康辅导中心，提供心理咨询、心理测试等服务，帮助学生解决心理问题，提升心理素质。

2. 提供情绪管理课程

根据学生的需求，引入情绪管理课程，帮助学生更好地理解和管理情绪。这有助于培养学生的抗压能力，提升其心理适应水平，更好地应对大学生活中的各种挑战。

3. 社交支持系统

新体系应构建更完善的社交支持系统，包括学生社团、活动组织、社交平台等，帮助学生拓展社交圈，解决孤独感，增强彼此的支持感，提升整体的心理健康水平。

（四）职业需求的契合点

1. 职业规划咨询服务

新体系构建需要更加关注学生的职业需求，提供职业规划咨询服务。通过专业的职业规划师，为学生提供职业生涯规划建议，帮助他们更清晰地认识职业目标。

2. 实习机会与职业技能培训

与企业合作，为学生提供更多实习机会，并结合职业需求，提供相应的职业技能培训。有助于学生更早地适应职业环境，提升就业竞争力。

3. 制定个性化职业发展计划

新体系构建应充分考虑学生个体差异,为每位学生制定个性化的职业发展计划。有助于确保职业发展与学生的兴趣、优势相契合,提高学生对未来职业的认同感。

(五)国际化需求的契合点

1. 国际学术交流

针对国际化需求,新体系构建可以加强国际学术交流。与国际高校建立合作关系,推动学生参与国际学术会议、项目合作等,帮助学生更好地融入国际学术社区,提升其国际化视野。

2. 跨文化实习机会

为满足国际化需求,新体系可以提供跨文化实习机会。通过与国外企业合作,为学生提供到国外实习的机会,让他们能够深入了解不同文化背景下的工作环境,培养跨文化交流能力。

3. 引入国际化教育资源

通过引进国际性的教育资源,如国际课程、国际教材等,满足学生对国际化学习的需求。使学生在国内也能够体验到国际化的教育氛围,为其综合发展提供更广阔的平台。

(六)管理技术应用的契合点

1. 学生信息系统

为满足学生管理的精准性需求,新体系构建可以建立学生信息系统。通过记录学生的学业情况、心理健康状态、职业发展规划等信息,为学生提供个性化的服务和辅导。

2. 大数据分析技术

引入大数据分析技术,通过对学生数据的分析,更好地了解学生的学习习惯、兴趣爱好等信息,为学生提供个性化的学业辅导和职业规划服务。

3. 智能化辅导系统

结合人工智能技术,构建智能化辅导系统。可以根据学生的学科特点、学习进度等因素,为学生提供个性化的学业辅导建议,提高学业水平。

（七）长效机制建设的契合点

1. 定期评估机制

新体系构建需要建立长效的评估机制。定期对体系进行评估，包括学生满意度调查、管理工作效果评估等，以保持体系的科学性和可持续性。

2. 反馈与改进机制

建设新体系时，应设立有效的反馈与改进机制。及时收集学生的意见和建议，根据反馈结果对体系进行调整和优化，以确保管理工作与学生需求的契合度。

3. 持续学习机制

为管理工作人员建立持续学习机制，不断更新管理理念、学习先进的管理技术。通过培训、学术交流等方式，提高管理工作人员的专业水平，适应不断变化的学生需求。

学生需求与新体系构建的契合点是多方面的，包括学业、心理、职业、国际化、管理技术应用等方面。通过充分了解学生需求，构建新体系的过程中，可以更好地满足学生的个性化需求，推动管理工作向更为科学、灵活和适应性强的方向发展。在新时代，致力于满足学生需求的新体系将有助于培养更加全面发展的人才，为学生的未来发展提供更有力的支持。

三、学生发展路径与新体系构建的关系

学生发展路径是指学生在大学期间所经历的各个阶段，包括学业发展、心理健康、职业规划等方面。学生的发展路径既受到学科特点的影响，也受到个体差异和外部环境的影响。新体系的构建应当以更全面、科学、个性化的方式，关注学生在这一发展路径上的需求，为其提供更为有效的支持与引导。本书将深入探讨学生发展路径与新体系构建的关系，明确在不同发展阶段如何更好地满足学生的需求。

（一）学生发展路径的多维度特征

1. 学业发展

学业发展是学生大学阶段最为突出的方面之一。学生在这一阶段面临着学科知识的积累、专业能力的培养等任务。其发展路径包括学科选择、学习方法的建立、科研与实践经验的积累等方面。

2. 心理健康

大学生心理健康问题备受关注,学生在面对学业压力、人际关系、未来规划等方面可能出现焦虑、压力等心理问题。学生发展路径中的心理健康特征涉及情绪管理、压力应对、自我认知等层面。

3. 职业规划

大学生职业规划是发展路径中关键的一环。学生需要在大学期间认清兴趣爱好、优势特长,并逐步构建自己的职业发展规划。职业规划的成功与否直接关系到学生未来的就业和事业发展。

4. 社会交往与人际关系

大学是学生社交的重要场所,学生在这一阶段需要建立社会网络,发展良好的人际关系。社交能力的培养对于学生未来的职业发展、团队合作等方面具有重要意义。

(二)学生需求与新体系构建的对应关系

1. 个性化学业辅导服务与学业发展

新体系的构建应当通过个性化学业辅导服务,帮助学生更好地应对学科选择、学习方法建立等学业发展阶段的需求。通过提供个性化的学科指导、选课建议等方式,引导学生形成良好的学业发展习惯。

2. 心理健康服务与心理健康发展

新体系构建中需要重视心理健康服务,通过建立心理健康辅导中心、提供心理咨询服务等形式,帮助学生更好地应对学业压力、人际关系等心理健康问题。关注学生的情感需求,提供专业的心理支持。

3. 职业规划咨询服务与职业规划发展

通过引入职业规划咨询服务,新体系构建可以帮助学生更清晰地认知自己的兴趣和能力,提供职业领域的信息和导向,引导学生制定个性化的职业规划。同时,提供实习机会、职业技能培训等支持,促使学生更好地迈向职业规划的目标。

4. 社交支持系统与社会交往与人际关系

新体系的构建需要注重社交支持系统的建设,包括学生社团、活动组织、社交平台等。通过提供丰富的社交机会,帮助学生建立广泛的社会网络,发展健康的人际关系,培养社交能力。

（三）新体系构建的发展路径管理模式

1. 阶段性发展管理

新体系构建需要基于学生发展路径，采取阶段性的发展管理模式。根据学生学业、心理、职业等发展阶段，提供相应的支持与服务。例如，大一新生可能需要更多的学业指导和心理适应服务，而大四学生则更需要职业规划和就业指导。

2. 多维度支持

新体系的构建应当提供多维度的支持，满足学生在不同方面的需求。通过整合学业导师、心理健康专家、职业规划师等资源，形成一个立体的支持网络，全方位地关注学生的成长与发展。

3. 个性化服务

新体系构建的关键之一是个性化服务。通过收集学生的个性化信息，包括学科兴趣、性格特点、职业志向等，为学生提供个性化的学业指导、心理健康支持、职业规划等服务。有助于更好地满足学生多样性的需求。

4. 持续性培养与跟踪

构建新体系需要建立持续性的培养与跟踪机制。通过对学生的发展路径进行持续性的跟踪，及时发现问题，并进行干预。培养学生的自我发展意识，使其能够主动参与发展路径的规划和管理。

（四）学生发展路径与新体系构建的挑战

1. 个体差异的挑战

学生发展路径受到个体差异的影响，不同学生在同一发展阶段可能有着截然不同的需求。新体系构建需要面对个体差异的挑战，制定灵活多样的服务方案，确保服务的个性化。

2. 多元化需求的挑战

学生发展路径的多维度特征导致了多元化的需求，包括学业、心理、职业、社交等方面。构建新体系需要在多元化需求中寻找平衡，确保需求都能够得到充分关注和支持。

3. 信息管理与隐私保护的挑战

在个性化服务的前提下，新体系构建需要处理好信息管理与隐私保护的问题。学生的个性化信息收集与利用需要在保护隐私的前提下进行,确保信息安全,防范信息泄露的风险。

4. 变化的外部环境的挑战

外部环境的变化也是新体系构建面临的挑战之一。社会、科技、经济等方面的变化可能会影响学生的发展路径,因此新体系需要具备一定的适应性,能够灵活调整服务方案,适应外部环境的变化。

(五)新体系构建的发展前景

1. 促进学生全面发展

新体系构建的发展前景在于更好地促进学生的全面发展。通过关注学生发展路径的多维度特征,提供全方位的个性化服务,使学生在学业、心理、职业等方面都能够得到充分的支持,实现更全面的发展。

2. 培养学生的自主性与创新能力

新体系构建应当注重培养学生的自主性与创新能力。通过引导学生参与自己发展路径的规划与管理,培养其独立思考和解决问题的能力,使其具备更好的自主学习和创新能力。

3. 服务社会发展需求

构建新体系应当服务社会的发展需求。培养具有创新精神、团队协作能力、跨学科综合素养的人才,使学生更好地适应社会发展的要求,为社会提供更有力的人才支持。

4. 推动高校教育改革

新体系的构建有望成为高校教育改革的推动力量。通过关注学生的个性化需求,新体系的构建可以为高校教育提供更灵活、更符合时代要求的管理模式。有助于推动高校教育从传统的一刀切模式转向更加注重个性化、全面发展的教育理念。

5. 引领学科交叉与融合

新体系构建有望引领学科交叉与融合。通过关注学生的多维度需求,促使各学科间的交流与合作,培养具备跨学科知识与能力的综合性人才。有助于打破传统学科壁垒,推动学科交叉与创新的发展。

学生发展路径与新体系构建的关系涉及到多方面的需求与挑战。通过关注学生的学业、心理、职业等多维度特征,构建新体系有望更好地满足学生的个性化需求，促进其全面发展。然而，在构建新体系的过程中，也需要面对个体差异、多元化需求、信息管理与隐私保护、外部环境变化等的挑战。只有在不断适应和应对这些挑战的基础上，新体系的构建才能够更好地服务于学生的发展，为高校教育提供更为灵活、符合时代需求的管理模式。新体系构建的发展前景在于推动高校教育改革，培养更具创新能力和全面素养的人才，服务社会发展的需求。是高校为学生提供更好教育服务的重要路径之一。

第三节 大学生管理工作新体系构建的实践

一、大学生管理工作新体系构建的实施步骤

大学生管理工作的新体系构建是一项复杂而系统的工程，旨在更好地适应当今大学生多样化的需求和社会的发展趋势。本书将深入探讨大学生管理工作新体系构建的实施步骤，指导高校在这一方面的实际操作。

（一）需求分析与问题诊断

1. 收集信息与数据

首先，进行全面的信息收集和数据分析，包括学生的学业状况、心理健康状况、职业规划需求、社交关系等信息。可以通过学生问卷调查、学科成绩分析、心理健康评估等手段来完成。

2. 问题诊断

在信息收集的基础上，进行问题诊断，明确当前管理体系存在的问题和不足。问题可能涉及学生关注度不足、心理健康问题较多、职业规划不明确等方面。问题诊断是构建新体系的基础，需要深入了解学生和管理工作的实际情况。

（二）设定目标与理念

1. 制定发展目标

基于需求分析和问题诊断，设定大学生管理工作新体系的发展目标。这些目标应当具体、可衡量，并与高校的教育理念、发展战略相一致。例如，提高学生综合素质、促进学生创新能力培养等。

2. 确定管理理念

明确大学生管理工作的理念，包括个性化服务、全面发展、自主学习等。这些理念将贯穿整个新体系的构建过程，指导具体措施的制定和实施。

（三）制定实施计划

1. 制定详细计划

在目标与理念的基础上，制定详细的实施计划。计划应包括具体的工作步骤、时间节点、责任人等，以确保整个构建过程的有序推进。实施计划应当注重前期、中期和后期的衔接，确保整体目标的一致性和可持续性。

2. 确定资源投入

明确新体系构建所需的各类资源，包括人力资源、财务支持、技术支持等。合理配置资源，确保能够顺利开展各项工作。资源的投入应当与目标的实现紧密结合，避免浪费和过度投入。

（四）建立多维度支持系统

1. 学业支持系统

建立学业支持系统，包括学科导师制度、课程指导、学科竞赛等，以全方位支持学生的学业发展。学科导师可以提供个性化的学科指导，课程指导有助于学生更好地了解自己的兴趣方向。

2. 心理健康支持系统

构建心理健康支持系统，包括心理咨询服务、心理健康教育等。通过心理咨询服务解决学生的心理问题，通过心理健康教育提升学生的心理健康素养。

3. 职业规划支持系统

建立职业规划支持系统，包括职业规划咨询服务、实习就业指导等。为学生提供职业规划咨询，帮助他们更清晰地认知职业目标，同时提供实习机会和就业指导，促使学生更好地迈向职业规划的目标。

4. 社交支持系统

构建社交支持系统，包括学生社团、社交活动组织等。通过学生社团培养社交能力，提供多样化的社交机会，帮助学生建立广泛的社会网络。

（五）实施与监测

1. 逐步推进

按照制定的实施计划，逐步推进新体系的建设。可以采取分阶段、分模块的方式，确保每一步的实施都能够达到预期效果。

2. 建立监测体系

建立监测体系，定期对新体系的实施效果进行评估。通过定期的数据分析、学生反馈、管理工作评估等手段，发现问题并及时调整，确保新体系的有效运行。

3. 持续改进

在实施过程中，不断收集反馈信息，进行持续改进。根据实际情况调整管理体系的具体措施，确保新体系能够适应变化的需求和环境。

（六）培训与普及

1. 人才培训

开展相关人才培训，包括学科导师培训、心理咨询师培训、职业规划师培训等。确保管理工作人员具备足够的专业知识和技能，胜任新体系下的工作任务。

2. 学生宣传与培训

向学生宣传新体系的理念和服务内容，提供相关培训，使学生了解并积极参与。有助于引导学生主动利用新体系提供的各项服务，增强体验感和获得感。

3. 普及与推广

在全校范围内进行新体系的普及与推广。通过举办宣传活动、座谈会、讲座等形式，让师生了解新体系的初衷和实际效益，推动新体系在学校范围内的落地和推广。

（七）建立反馈机制

建立健全的反馈机制，包括学生满意度调查、管理工作人员评估、实施效果评估等。通过收集各方面的反馈信息，及时发现问题并采取相应的改进措施，保障新体系的可持续运行和不断提升。

（八）与相关制度衔接

确保新体系与相关制度的衔接，包括学校管理体制、教育评估体系等。新体系的构建需要与学校整体管理架构相协调，避免出现与其他制度冲突或不协调的情况，以确保整体运行的顺畅。

（九）跟踪与评估

1. 跟踪实施效果

持续跟踪新体系的实施效果，包括学生的学业发展、心理健康状况、职业规划情况等。通过定期的数据分析和实地考察，全面了解新体系的实际运行情况。

2. 进行定期评估

定期对新体系进行综合性评估，包括目标的实现程度、学生满意度、管理工作人员的表现等。通过评估结果，总结经验，发现问题，为体系的进一步完善提供参考。

（十）总结与优化

在实施一段时间后，总结经验，进一步优化新体系。充分利用评估结果和反馈信息，不断改进管理措施，提高新体系的适应性和实用性。

大学生管理工作新体系构建是一项系统工程，需要全校的共同努力和高效协同。通过需求分析、目标设定、实施计划、支持系统的建立、实施与监测、培训与普及、建立反馈机制、与相关制度衔接、跟踪与评估、总结与优化等一系列步骤的有序推进，可以更好地满足当代大学生的多元化需求，提升管理工作的水平和效果。新体系的构建旨在为学生提供更全面、更个性化的服务，促进其全面发展，为其未来的职业和社会生活奠定坚实的基础。

二、实践中的问题与挑战

大学生管理工作新体系的构建在理论上是富有前瞻性和指导性的，但在实践中会面临一系列的问题和挑战。本书将就实践中可能遇到的问题与挑战进行探讨，旨在为高校在新体系构建过程中提供参考和应对策略。

（一）学生个体差异引发的管理难题

1. 学科选择差异

由于学科兴趣和专业倾向的不同，学生在学科选择上存在较大差异。新体系需要面对如何为不同学科背景的学生，提供个性化的学科指导和支持的问题。

2. 学业水平悬殊

学生的学业水平有高有低，一些学生可能需要更多的学科辅导，而另一些则可能需要更多的拓展性学习机会。管理工作人员需要平衡这些不同学业水平的学生的需求，是一个亟待解决的问题。

3. 心理健康差异

学生的心理健康状况因人而异，有的可能面临焦虑、抑郁等问题，而另一些则可能相对健康。管理工作人员需要制定针对不同心理健康问题的支持方案，确保个性化的心理健康服务。

（二）信息管理与隐私保护的困扰

1. 信息管理系统建设

新体系的建设需要建立完善的信息管理系统，但信息管理系统的建设往往涉及到技术、资源、安全等问题。如何确保信息的准确性、实时性，以及系统的稳定性，是需要认真考虑的问题。

2. 学生隐私保护

在信息管理的同时，学生隐私保护是一个备受关注的问题。管理工作人员需要确保学生的个人信息得到合理、合法的使用，同时要加强隐私保护的法律、伦理培训，防止信息泄露和滥用。

3. 多维度信息整合难题

学生的信息可能来自不同的渠道，包括学籍系统、心理健康评估、课外活动等。如何实现信息的多维度整合，以便更好地为学生提供服务，是一个具有挑战性的任务。

（三）师资力量不足的问题

1. 学科导师不足

新体系构建需要大量学科导师为学生提供个性化学科指导，但在实际操作中，学科导师的数量可能难以满足需求。如何合理分配有限的学科导师资源，确保学生都能得到足够的关注，是一个亟待解决的问题。

2. 心理咨询师不足

心理健康支持系统的建设需要足够数量的心理咨询师，但心理咨询师的培养和引进可能面临一定的困难。高校需要思考如何提高心理咨询师的招聘和培养效率，以满足学生的心理健康需求。

（四）学生参与度不足的挑战

1. 缺乏主动参与意愿

一些学生可能缺乏对新体系的主动参与意愿，对于提供的服务和支持并不积极。管理工作人员需要通过宣传、培训等手段，引导学生树立正确的参与观念。

2. 沟通与反馈机制不畅

学生与管理工作人员之间的沟通机制不畅，可能导致信息不对称和问题反馈不及时。如何建立畅通的沟通和反馈机制，使学生更愿意参与新体系的建设，是一个需要解决的问题。

（五）外部环境变化的不确定性

1. 社会需求变化

社会需求的变化可能对新体系的构建提出新的挑战。管理工作人员需要密切关注社会变化，及时调整新体系的服务内容和方向，以适应社会的需求。

2. 技术发展带来的变革

技术发展的快速变化可能对新体系的建设和运行方式产生深远的影响。管理工作人员需要不断学习新技术，将其应用到实际工作中，确保新体系始终保持与时俱进。

（六）经费投入与资源配置问题

1. 经费不足

新体系的建设和运行需要一定的经费投入，包括信息系统建设、师资培训、宣传推广等。

2. 资源配置不均衡

在一些学校中，可能存在资源配置不均衡的问题，导致一些学科或领域无法得到充分的支持。可能会影响到新体系的全面实施和效果的发挥。

3. 经费使用效益

如何确保经费的使用效益，使其最大化地服务于学生的需求，是一个需要认真思考的问题。管理工作人员需要具备有效的经费管理能力，合理分配各项经费，确保每一笔投入都能够产生良好的效果。

（七）社会认知和接受度不足

1. 学生家长的担忧

一些学生家长可能对新体系持有保守态度，担心影响学生的学业和未来发展。管理工作人员需要通过积极的宣传和沟通，解释新体系的初衷和益处，获得家长的理解与支持。

2. 教职工的反感

一些教职工可能对新体系感到陌生和不适应，担心其对教学和管理带来的额外负担。管理工作人员需要加强与教职工的沟通，明确新体系的目标和意义，争取他们的理解和配合。

3. 社会舆论的影响

社会舆论的影响可能对新体系的推广产生一定的影响。不同媒体和社交平台上的评论和报道，可能影响到学生、家长以及社会大众对新体系的认知和态度。管理工作人员需要及时回应负面的社会舆论，维护新体系的声誉。

（八）跨学科合作与团队协作的难题

1. 跨学科合作的沟通困境

新体系的构建需要多学科的协同合作，但由于学科之间的差异，可能存在沟通不畅、理解难度大的问题。管理工作人员需要引入有效的沟通机制，促进跨学科的合作和交流。

2. 团队协作的效率问题

管理工作人员组成的团队需要高效协作，但可能因为工作分工不明确、责任划分不清晰等问题，而陷入困境。建设高效的团队需要一定的时间和精力投入。

3. 文化差异的影响

不同学科和部门之间可能存在不同的文化和价值观，可能会影响到团队的协作效果。管理工作人员需要认识到文化差异的存在，通过有效的沟通和协商解决相关问题。

（九）教育观念的转变与接受度

1. 教育观念的传统惯性

一些教育观念在长期的传统惯性中可能难以转变。新体系构建可能需要打破传统的教育模式，提倡个性化、多元化的发展，对于一些传统的教育者来说可能是一种挑战。

2. 学术评价体系的影响

学术评价体系通常以学术成果和出版物为导向，而新体系强调学生全面素质的培养。如何在学术评价中兼顾新体系的理念，需要对学术评价体系进行适度的调整。

3. 教育改革的阻力

教育改革常常面临各方面的阻力，包括教育行政体系、学校管理层、教职工等。管理工作人员需要克服这些阻力，推动教育观念的转变，确保新体系的顺利实施。

（十）可持续发展与动态调整的挑战

1. 可持续发展的压力

新体系的可持续发展需要源源不断的资源支持和社会认可。管理工作人员需要不断创新、优化服务内容，以保证新体系在长期内能够适应不同时期的需求。

2. 动态调整的灵活性

社会和教育环境在不断变化，新的需求和问题也会不断涌现。管理工作人员需要保持对环境变化的敏感性，具备快速调整和适应的能力，确保新体系始终能够有效地服务于学生的需求。

在新体系构建的过程中，面临的问题与挑战是多方面、多层次的。管理工作人员需要全面考虑，采取有针对性的措施，以确保新体系能够顺利推进，并取得预期效果。同时，需要持续关注社会、技术、政策等方面的变化，保持对教育领域发展的前瞻性和适应性。通过不断总结经验、积累教训，不断优化管理策略，才能在面对各种挑战时更加从容应对，确保新体系的健康发展。

第五章 新生代大学生的教育管理策略

第一节 更新大学生教育管理理念

一、对新生代大学生的认识与理解

新生代大学生指的是出生在 21 世纪初的大学生群体,与前几代大学生相比,他们在成长环境、教育方式、社会背景等方面都有着明显的不同。理解和认识新生代大学生,对于教育工作者、家长以及社会来说具有重要的意义。本书将从成长环境、价值观念、学习方式、社交互动等多个角度深入探讨新生代大学生的特点和需求,以期更好地适应他们的发展,提供更有针对性的教育和支持。

(一)成长环境的影响

1. 数字化时代的影响

新生代大学生成长于数字化时代,生活在互联网普及的环境中,对信息的获取更加便捷。使得他们具有更强的信息处理和数字技能,对新兴科技的接受度较高。

2. 多元文化的融合

全球化使得不同文化元素相互渗透,新生代大学生更容易接触到多元文化。使得他们更加开放、包容,具有更广泛的视野和理解力。

3. 教育体制的变革

新生代大学生所处的教育体制相较于前几代有所变革,注重培养学生的创新能力、团队协作能力和实践能力。使得他们更注重实际操作和实际问题解决,而非传统的死记硬背。

（二）价值观念的塑造

1. 个性化和多元化

新生代大学生更注重个性化和多元化，他们倾向于追求个人兴趣，关注自己的特长和擅长领域。与过去注重集体主义和规范化的观念有所不同。

2. 价值观的多样性

在信息多元化的时代，新生代大学生接触到的价值观更为多样。他们更加注重平等、多元，对社会问题和公平正义有更为敏感的认知。

3. 对社会责任感的认识

相较于过去，新生代大学生更加关注社会责任感。他们对环境保护、公益慈善等社会问题有更为积极的态度，追求实现个人价值的同时，也希望为社会做出贡献。

（三）学习方式的特点

1. 多样性的学科选择

新生代大学生在学科选择上更加多样化，不再受限于传统的专业划分。他们更倾向于跨学科的学习，追求多元知识的融合。

2. 技术化的学习手段

由于成长于数字化时代，新生代大学生更擅长运用技术手段进行学习。在线学习、虚拟实验等数字化工具在学习中扮演着重要的角色。

3. 实践性的学习需求

新生代大学生更注重实践性的学习，他们渴望通过实践活动来巩固和应用知识。这种学习方式对传统教学模式提出了更高的要求。

（四）社交互动的新特点

1. 虚拟社交的普及

新生代大学生更多地通过互联网平台进行社交，虚拟社交逐渐取代传统面对面的交往方式。这对他们的社交方式和沟通方式产生了一定的影响。

2. 团队协作的重视

相对于以往，新生代大学生更注重团队协作。多元的背景使得他们更懂得倾听和尊重不同意见，更能够适应团队合作的环境。

3. 快节奏生活的应对

新生代大学生生活节奏更快,社交互动更频繁。他们需要适应高强度的学习和社交压力,对人际关系的建立和维护有更高的要求。

(五)面临的困境与挑战

1. 心理健康问题的增加

新生代大学生面临更多的心理健康问题,如焦虑、抑郁等。社会竞争压力、人际关系压力等因素,使得他们更容易感到心理压力。

2. 就业压力的增大

社会经济的不确定性使得新生代大学生就业面临更大的压力。他们需要适应更加多变的职业市场,具备更丰富的实际经验和跨学科的综合素养。

3. 信息过载与选择困难

信息过载使得新生代大学生在面临选择时更容易陷入困境和迷茫。他们需要更好地管理信息,培养决策能力和自我规划能力。

4. 社交技能的欠缺

由于更多时间投入虚拟社交,新生代大学生在面对实际社交时可能缺乏一些传统的社交技能。可能影响他们在职场和生活中的人际关系。

5. 对未来的焦虑

社会变革加速,未来的不确定性使得新生代大学生更容易感到对未来的焦虑。他们需要更强的适应力和创造力,以更好地应对未知的挑战。

(六)应对策略与建议

1. 创新教育理念与方法

教育者需要创新教育理念和教学方法,注重培养新生代大学生的创新能力、团队协作能力和实践能力。跨学科的教学模式和项目式学习可以更好地满足他们的学习需求。

2. 发展心理健康服务

学校应该加强心理健康服务,提供心理咨询和支持。帮助学生更好地面对压力,培养心理韧性,建立积极的心态。

3. 职业规划与就业辅导

加强职业规划和就业辅导,帮助学生更好地了解职业市场的需求,提前规划职业发展道路。提供实习机会和职业体验，帮助他们更好地融入职业社会。

4. 信息素养培养

加强信息素养的培养，帮助学生更好地管理信息，提高信息筛选和分析能力。引导他们善于利用互联网资源，避免信息过载和迷茫。

5. 强化社交技能培训

学校可以设立社交技能培训课程，帮助学生提升面对面社交的能力。组织社交活动，促进学生与他人更好地互动和交流。

6. 未来职业规划辅导

引导学生面对未来的焦虑，进行未来职业规划辅导。帮助他们了解社会发展趋势，培养未来所需的技能和素养。

新生代大学生在成长环境、价值观念、学习方式和社交互动等方面呈现出明显的特点，他们面临着新的困境和挑战。教育者、家长和社会应该更深入地理解他们，提供更有针对性的支持和引导。通过创新教育理念、加强心理健康服务、强化职业规划辅导等方式，共同促进新生代大学生的全面发展，使其更好地适应社会的变革和发展。既是对个体成长的关爱，也是对社会发展的积极响应。

二、现代社会对大学生素质的新要求

随着社会的发展和变革，现代社会对大学生的素质要求也发生了深刻的变化。传统的专业知识仍然重要，但在面对复杂多变的社会环境时，大学生需要具备更多的综合素质和实际能力。本书将从多个维度探讨现代社会对大学生素质的新要求，包括综合能力、创新能力、社会责任感、跨文化沟通能力等，以期为大学生成长提供全面的指导。

（一）综合能力的强调

1. 跨学科综合能力

传统的专业知识依然是大学生的基础，但在现代社会，跨学科的综合能力变得越来越重要。大学生需要具备在不同学科领域中灵活运用知识的能力，解决复杂问题。

2. 团队协作与领导能力

在社会发展的背景下，大学生需要更强调团队协作和领导能力。培养学生在团队中协调沟通、领导团队实现目标的能力，以适应协同工作的需求。

3.终身学习与自我管理

现代社会对大学生提出了终身学习的要求。大学生需要具备自主学习、自我管理的能力，能够不断适应社会的变化，保持对新知识的敏感性。

（二）创新能力的培养

1.创新思维与问题解决能力

现代社会对大学生提出了更高的创新要求。大学生需要培养创新思维，具备发现问题、提出解决方案的能力。需要他们具备批判性思维和创造性思维的双重能力。

2.实践与实验能力

创新不仅仅停留在理论层面，更需要实践能力的支撑。大学生应该通过实践和实验，将理论知识应用到实际问题中，锻炼解决实际问题的能力。

3.创业精神与风险意识

现代社会对大学生的创业精神提出更高的期望。大学生需要具备创业的勇气和胆识，同时理性看待风险，培养创业的思维方式。

（三）社会责任感的培养

1.社会参与与公益意识

现代社会注重个体与社会的互动，需要大学生培养社会参与和公益意识。他们应该主动关注社会问题，通过参与志愿服务等方式，为社会作出贡献。

2.环保与可持续发展观念

社会对环保和可持续发展的要求日益增加，大学生应当具备环保意识，明白自己的行为对环境的影响，并主动参与到可持续发展的实践中。

3.尊重多元文化与社会多元性

现代社会强调多元文化和社会多元性，大学生需要具备开放的心态，尊重不同文化和社会群体，能够在多元文化的环境中进行合作与交流。

（四）跨文化沟通能力的重视

1.外语交流能力

随着全球化的推进，大学生需要具备较好的外语沟通能力，能够更好地融入国际化的环境，参与国际合作与交流。

2. 跨文化沟通与合作

大学生在现代社会需要具备跨文化沟通与合作的能力，尊重不同文化之间的差异，在国际舞台上与来自不同文化背景的人合作。

3. 跨领域合作

社会对于不同领域之间的跨领域合作提出更高的要求。大学生需要具备跨学科、跨专业的合作能力，能够在不同领域中进行有效的协同工作。

（五）信息素养与数字化能力

1. 信息搜索与分析能力

随着信息的爆炸式增长，大学生需要具备高效的信息搜索和分析能力，从海量信息中迅速找到有关的有效信息，并进行准确的判断和分析。

2. 数字化工具运用

现代社会的数字化程度日益提高，大学生需要熟练运用数字化工具，包括办公软件、数据分析工具等，以更高效地处理信息和开展工作。

3. 网络安全与隐私保护

随着网络的普及，大学生需要具备网络安全意识，了解常见的网络安全威胁，并学会采取有效的措施保护个人隐私。

4. 创新科技应用

现代社会对大学生提出了创新科技应用的要求，包括人工智能、大数据、物联网等领域的基础知识和应用能力，以适应科技发展。

（六）全球视野与国际化思维

1. 国际事务与国际法

大学生需要具备对国际事务的了解和国际法基础知识，具备国际化思维。

2. 跨文化领导与管理

在国际化的背景下，大学生需要具备跨文化领导与管理的能力，了解不同文化背景下的管理模式和领导风格。

3. 全球问题与可持续发展

了解全球性问题，包括气候变化、环境问题、贫困等，培养对全球可持续发展的责任心，为解决全球性问题作出积极贡献。

（七）社交媒体与网络公民素养

1. 社交媒体运营与管理

现代社交媒体是信息传播的重要渠道，大学生需要具备社交媒体运营与管理的技能，能够有效传递信息，管理个人形象。

2. 网络言论与公共舆论

了解网络言论的规范，具备正确的网络行为和言辞表达，对公共舆论有敏感性，能够理性看待网络信息。

3. 网络安全与数字素养

了解网络安全的基本知识，具备甄别网络信息的能力，保护个人隐私，防范网络安全风险。

随着社会的不断发展和变革，现代社会对大学生的素质要求日益提高。传统的学科知识仍然是基础，但更强调培养大学生的综合能力、创新能力、社会责任感、跨文化沟通能力等素质。大学生需要适应这一变化，主动提升自身的素质，以更好地适应未来社会的需求。同时，教育机构和社会也应该提供更多的支持和培养机会，共同促进大学生全面素质的发展。

三、更新教育管理理念的紧迫性

随着社会的飞速发展和全球化的推进，教育作为社会的基石和未来的推动力，在应对新时代的挑战和变革中面临着巨大的压力。更新教育管理理念变得尤为紧迫，以适应社会对于学生培养目标的不断变化、科技的迅速发展、社会多元化的特点以及全球化背景下的竞争压力。本书将从多个角度探讨更新教育管理理念的紧迫性，包括学生需求的变化、科技创新对教育的冲击、社会多元化的考验以及全球化时代的教育挑战。

（一）学生需求的变化

1. 个性化学习需求

随着社会的发展，学生对于学习的需求变得更加个性化。传统的一刀切的教育模式难以满足不同学生的需求，更新的教育管理理念需要更注重个性化、差异化的教学方式，以激发学生的学习兴趣和潜能。

2.职业发展与实用性需求

学生对于教育的期待逐渐从传统的知识传授转向更强调实用性和职业发展。更新的教育管理理念应更注重培养学生的实际应用能力,帮助他们更好地适应未来职场的挑战。

3.终身学习的意识

现代社会的知识更新速度快,学生需要具备终身学习的意识。更新的教育管理理念应该鼓励学生培养自主学习和持续学习的习惯,以适应不断变化的知识体系。

(二)科技创新对教育的冲击

1.数字化教育的兴起

随着信息技术的飞速发展,数字化教育已经成为一种趋势。传统的面授教育模式正在被数字化教育方式冲击,更新的教育管理理念需要更好地整合和应用现代科技手段,提升教育的效率和质量。

2.在线学习的普及

互联网的兴起使得在线学习变得更加普及。学生可以通过在线平台获得全球优质资源,这对传统教育形式提出了挑战。教育管理理念的更新需要更好地融合在线学习,发挥其优势,提供更灵活的学习方式。

3.人工智能辅助教学

人工智能技术的应用在教育领域也日益增多。智能辅助教学系统能够根据学生的个性化需求提供定制化的学习路径,为教育管理带来了新的可能性。更新的教育管理理念需要紧跟科技发展,充分发挥人工智能在教学中的辅助作用。

(三)社会多元化的考验

1.尊重多元文化

社会多元化是当今社会的一大特点,不同文化、不同背景的学生聚集。更新的教育管理理念需要注重尊重和包容多元文化,创造一个平等、公正的学习环境。

2.重视性别平等

性别平等在教育领域也是一个重要议题。更新的教育管理理念需要更加注重消除性别差异,为学生提供平等的学习机会和资源。

3. 关注特殊教育需求

不同学生有不同的学习需求，包括特殊教育需求。更新的教育管理理念需要更加关注特殊教育，提供个性化的支持和服务，使学生都能够得到充分的关爱和培养。

（四）全球化时代的教育挑战

1. 国际竞争压力

全球化使得教育不再局限于国家，学生需要面对更为激烈的国际竞争。更新的教育管理理念需要更好地培养学生具备国际竞争力的综合素质。

2. 国际化人才培养

随着国际合作的不断深化，培养国际化人才成为一项紧迫的任务。更新的教育管理理念需要更注重培养学生的国际视野和国际合作精神，使其能够胜任跨国公司或国际组织的工作。

3. 全球性问题的应对

全球性问题，包括气候变化、环境污染、贫富差距等，对全球社会产生深远影响。更新的教育管理理念需要引导学生关注并解决全球性问题的能力，培养他们成为具有全球视野和责任心的公民。

4. 跨文化交流与沟通

全球化时代要求学生具备跨文化交流与沟通的能力。更新的教育管理理念应该注重培养学生的跨文化沟通技能，使其能够在多元文化背景下自如地交流与合作。

（五）结合实际情况的教育体系

1. 产业需求的变化

随着社会经济的发展，产业结构发生了巨大变化，对人才需求也发生了相应的变化。更新的教育管理理念需要更加紧密地与产业需求相结合，及时调整专业设置和培养方案，使学生更好地适应职业发展的需求。

2. 创新创业的培养

创新创业成为现代社会发展的重要动力。更新的教育管理理念需要更加注重培养学生的创新思维和创业精神，激发他们的创造力和创新能力。

3. 教育资源的优化配置

更新教育管理理念需要更加科学地配置教育资源，提高教育的效益。包括人才培养、教育科研、教育设施等资源，都需要进行优化配置，以满足社会对高质量教育的需求。

（六）社会发展的步伐

1. 社会变革的速度

社会的发展变革速度日益加快，科技、文化、经济等各个领域都在不断创新。更新的教育管理理念需要紧跟社会发展的步伐，及时调整教育内容和教学方法，以适应社会的新要求。

2. 未来职业的不确定性

未来职业发展的不确定性越来越大，新兴职业层出不穷，一些传统职业则可能面临淘汰。更新的教育管理理念需要更加灵活，培养学生适应多样化职业需求的能力，使其具备更强的职业适应性。

在当前社会背景下，更新教育管理理念的紧迫性不言而喻。学生需求的变化、科技创新的冲击、社会多元化的考验以及全球化时代的教育挑战，都对传统的教育模式和管理理念提出了新要求。只有通过不断更新教育管理理念，才能更好地满足学生的需求、应对科技的变革、促进社会的多元化发展，使教育更好地服务于社会的发展。因此，教育管理者需要积极借鉴国内外的先进经验，更加灵活地调整教育管理策略，以适应当代社会的变革和发展。这是一项长期而又紧迫的任务，只有通过不断创新，才能引领教育走向更为美好的未来。

第二节 创新大学生教育管理方法

一、多元化的教育手段与方式

随着社会的不断发展和科技的迅速进步，教育领域也在不断变革和创新。传统的教育方式逐渐被多元化的教育手段所取代，这不仅丰富了教学手段，更有助于满足学生个性化的学习需求。本书将探讨多元化的教育手段与方式，包括数字化教育、项目式学习、游戏化教学、实践性教学等，以期深入了解这些方式对学生学习的影响和教育体系的创新。

（一）数字化教育

1. 在线课程和远程教学

数字化教育是当代教育中最为显著的特征之一，通过在线课程和远程教学，打破了传统教育的时空限制。学生可以通过互联网随时随地获取教育资源，这不仅提高了学习的便捷性，还为学生提供了更多的选择。

2. 教育 App 和在线平台

教育 App 和在线平台为学生提供了更加丰富多彩的学习体验。通过这些平台，学生可以参与在线讨论、参加虚拟实验、完成在线测验等，从而更好地巩固和应用所学知识。这种互动性和参与度的提高有助于激发学生的学习兴趣。

3. 智能化教学工具

智能化教学工具如智能白板、在线作业系统等，使教学更加生动和直观。学生可以通过这些工具进行互动式学习，实时获取反馈，有助于提高学习效果。这也为教师提供了更多个性化辅导的可能性。

（二）项目式学习

1. 项目驱动的教学

项目式学习强调学生通过参与真实项目学习和解决问题。这种方式使学生能够在实际操作中应用所学知识，培养解决问题的能力，提高实际应用能力。同时，学生通过合作，完成项目，锻炼了团队协作和沟通能力。

2. 跨学科融合

项目式学习通常涉及多个学科的知识，强调跨学科的融合。有助于打破传统学科之间的界限，培养学生的综合素养。例如，一个环境保护项目可能涉及到生态学、化学、社会学等学科领域。

3. 个性化学习路径

项目式学习注重学生个性化的学习路径，每个学生可以根据兴趣和特长选择不同的项目。这有助于激发学生的学习动力，提高学习的自主性。

（三）游戏化教学

1. 学习通过游戏化设计

游戏化教学是通过引入游戏元素和设计思维来激发学生学习兴趣的教学方式。例如，教学内容被设计成游戏关卡，学生通过完成任务获得奖励，这种方式使学习变得更加趣味化和具有挑战性。

2. 提高学习积极性

游戏化教学可以激发学生的学习积极性，通过设立目标、奖励机制等方式，使学生更加主动地参与学习。这种方式有助于降低学习的压力，提高学习的效果。

3. 提高问题解决能力

游戏通常会设置一系列问题和挑战，学生需要通过解决问题来推动游戏的进行。有助于培养学生的问题解决能力和逻辑思维能力。

（四）实践性教学

1. 实习与实训

实践性教学强调将理论知识与实际应用相结合。通过实习和实训，学生能够在真实的工作场景中运用所学知识，增强实际操作能力，提高职业素养。

2. 社会参与与服务学习

社会参与和服务学习将学生与社会联系起来，通过参与社区服务、志愿活动等方式，学生能够更好地理解社会问题，培养公民责任感和社会关怀意识。

3. 制定实际项目

制定实际项目是一种将学生置身于真实工作场景的方式。学生通过参与实际项目，能够体验项目管理、团队协作等挑战，提高解决实际问题的能力。

（五）个性化学习

1. 自主学习和个性化学习计划

个性化学习强调学生在学习中有更多的自主权。通过制定个性化学习计划，学生可以根据学习进度和兴趣选择学习内容，提高学习的自主性和灵活性。

2. 不同学科和兴趣的选择

个性化学习鼓励学生在不同学科和兴趣领域中进行选择。有助于发现学生的潜力和兴趣所在，满足不同学生的学科需求，提高学习的针对性。

3.定制化教育资源

个性化学习还包括定制化教育资源，根据学生的水平和需求提供相应的教材和支持。这有助于确保每个学生都能够在适合自己的学习环境中取得最佳学习效果。

（六）多元评价方式

1.综合评价体系

传统的考试评价逐渐被多元化的评价方式替代。综合评价体系包括学科考试、项目评估、作品展示、口头报告等多种形式，更全面地反映学生的学习成果和能力。

2.反馈与追踪

多元化的评价方式强调及时的反馈和学生进展的追踪。通过定期的反馈，学生能够了解自己的优势和不足，有针对性地进行调整和改进。

3.能力导向的评价

多元评价更注重对学生综合素质和能力的评价，而非仅关注分数。有助于培养学生的综合能力，促进全面发展。

（七）教育方式的挑战与机遇

1.挑战

技术差距和数字鸿沟：在数字化教育方面，由于技术差距和数字鸿沟，一些地区的学生可能无法充分享受到教育手段带来的好处。

教育资源不均：一些学校可能无法提供丰富的实践性教学和项目式学习机会，导致学生在实际操作中的机会受限。

教育改革的阻力：传统的教育方式在某些地区和机构可能仍然占主导地位，对于引入新的教育方式可能存在一定的阻力。

2.机遇

全球化合作：多元化的教育方式为全球化合作提供了更多可能性，学生可以通过在线平台与不同国家的学生合作，分享学科知识和文化体验。

个性化学习的兴起：个性化学习的兴起使得学生更容易找到适合自己学习风格的教育资源，提高学习的效果。

教育科技的发展：随着教育科技的发展，更多创新的教育方式将会涌现，为学生提供更多选择和机会。

多元化的教育手段与方式为教育领域带来了新的机遇和挑战。在不断推动教育创新的同时，我们也需要认真面对数字鸿沟、教育资源不均等问题，努力实现教育的公平和全面发展。通过不断优化教育手段与方式，我们有望培养更具创造力、实践能力和综合素质的学生，更好地适应未来社会的发展需求。

二、创新课程设计与实施

随着社会的不断发展和变化，教育的目标也在不断演变。传统的课程设计模式逐渐难以满足当代学生的需求，因此，创新课程设计成为提高教育质量、培养学生创新能力的关键。本书将探讨创新课程设计的原则、步骤，以及实施过程中可能遇到的挑战和解决方案，旨在为教育工作者提供一些建议。

（一）创新课程设计的原则

1.学生为中心

创新课程设计应以学生的需求和兴趣为出发点，充分考虑学生的特点和发展阶段。课程设计要贴近学生的实际，激发学习兴趣和动力。

2.跨学科融合

创新课程设计鼓励跨学科的融合，将不同学科的知识整合在一个课程中。有助于培养学生的综合能力，促进全面发展。

3.实践导向

课程设计要强调实践导向，注重培养学生的实际操作能力。通过实践性的任务和项目，学生能够将理论知识应用到实际中，提高问题解决能力。

4.创新性与开放性

创新课程应具有一定的开放性，鼓励学生的创造性思维。设计任务时要给予学生足够的空间，让他们能够提出见解和解决方案。

（二）创新课程设计的步骤

1.需求分析

在课程设计之前，进行全面的需求分析是至关重要的。了解学生的兴趣、背景、学科基础等信息，明确课程的目标和预期效果。

2. 制定课程大纲

根据需求分析的结果，制定课程大纲，明确课程的结构、内容、教学方法等方面的安排。大纲应具有灵活性，以适应学生的发展和变化。

3. 教学方法的选择

创新课程设计要注重教学方法的多样性。除了传统的讲授方式外，可以采用案例分析、小组讨论、实验室实践、项目制学习等方法，以提高学生的参与度和学习效果。

4. 设计实践任务

将课程内容与实际任务相结合，设计实践性的任务和项目。有助于学生将理论知识应用到实际中，提高实际问题解决能力。

5. 引入评价机制

设计科学合理的评价机制，充分考虑学生的表现和成绩。评价不仅应注重考核知识掌握情况，还要关注学生的创新能力、团队协作能力等表现。

6. 不断改进

创新课程设计是一个不断改进的过程。通过课程的实施过程中的反馈，及时调整和改进课程内容和教学方法，以保持课程的活力和实效性。

（三）创新课程实施中可能遇到的挑战及解决方案

1. 学生抵触心理

有些学生可能对创新课程产生抵触心理，认为这样的课程模式与熟悉的传统教学不同。解决方案包括充分解释创新课程的目的和优势，提供实际案例以证明其有效性。

2. 教师适应问题

一些教师可能对创新教学方法感到陌生，需要适应一个新的教学环境。解决方案包括提供相关的培训和支持，分享成功的创新教学经验。

3. 课程内容整合难题

跨学科融合和实践导向可能导致课程内容的整合难题。解决方案包括建立跨学科合作的团队，制定详细的整合计划，确保各学科之间的紧密衔接。

4. 评价体系建设

传统的评价体系可能无法完全适应创新课程的需要。解决方案包括制定创新的评价标准，注重过程性评价，关注学生的综合素质和创新能力。

（四）创新课程设计的未来发展方向

1. 数字化技术的应用

随着数字化技术的不断发展，创新课程设计可以更多地利用在线平台、虚拟实验室、人工智能等技术，提高课程的灵活性和互动性。

2. 跨学科整合的深化

未来的创新课程设计可以更加深化跨学科整合，促使不同学科之间更紧密地融合。有助于培养学生更全面的思维和解决问题的能力，使其具备更强大的综合素质。

3. 强调实践与实际应用

未来的创新课程设计将更加强调实践性和实际应用。通过与企业、社区的合作，将课程内容与实际问题紧密结合，培养学生更好地应对现实挑战的能力。

4. 注重全球视野

全球化的背景下，未来的创新课程设计将更加注重培养学生的全球视野。通过国际合作项目、跨文化交流，让学生更好地理解世界，提升跨文化沟通和合作能力。

5. 强化个性化学习

随着教育技术的发展，未来创新课程设计将更加强调个性化学习。利用智能化的教育工具和学习平台，根据兴趣、学习风格和水平，定制个性化的学习路径和内容。

创新课程设计与实施是教育领域中的一项重要任务，旨在培养学生更全面、更创新的能力。通过以学生为中心、跨学科融合、实践导向等原则，结合科技发展、全球化趋势，可以更好地适应未来教育的需求。在面对挑战时，学校和教育机构需要提供支持和培训，帮助教师更好地适应创新教学模式。未来，创新课程设计将持续发展，为培养具有全球竞争力的人才做出更大的贡献。

三、个性化教育管理的尝试

在传统的教育体制中，学校通常采用一刀切的教学方式，忽视了学生个体差异和学习风格的多样性。为了更好地满足学生的需求，个性化教育管理的尝试逐渐成为当今教育领域的一项重要实践。本书将探讨个性化教育管理的定义、原则、实施步骤，以及可能面临的挑战和未来发展方向。

（一）个性化教育管理的定义

个性化教育管理是根据学生个体差异、兴趣、学习风格等因素，量身定制教学内容、方法和评价方式的管理模式。目的在于最大程度地满足学生的学习需求，促使每个学生在教育过程中都能够发挥出潜力。

（二）个性化教育管理的原则

1. 学生为中心

个性化教育管理的核心原则是以学生为中心。通过深入了解每个学生的特点、兴趣和学科水平，个性化管理力求让每个学生都能在学校中找到属于自己的位置。

2. 弹性学习路径

个性化教育管理强调弹性学习路径，允许学生在学习过程中根据自身情况调整学习进度、选择学科方向。有助于提高学生的学习积极性和主动性。

3. 多元化的教学方法

个性化教育管理采用多元化的教学方法，包括小组合作、实践项目、个别辅导等。通过不同的教学方法，满足学生多样化的学习需求，提高教学的有效性。

4. 定制化评价标准

个性化教育管理的评价标准要更加定制化，不仅考察学科知识的掌握，还关注学生的创造力、团队协作、解决问题的能力等。有助于更全面地了解学生的综合素质。

（三）个性化教育管理的实施步骤

1. 学生调研与需求分析

在个性化教育管理的实施前，进行学生调研和需求分析是关键的一步。通过问卷调查、个别面谈等方式，了解学生的学科兴趣、学习风格、强项和弱项。

2. 制定个性化学习计划

根据学生调研的结果，教育管理团队制定个性化学习计划，包括课程设置、学科选择、学习路径等。计划要具有灵活性，能够根据学生的发展调整。

3. 教学内容个性化设计

教学内容要根据学生的兴趣和水平进行个性化设计。可以包括调整教材、引入实践项目、提供拓展学科等方式，以激发学生的学习兴趣。

4. 多元化的教学方法

采用多元化的教学方法是个性化教育管理的关键。小组合作、实践项目、翻转课堂等方法，都可以帮助满足学生不同的学习风格。

5. 定制化评价体系

建立定制化的评价体系，不仅包括传统的考试成绩，还应包括学生的参与度、项目成果、团队协作等方面的评估。这样的评价体系更能客观地反映学生的全面素质和能力发展。

6. 持续跟踪与调整

个性化教育管理是一个动态过程，需要持续跟踪学生的学习情况，及时调整学习计划和教学方法。定期的反馈和沟通是确保个性化教育管理有效实施的关键。

（四）可能面临的挑战

1. 资源不足

实施个性化教育管理需要更多的人力、物力和财力投入。学校可能面临资源不足的问题，导致无法全面开展个性化教育。

2. 师资队伍不足

个性化教育需要拥有具备个性化管理理念和实施经验的教师队伍。然而，培养这样的师资需要时间，学校可能面临师资队伍不足的挑战。

3. 学生抵触心理

有些学生可能对个性化教育产生抵触心理，习惯了传统的教学方式。在初始阶段，学校可能面临一些学生和家长的抵触。

4. 评估难度

制定个性化的评估标准是一项挑战。如何客观地衡量学生在个性化教育中的发展，仍然是需要深入研究和实践的问题。

（五）未来发展方向

1. 教育科技的融合

未来，教育科技将在个性化教育中扮演更为重要的角色。通过智能化教学平台、在线学习工具，能够更好地满足学生个体化的学习需求。

2. 数据驱动决策

利用大数据分析学生的学习数据，为学校提供更科学的个性化教育管理决策。通过数据驱动，能够更好地了解学习轨迹，进行有针对性的调整。

3. 跨学科合作

未来个性化教育管理将更强调跨学科合作。通过整合不同学科的知识和资源，为学生提供更丰富、多样的学习体验。

4. 社会参与与实践

个性化教育管理将更加注重学生的社会参与和实践能力培养。与社会、企业的合作项目，将为学生提供更贴近实际的学习机会。

个性化教育管理是适应时代发展需要的一种创新教育模式。通过以学生为中心、弹性学习路径、多元化教学方法、定制化评价标准等原则的贯彻，学校可以更好地满足学生的个体差异，培养更全面发展的人才。尽管面临一些挑战，但随着科技的发展和教育理念的不断创新，个性化教育管理将在未来取得更为显著的成果。

第三节 拓展大学生教育管理途径

一、社会资源与大学生培养的结合

大学生培养旨在培养学生的专业素养、综合能力和创新思维，使其适应社会发展和职业需求。社会资源，作为广泛的、多元的资源汇聚，与大学生培养的结合，可以为学生提供更广阔的视野、实践机会以及职业发展支持。本书将探讨社会资源与大学生培养的结合方式、存在的问题及未来发展方向。

（一）社会资源与大学生培养的结合方式

1. 企业实习与实践项目

与企业建立合作关系，为大学生提供实习和实践项目机会。通过参与实际项目，学生可以将理论知识应用到实际，提升实际操作能力。

2. 社会导师制度

建立社会导师制度，由社会专业人士担任学生的导师。社会导师可以分享行业经验、提供职业建议，帮助学生更好地了解职场需求。

3. 社会资源讲座和工作坊

邀请社会各界专业人士开设讲座和工作坊，向学生介绍最新的行业动态、职业技能以及实践经验，帮助学生更好地了解职业发展路径。

4. 社会项目合作

学校与社会机构、企业合作开展社会项目，让学生参与实际项目。有助于学生培养团队协作精神、解决问题的能力。

5. 社会资源共享平台

建立社会资源共享平台，学校可以与企业、行业协会、科研机构等建立信息共享的渠道，为学生提供更多职业发展信息。

（二）存在的问题

1. 资源不均衡

一些学校可能面临社会资源不足或不均衡的问题，尤其是在发展相对滞后的地区。可能导致学生在获取社会资源方面存在差异。

2. 学生意识问题

部分学生可能缺乏对社会资源的意识，对其重要性和利用方法了解不足。需要学校加强对学生的培训和引导。

3. 教育体制问题

教育体制的僵化可能阻碍了学校更好地整合社会资源。一些制度性的问题需要进行改革，以更好地适应社会发展的需求。

4. 质量监管问题

与社会资源合作时，质量监管可能存在一定的困难。确保社会资源的质量和学生获益，需要建立有效的监管机制。

（三）未来发展方向

1. 深化产学研合作

将社会资源与大学生培养更深入地结合，加强产学研合作。学校可以与企业、研究机构共同开展项目，促进知识的共享与创新。

2. 加强学科交叉

鼓励学科交叉，拓展学生的知识面。通过与不同领域的社会资源合作，帮助学生更好地理解多元化的知识体系，提高综合素养。

3. 强化创新创业教育

社会资源可以成为创新创业教育的有力支持。通过与企业、创业孵化器等建立合作关系，为学生提供更多创业机会和支持。

4. 建立社会导向的评价体系

建立更加社会导向的评价体系，将社会资源的整合与学生的综合素质发展相结合。更加注重实际能力和创新能力的评估。

社会资源与大学生培养的结合是推动高等教育创新的有效途径。通过多种形式的合作，学校可以为学生提供更多实践机会、拓展职业视野，帮助其更好地适应社会发展的需求。然而，在推进中，需要解决资源不均衡、学生意识问题等一系列挑战，同时加强对社会资源的质量监管。未来，加强产学研合作、强化创新创业教育、建立社会导向的评价体系等措施将有助于更好地整合社会资源，促进大学生更全面、更高质量的发展。

二、大学生参与社会实践与服务的机会

随着社会的发展，大学生的社会责任感和参与意识日益增强。社会实践与服务成为培养大学生综合素质的有效途径之一。本书将探讨大学生参与社会实践与服务的机会，并分析这种参与对个体和社会的积极意义。

（一）学校组织的社会实践活动

大学作为学术和知识的殿堂，为学生提供了丰富的社会实践机会。学校通常会组织暑期社会实践、义工活动、社区服务等，使学生能够亲身体验社会生活，增强实际操作能力。

暑期社会实践：学校通常会组织学生进行暑期社会实践，如农村支教、社区调研等。通过与不同文化、环境接触，学生能够更全面地认识社会。

义工活动：学校常常设有志愿者协会，鼓励学生积极参与各类义工活动，如陪伴孤寡老人、支教支援等。不仅有助于培养大学生的责任心，还能增强他们的团队协作能力。

（二）社会组织和社会项目的参与机会

除了学校组织的活动，大学生还可以主动参与各类社会组织和项目，积累更丰富的社会实践经验。

NGO 和非营利组织：大学生可以加入各种非政府组织（NGO）或其他非营利组织，参与到环保、教育、医疗等各类项目中。这为他们提供了更广泛的社会参与平台。

创业实践：一些大学生可能选择参与社会创业项目，通过努力解决社会问题。不仅锻炼了他们的创新能力，也为社会发展注入了新的动力。

（三）社会实践与服务的意义

大学生参与社会实践与服务不仅是为了完成学校的要求，更是一种对社会的回馈和责任担当。这种参与对于个体和整个社会都具有深远的意义。

培养社会责任感：参与社会实践与服务使大学生更深刻地认识到身为社会一员的责任。他们将学到如何为社会贡献，如何关心他人的需求，从而培养出强烈的社会责任感。

提升综合素质：社会实践与服务不仅是一种道德层面的锻炼，同时也是对学生综合素质的提升。在项目中，他们需要运用专业知识，提高沟通协作能力，培养解决问题的能力。

促进个人成长：参与社会实践是大学生个人成长的重要途径。通过面对社会的各种问题和困难，他们将更好地理解价值观，形成更为成熟的人生观。

构建社会共建共享：大学生的积极参与为社会建设提供了更多的动力。通过他们的努力，社会的各个方面都能够得到更好的发展，实现共建共享的目标。

（四）面临的挑战与解决途径

尽管大学生参与社会实践与服务有着诸多积极意义，但也面临一些挑战，如时间紧张、资源有限等。为此，可以采取以下措施：

合理规划时间：大学生可以通过科学合理地规划时间，合理安排学业和社会实践，充分利用碎片化时间，提高效率。

建立合作网络：与同学、社会组织建立合作网络，分享资源和经验，共同推动社会实践项目的进行。

寻求支持与赞助：大学生可以积极争取学校、企业和社会组织的支持与赞助，以解决项目经费和资源不足的问题。

大学生参与社会实践与服务的机会多种多样，既有学校组织的活动，也有社会组织和项目的参与机会。这种参与对于大学生的成长和社会的发展都具有深远的意义。同时，我们也要正视面临的挑战，通过合理规划时间、建立合作网络和寻求支持与赞助等方式，促使社会实践与服务更好地开展。

通过参与社会实践与服务，大学生能够更好地理解社会，培养社会责任感，提升个人综合素质，促进个人成长，同时也为社会的进步贡献力量。这种互动关系不仅使大学生个体受益匪浅，更构建了共建共享的社会环境。

三、职业规划与拓展课程设置

随着社会的不断发展，职业规划变得愈加重要。在这个竞争激烈的时代，个体需要更为明确地了解自己的兴趣、技能和价值观，以便更好地规划职业发展。同时，拓展课程也成为提高综合素质、适应多变职场需求的有效途径。在这篇文章中，我们将探讨职业规划的重要性，并提出一套合理的拓展课程设置，帮助个体更好地面对职业挑战。

（一）职业规划的重要性

明确职业目标：职业规划有助于个体明确职业目标，从而有针对性地学习和提升相关技能。清晰的目标有助于提高工作动力和执行力，更容易实现个人职业发展。

更好地适应职场变化：职场环境不断变化，需要不断适应新的技术、工作方式和管理理念。通过职业规划，个体可以更早地预知变化，提前做好准备，保持职业竞争力。

发挥个人优势：通过了解自己的兴趣、特长和价值观，个体能够更好地发挥优势，选择适合自己的职业领域和岗位，提高工作满意度和幸福感。

持续学习与提升：职业规划不是一次性的活动，而是一个持续的过程。通过规划，个体会认识到自己需要不断学习和提升，以适应职场的快速发展和变化。

（二）拓展课程设置

为了更好地支持个体的职业规划，学校和培训机构应该提供一系列拓展课程，覆盖不同领域的知识和技能。以下是一套合理的拓展课程设置：

职业生涯规划课程：旨在教授个体如何进行有效的职业规划，包括目标设定、SWOT分析、个人品牌建设等内容。通过实际案例和互动讨论，帮助学生更好地了解自己，规划未来的职业生涯。

沟通与人际关系管理：良好的沟通能力和人际关系是职场成功的关键。这门课程应该包括有效沟通技巧、团队协作、冲突解决等内容，帮助个体更好地与同事、上司和客户交流与合作。

创新与创业精神：鼓励创新思维和创业精神是适应未来职场的关键。这门课程可以教授创意思维、创新管理、商业模式设计等知识，培养学生面对未知挑战时的灵活性和创造力。

数字化技能培训：随着数字化时代的到来，掌握一定的数字化技能是必要的。包括数据分析、人工智能基础、数字营销等方面的知识，帮助个体更好地适应数字化职场的要求。

领导力发展课程：不论是普通员工还是管理人员，领导力都是一个重要的素质。可以涵盖领导力的理论与实践，培养学生团队管理、决策能力和危机处理能力。

跨文化沟通与国际化视野：随着全球化的加深，跨文化沟通能力变得越来越重要。这门课程可以教授跨文化交流技巧、国际商务礼仪等内容，培养学生具备在国际舞台上工作的能力。

心理健康与抗压能力培养：在竞争激烈的职场，心理健康和抗压能力同样至关重要。这门课程可以介绍压力管理、心理健康维护的方法，帮助个体更好地应对职场压力。

通过以上一系列的拓展课程设置，个体可以更全面地提升综合素质，更好地适应职场的多变需求。有助于培养更具竞争力的人才，推动社会的可持续发展。同时，学校和培训机构应不断更新课程内容，保持与职场需求的同步，确保培养出更具实用性的人才。

第四节　提升高等院校教育管理主体素质

一、教育管理者的专业素养要求

在当今复杂多变的教育环境中，教育管理者的专业素养变得尤为关键。他们不仅需要具备深厚的学科知识，更要有卓越的领导力、团队协作能力和对教育创新的敏感性。本书将探讨教育管理者的专业素养要求，涵盖知识、技能和态度等层面。

（一）学科知识的深厚性

教育理论与实践：教育管理者需要对教育理论有深入的理解，并能将理论知识应用于实际工作中。包括对不同教育理论的熟悉，以及在实践中灵活运用这些理论来解决问题和指导学校的发展。

课程与教学知识：了解和关注课程与教学的最新发展，理解不同课程设计的原理和方法。教育管理者应该具备设计和评估课程的能力，确保教学活动符合教育目标和学生需求。

教育法规与政策：精通教育法规和政策，保证学校的运作在法规范围内。对于政策的变化要能及时了解，并进行合理的调整，确保学校的正常运行。

学科专业知识：若是针对某一特定学科的教育管理者，需要具备该学科的专业知识。这有助于更好地理解学科发展趋势，指导教师提升教学水平。

（二）领导力与管理技能

团队协作与沟通：教育管理者需要善于团队协作，激发团队成员的合作精神。优秀的沟通技能能够确保信息流畅，促进学校内外各方的合作。

决策与问题解决：教育管理者面临各种挑战和问题，需要具备独立思考和决策的能力。能够理性分析问题、快速做出决策，并有效解决问题是其必备的管理技能。

目标制定与执行：制定明确的学校发展目标，并通过科学的管理手段推动目标的实现。教育管理者需要能够制定可行的计划，并引领团队有序执行，确保学校朝着既定方向前进。

人才管理：了解员工的需求和潜力，合理分配资源，激励团队成员的积极性。培养和引进优秀的教育人才，建设高效的教育管理团队。

（三）创新思维与教育技术应用

创新意识与能力：面对日新月异的教育变革，教育管理者需要具备创新意识和能力。鼓励教育创新，推动学校不断发展。

信息技术应用：熟悉并善于应用最新的信息技术，将其融入教学与管理中。了解大数据、人工智能等技术对教育的影响，推动数字化校园建设。

教育资源整合：教育管理者需要善于整合各类教育资源，包括人力资源、物质资源、信息资源等，以最大化地服务于学校的发展。

跨学科综合能力：跨学科的思维能力有助于更全面地理解和解决问题。教育管理者应具备整合不同学科知识的能力，推动学科间的交叉融合。

（四）对教育的责任感与社会责任心

学生关怀与发展：教育管理者要关心学生的全面发展，关注他们的学业、心理和生涯发展。建立积极的师生关系，确保学生在学校获得良好的成长环境。

家校合作与社区服务：促进家校合作，使教育成为学生在学校和家庭之间良好衔接的桥梁。同时，积极参与社区服务，促进学校与社会的互动与共赢。

教育公平与多元文化：培养对教育公平的责任感，确保学生都有平等的学习机会。尊重和包容多元文化，建立多元化的学校文化。

环境可持续发展：着眼于学校的长期可持续发展，关注环境保护和资源利用效率，培养学生的环保意识。

（五）自我学习与反思

持续学习：教育管理者要保持对教育趋势和管理领域的敏感性，持续学习最新的教育理论、管理模式和技术应用。定期参加培训、研讨会，积极获取新知识，保持专业素养的更新。

反思与改进：教育管理者需要具备自我反思的能力，不断审视和评估自己的管理实践。通过定期的自我评估，发现不足，并及时调整管理策略，以不断提高管理水平和团队绩效。

与同行交流：参与教育管理领域的专业社群，与同行进行交流与合作。通过分享经验和借鉴他人成功的经验，不仅能够拓展视野，还有助于形成更为全面的管理思维。

教育研究参与：积极参与教育研究，关注教育前沿问题。通过深入的研究和参与项目，为学校的创新提供理论支持，将研究成果应用于实际管理中。

（六）沟通与社交能力

有效沟通：教育管理者需要具备良好的口头和书面沟通能力。能够清晰表达观点，理解他人的需求，并促进信息的流通。

人际关系管理：善于处理人际关系，建立融洽的工作氛围。处理团队内部和外部的关系，妥善处理矛盾，确保学校内外各方的合作和支持。

公关技巧：了解公关技巧，能够有效地与学生、家长、教职工、社区以及媒体进行良好的沟通。通过建立积极的公共形象，增强学校的声誉。

团队建设：通过团队建设，培养出一支高效协作的管理团队。鼓励团队成员间的相互支持与信任，共同为学校的目标而努力。

（七）情绪管理与应变能力

情绪智能：教育管理者需要具备较高的情绪智能，能够理解并有效地管理个体和团队的情绪。面对压力和挑战时保持冷静，稳定团队情绪，有助于保持学校的稳定运行。

应变能力：教育环境的不确定性较高，教育管理者需要具备较强的应变能力。能够灵活调整策略，迅速适应变化，确保学校能够稳健运营。

压力管理：高效管理压力，确保在压力下依然能够做出明智的决策。通过健康的生活方式和自我调节，维护良好的身心状态。

危机处理：面对各种突发事件和危机，教育管理者需要具备迅速决策和组织团队的能力。通过预案和紧急行动，确保危机得到及时有效的处理。

教育管理者的专业素养不仅关系到学校的整体运行，更直接关系到教育质量和学生成长。合格的教育管理者应该是一个全面发展、善于学习、富有创新精神、善于沟通和处理复杂情境的领导者。通过培养和发展这些专业素养，教育管理者能够更好地引领学校走向成功，推动教育事业的不断发展。同时，学校和相关机构也应该为教育管理者提供良好的培训和发展机会,促进其不断提升专业素养,应对不断变化的教育挑战。

二、教育管理者的领导力与团队协作

在当今复杂多变的教育环境中,教育管理者的领导力和团队协作能力成为推动学校发展的重要因素。教育管理者需要在领导学校的同时,通过有效的团队协作,促进师资队伍的发展,实现学校的长期目标。本书将深入探讨教育管理者在领导力和团队协作方面的重要性,以及如何培养和发挥这两方面的素养。

(一)领导力的重要性

愿景与使命的塑造:教育管理者应该能够制定明确的学校愿景和使命,明确学校的长远目标。通过对学校未来发展方向的清晰定义,能够激发教育工作者的热情和使命感,形成共同的奋斗目标。

激发团队动力:优秀的领导者能够激发团队成员的内在动力,使其更加专注工作,提高工作效率和质量。通过有效的激励措施,营造积极向上的工作氛围,激发团队的创造性和创新性。

决策与执行能力:在面对各种问题和挑战时,领导者需要迅速做出决策,并有效执行。能够理性分析问题,制定合理的解决方案,并引导团队共同努力,确保决策的顺利实施。

团队建设:优秀的领导者懂得如何建设团队,通过了解团队成员的优势和特长,合理分配工作,使团队形成协同合作的力量。通过鼓励团队沟通和互动,促使团队成员之间形成更好的合作关系。

师德楷模:教育管理者不仅是学校管理者,更是师资队伍的楷模。通过自身的榜样作用,传递出正确的价值观和师德观,引领教育工作者积极向上,为学生树立榜样。

(二)团队协作的重要性

资源整合与优势发挥:团队协作能够整合各类资源,包括人力资源、物质资源、信息资源等。通过合理分工和有效协作,最大限度地发挥团队成员的优势,实现资源的协同利用。

创新与问题解决:团队协作有助于集思广益,促使不同角度的思考和观点相互碰撞。有助于团队在创新和问题解决方面取得更好的成果，提高学校的应变能力。

共同目标的实现：一个团结紧密的团队能够共同追求和实现学校的发展目标。通过制定明确的工作计划和目标，团队协作有助于实现成员的个人目标与学校的整体目标的有机结合。

信息共享与沟通：团队协作促进信息的共享和沟通，有助于减少信息障碍，确保信息的准确传递。通过建立有效的沟通机制，团队成员能够更好地理解工作进展和任务要求。

减轻个体压力：在一个团队中，成员之间互相支持，分担工作压力。这有助于降低个体的工作负担，提高工作效率，保持团队的稳定性。

（三）培养领导力的方法

学习与培训：参加领导力培训课程，不断学习领导力理论和实践经验。通过学习，了解不同领导风格和管理方法，发展适合的领导力风格。

导师指导：寻找有经验的导师，从其领导经验中获取启示和建议。与导师建立良好的关系，通过交流和学习，提升领导力水平。

反思与改进：持续反思个人领导力的表现，通过自我评估找出不足之处，并制定改进计划。及时调整领导风格，适应不同的管理情境。

团队建设活动：通过组织团队建设活动，增强团队凝聚力。培养团队成员之间的信任和合作意识，为团队的高效运作奠定基础。

寻求反馈：主动向团队成员和同事寻求反馈，了解自己的领导风格在团队中的影响。通过不断地接受反馈，及时纠正问题，提升领导效能。

实践经验：实践是提升领导力的重要途径。通过承担不同的领导角色，参与项目管理或领导团队，积累实际管理经验。从实践中学习，并在不断的挑战中成长。

建立领导者网络：参与领导者交流平台，建立领导者网络。与其他领导者分享经验、互相启发，形成互助机制，促进领导力的共同提升。

（四）发挥团队协作的方法

设定明确的目标：通过明确的目标设定，团队成员能够理解工作的重要性，形成共同的奋斗目标。有助于激发成员的工作热情和团队凝聚力。

有效沟通：建立良好的沟通机制，确保信息的畅通和有效传递。通过定期的团队会议、沟通平台，使成员都了解工作的进展和团队的方向。

分工与合作：根据成员的专业特长和兴趣，合理分工，形成高效的合作模式。通过分工合作，充分发挥每个成员的擅长领域，提高整个团队的工作效率。

建立团队文化：建立积极向上的团队文化，强调团队的核心价值观和共同目标。通过共享团队的成功经验，强化团队文化的塑造，增强成员的凝聚力。

培养团队精神：通过激励和表彰，培养团队精神。鼓励成员相互支持，共同成长，形成互相信任、互相依赖的团队氛围。

促进冲突解决：处理团队内部的冲突，建立有效的冲突解决机制。通过公正的决策和合理的沟通，解决成员之间的分歧，促使团队更好地协同工作。

持续培训与发展：为团队成员提供持续的培训和发展机会，以不断提升团队的整体素质。鼓励成员不断学习和拓展自己的能力，为团队的长远发展提供强大支持。

建立反馈机制：建立有效的反馈机制，让团队成员能够及时了解自己的工作表现。通过正向的反馈激发积极性，通过负向的反馈指引改进方向，促使团队不断进步。

（五）领导力与团队协作的整合

明确共同目标：教育管理者应该与团队成员共同制定学校的发展目标，并明确成员在实现这些目标中的具体作用。共同的目标能够激发团队的责任心和团队协作精神。

有效的沟通与开放的反馈：领导者需要建立起有效的沟通渠道，与团队成员保持开放的沟通关系。及时传递信息，听取团队成员的建议，并建立正向的反馈机制，促进沟通的畅通。

建设团队文化：通过共同的信仰、价值观和目标，建设积极向上的团队文化。鼓励成员积极参与团队文化的建设，形成团队认同感。

激发团队动力：通过激励机制，激发团队成员的工作动力。包括个体的职业发展机会、薪酬激励、奖励制度等。激发动力有助于提高团队整体的工作效能。

培训与发展：提供团队成员持续的培训和发展机会，以满足他们在不断变化的教育环境中的需求。鼓励团队成员参与教育创新、提升教学水平，促使团队整体不断进步。

处理团队冲突：当团队内部出现冲突时，领导者需要果断而公正地处理。通过建立有效的冲突解决机制，解决矛盾，维护团队的稳定和凝聚力。

团队建设活动：定期组织团队建设活动，加强团队成员之间的联系和合作。可以是学术交流、团队培训，也可以是一些娱乐活动，促进团队成员之间的情感沟通。

关注成员个体需求：领导者要关心团队成员的个体需求，了解他们的职业发展和个人目标。通过与团队成员的密切联系，了解他们的职业规划和发展意愿，为其提供支持和指导。关注个体需求，有助于建立更为紧密的领导与团队成员的联系。

制定清晰的工作职责：教育管理者需要为团队成员制定明确的工作职责和任务分工。清晰的职责分配有助于避免工作冲突和混乱，使每个成员明确在团队中的定位和责任。

建立信任和互信：信任是团队协作的基石。领导者需要通过真诚、公正、一致的行为建立信任。同时，鼓励团队成员之间建立互信关系，分享信息和资源。

鼓励创新与思维多样性：团队协作中需要鼓励成员提出新的想法和解决问题的方法。领导者应该鼓励创新，并尊重不同的思维方式，创造一个允许多样性观点的工作环境。

培养团队的自主性：培养团队成员的自主性，让他们在工作中拥有更大的决策权和自主权。通过激发团队成员的责任心，增强他们的主动性，提高整个团队的协作效果。

定期评估和调整：领导者需要定期评估团队的工作效果，并根据评估结果进行必要的调整。包括对团队协作模式、目标达成情况和团队成员表现的全面评估，以不断提升团队的整体水平。

建立公平的奖励机制：制定公平公正的奖励机制，对团队协作中表现突出的进行奖励。奖励机制不仅能够激发成员的积极性，也有助于提高整个团队的合作效率。

关注团队氛围：维护良好的团队氛围，确保团队成员能够在积极、和谐的工作氛围中发挥最佳水平。领导者需要及时解决团队内部的矛盾和问题，创造一个支持和鼓励成长的团队环境。

在当今快速变化的教育领域，教育管理者的领导力和团队协作能力是学校成功发展的关键。通过培养有效的领导力，教育管理者能够引领学校迎接挑战，制定清晰的发展目标，并通过团队协作实现这些目标。同时，通过建设团队协作机制，教育管理者能够激发团队的潜能，提高整体工作效率，为学校提供更好的教育服务。通过领导力与团队协作的双重发展，教育管理者能够更好地应对教育变革的挑战，推动学校朝着更加卓越的方向不断前进。

三、人际沟通与情绪管理技能的培养

在当今社会，人际沟通与情绪管理技能已经成为个人和职业生活中不可或缺的重要素养。无论是在工作场所、社交活动中，还是在家庭和社会中，良好的人际沟通和情绪管理都能够为个体带来更多的机会和成功。本书将深入探讨人际沟通和情绪管理的概念，以及培养这两方面技能的方法和重要性。

（一）人际沟通的概念与重要性

1. 人际沟通的定义

人际沟通是个体之间通过语言、文字、肢体语言等手段进行信息交流和意义传递的过程。包括面对面的交流、书面沟通、非言语性的交流等多种形式。

2. 人际沟通的重要性

建立良好关系：良好的人际沟通是建立良好关系的基础。通过有效的沟通，能够增进理解，减少误解，建立互信关系。

提高工作效率：在工作环境中，良好的人际沟通有助于团队成员之间的协作，提高工作效率。信息传递更加迅速，团队合作更加默契。

解决问题：人际沟通是解决问题的重要途径。通过有效的沟通，能够厘清问题的本质，找到解决问题的方法，避免因沟通不畅导致的误解和纷争。

提升领导力：优秀的领导者通常都具备出色的人际沟通技能。通过有效沟通，领导者能够更好地领导团队，激发团队成员的积极性，推动团队的发展。

3. 人际沟通的要素

表达清晰：有效的沟通需要表达清晰，避免模糊和含糊不清的表达。语言要简洁明了，让对方容易理解你的意思。

倾听能力：不仅要善于表达，还要具备良好的倾听能力。倾听能力是理解对方需求、感受的重要途径，能够增进沟通双方之间的理解。

非言语沟通：肢体语言、面部表情、眼神交流等非言语沟通的方式同样重要。它们能够传递更为丰富的信息，增加沟通的深度。

尊重和理解：尊重对方的观点，理解对方的感受是良好沟通的基础。尊重能够建立起互信关系，理解能够减少误解和冲突。

（二）培养良好人际沟通技能的方法

1. 提升口头表达能力

练习演讲：参与演讲或辩论活动，锻炼清晰、有逻辑的表达能力。通过模拟不同场合的演讲，提升在公共场合表达观点的信心。

积极参与小组讨论：在小组讨论中，通过与他人交流、分享意见，提高表达能力。学会在团队中表达观点，并倾听他人的看法。

参加沟通技能培训：参加专门的沟通技能培训，学习沟通的理论知识和实践技巧。包括有效的询问、回应、断言等沟通技巧的训练。

2. 加强倾听技能

主动倾听：主动倾听是成为良好沟通者的关键。在交流中，确保给予对方足够的关注，表达对其观点的兴趣，并通过肢体语言和眼神传递出你正在认真倾听。

提问技巧：学会提出有针对性的问题，以引导对方更深入地表达观点。通过合适的提问，能够更好地理解对方的需求和期望。

回馈：在倾听过程中及时回馈对方的观点，确认对信息的理解是否准确。这有助于防止误解，并增加沟通的准确性。

3. 发展非言语沟通技能

练习肢体语言：肢体语言是沟通中的重要组成部分。通过练习肢体语言，确保它与言语传递的信息一致，增加沟通的信任度。

面部表情的掌控：学会控制面部表情，使其与所要传递的信息相匹配。表情的真实与一致性有助于建立更加真实和可信的沟通。

眼神交流：保持良好的眼神交流是有效沟通的关键。眼神能够传递出自信、尊重和关注，加强与对方的联系。

4.培养尊重和理解

接纳多样性：学会尊重和接纳不同文化、背景和观点的多样性。理解不同的观点有助于建立开放的沟通环境。

提高情商：情商包括自我意识、自我管理、社交意识和关系管理。通过提高情商，能够更好地处理自己和他人的情绪，促进良好的人际关系。

学会道歉和感谢：在适当的场合，学会向他人道歉和表达感谢。展现出你对他人的尊重和理解，有助于建立更为良好的人际关系。

5.制定良好沟通习惯

定期沟通：建立定期的沟通习惯，无论是与同事、家人还是朋友。通过定期的沟通，能够更好地了解彼此的动态和需求。

避免中断：在别人发言时，避免中断，给予足够的时间让对方表达观点。尊重对方的发言权，建立起相互尊重的沟通氛围。

及时反馈：在沟通中及时给予反馈，让对方知道你是否理解了他们的意思。及时反馈有助于防止信息的偏差和误解。

（三）情绪管理的概念与重要性

1.情绪管理的定义

情绪管理是个体对自己的情绪进行认知、理解，并通过各种途径来调节和表达情绪的能力。包括对积极情绪的引导和负面情绪的调节。

2.情绪管理的重要性

个人幸福感：良好的情绪管理有助于个体提高幸福感。通过对负面情绪的有效调节，能够更好地享受生活，提高生活质量。

工作表现：在工作场所，情绪管理对个体的工作表现有重要影响。能够有效管理情绪，有助于提高工作效率和创造力。

人际关系：良好的情绪管理有助于维护良好的人际关系。在与他人交往中，能够理性对待情绪，避免情绪冲突，增进彼此之间的理解。

健康状况：情绪管理与身体健康密切相关。长期的负面情绪可能导致身体健康问题，而积极的情绪有助于维持身体的健康状态。

3.情绪管理的要素

情绪识别：情绪管理的第一步是识别情绪。了解自己当前的情感状态，是有效管理情绪的前提。

情绪认知：认知情绪，了解情绪产生的原因和影响，有助于更好地控制和调节情绪。

情绪调节：学会调节情绪，包括通过积极的方式释放负面情绪，以及通过心理调节提升积极情绪。

4. 情绪管理的方法

深呼吸和放松技巧：在情绪激动或紧张时，通过深呼吸和放松技巧来缓解紧张情绪，保持冷静。

寻求支持：在情绪波动较大时，寻求他人的支持是一种有效的情绪管理方式。与朋友、家人或同事分享感受，能够获得理解和鼓励，减轻负面情绪的压力。

制定积极心态：学会转变负面思维，培养积极的心态。注重寻找问题的解决方案，而非沉湎于问题本身，有助于调整情绪。

设定目标与规划：制定明确的目标和规划，有助于提高对未来的掌控感。清晰的目标能够激发积极的情绪，增强对生活的信心。

健康生活方式：充足的睡眠、均衡饮食和适度的运动对情绪管理有着积极的影响。保持健康的生活方式有助于调节身体和心理状态。

学会放松：学会通过放松技巧，如冥想、瑜伽等，来缓解压力和焦虑。定期的放松练习有助于维持身心平衡。

（四）整合人际沟通与情绪管理技能

1. 情绪管理对人际沟通的影响

减少冲突：良好的情绪管理有助于减少冲突。在情绪稳定的状态下，更容易冷静思考问题，避免因情绪波动而引发的冲突。

提升沟通效果：良好的情绪管理能够提升沟通的效果。当个体能够理性处理情绪并适度表达，有助于更清晰、更准确地传递信息。

增进人际关系：情绪管理对人际关系的增进有着显著作用。能够在负面情绪出现时进行及时调节，避免情绪对关系的负面影响。

2. 人际沟通对情绪管理的作用

获得支持：良好的人际沟通网络能够为个体提供情绪上的支持。与他人分享情感、倾诉心声，有助于减轻负面情绪的压力。

理解和共鸣：通过良好的沟通，能够得到他人的理解和共鸣。这有助于在情绪上获得认同感,提高情绪管理的能力。

沟通渠道:人际沟通提供了表达情感的重要渠道。通过适当的沟通方式,能够更好地表达情感,有助于有效管理情绪。

人际沟通和情绪管理是相辅相成的重要技能,对于个体的成长、职业发展以及人际关系的建立都具有深远的影响。通过不断地学习、实践和反思,可以提升这两方面的能力,更好地适应社会、工作和生活的挑战。良好的人际沟通和情绪管理技能不仅是个体成功的关键,也对整个团队和组织的发展起到积极的推动作用。在不断学习和提升的过程中,个体能够更好地应对各种情境,更加从容地面对人生的起伏,实现自身的价值。

第五节 激发学生个体的主体自觉性

一、学生自主学习与个性发展

在当今教育领域,越来越强调学生自主学习和个性发展。随着社会的不断变革和知识的快速更新,培养学生具备自主学习的能力以及促进个性的全面发展已经成为教育的重要任务。本书将探讨学生自主学习的概念、方法以及与个性发展的关系,并深入研究这两者如何相互促进,推动学生在教育过程中实现全面的成长。

(一)学生自主学习的概念与意义

1. 学生自主学习的定义:学生自主学习是指学生在学习过程中具备自我规划、自我决策、自我监控和自我评价的能力。这种学习方式强调学生在获取知识和发展技能的过程中,主动参与和掌握学习的方向,不仅仅依赖于教师的教导。

2. 学生自主学习的意义

培养学习兴趣:学生自主学习有助于激发学生的学习兴趣。通过选择感兴趣的学科和主题,学生更容易投入学习,增强学科深度的理解。

提高学习动力:自主学习强调学生的主动性,培养学生对学习的内在动机。在自主学习中,学生更有动力去探索新知识,解决问题,实现个人的学业目标。

促进终身学习：学生通过自主学习养成了主动追求知识和不断学习的习惯，为未来终身学习打下基础。有助于适应社会快速变化和知识不断更新的现实。

提高问题解决能力：在自主学习中，学生常常需要独立思考和解决问题。这种经验有助于培养学生的创造力和问题解决能力，使其更好地应对各种挑战。

（二）学生自主学习的方法与策略

设定明确学习目标：学生在学习中应该设定明确的、具有挑战性的学习目标。有助于引导学生集中注意力，提高学习的效果。目标的设定应该符合学生的实际水平，既有一定难度又可以实现。

制定合理学习计划：自主学习需要学生具备制定学习计划的能力。学生可以根据学习目标和时间安排，制定每天、每周的学习计划。有助于分阶段、有组织地完成学业任务。

主动获取信息：学生在自主学习中需要主动获取相关信息。可以通过阅读书籍、查阅资料、参与讨论等多种方式实现。学生应该学会有效地利用各类信息资源，拓展知识面。

培养自我反思意识：自主学习中的自我反思是一个重要的环节。学生应该学会对学习过程进行及时的反思，分析学习中的问题和不足，找到改进的方向。

主动参与讨论与合作：参与讨论和合作是学生在自主学习中获取不同观点和深化理解的有效途径。通过与同学、老师或专业人士的讨论，学生可以获得更全面的知识。

利用技术手段：在数字化时代，学生可以利用各种技术手段辅助自主学习。例如，通过网络学习平台、在线课程、教育应用程序等获取信息，提高学习效率。

培养阅读兴趣：阅读是自主学习的重要手段。学生应该培养广泛的阅读兴趣，不局限于教科书，还包括各类书籍、文章、新闻等。阅读可以拓展知识面，提升综合素养。

（三）学生个性发展的重要性与方法

1. 个性发展的重要性

激发潜能：每个学生都有独特的个性特点和潜能。通过个性发展，能够更好地激发学生的个体优势，发挥其独特的创造力和创新力。

建立自尊心：个性发展有助于学生建立自尊心。了解自己的优点和特长，能够培养学生的自信心，使其在学习和生活中更加积极向上。

适应社会：个性发展有助于学生更好地适应社会。了解自己的兴趣和特长，有助于选择适合个体发展的职业方向，增加未来的就业竞争力。

2. 促进学生个性发展的方法

多元化的学科和活动：学校应提供多元化的学科和活动，满足学生不同的兴趣和爱好。例如，开设丰富的选修课程、课外活动和俱乐部，让学生有更多选择的机会，发现并培养个性。

个性化辅导：学校和教师可以通过个性化辅导，了解学生的个性特点、兴趣和需求。制定个性化的学习计划和发展方向，帮助学生更好地发展。

实践与体验：提供实践与体验的机会，让学生通过参与实际项目、社会实践等活动，发现自己的兴趣和优势。有助于培养学生的实际操作能力和解决问题的能力。

个性发展档案：建立学生的个性发展档案，记录学生在学习和发展过程中的突出表现、兴趣爱好和个性特点。这个档案可以在评价、择业和升学时提供重要参考。

鼓励创新与独立思考：教育环境应该鼓励学生进行创新和独立思考。通过激发学生的好奇心和创造力，培养他们独立思考和解决问题的能力，推动个性的发展。

（四）学生自主学习与个性发展的关系

1. 促进学生自主学习的个性化方法

个性化学习计划：学生可以根据兴趣和发展方向制定个性化的学习计划。包括选择个性化的学科、课程和项目，以更好地满足学生的个体需求。

个性化评价体系：建立个性化的评价体系，注重对学生个性发展的全面评价。除了考虑学科成绩外，还应考虑学生在创新、领导力、团队协作等方面的发展。

提供自主学习资源：学校可以为学生提供丰富的自主学习资源，包括图书馆、实验室、在线课程等。通过这些资源，学生可以更灵活地选择学习途径，满足个性发展的需求。

2. 学生自主学习促进个性发展的途径

发掘个性优势：在自主学习的过程中，学生有更多机会发现和发掘自己的个性优势。通过尝试不同的学科和活动，学生可以更清晰地认识自己的兴趣和才能。

培养学科深度：自主学习有助于学生在感兴趣的领域深度学习。有助于培养学生在某一领域的专业知识和技能，为个性发展奠定坚实基础。

锻炼解决问题的能力：在自主学习中，学生经常面临各种问题和挑战。通过解决这些问题，学生可以培养解决问题的能力，提高在个性发展中的创新力。

培养学习动力：自主学习激发了学生对知识的主动追求，培养了学习动力。这种积极的学习态度将有助于个性发展中的自我实现和价值认同。

（五）促进学生全面发展的策略

创设积极学习环境：学校和教师应创设积极的学习环境，鼓励学生表达自己的意见和观点。有助于培养学生的自信心和主动性。

引导学生制定职业规划：学校可以引导学生制定个性化的职业规划。通过了解自己的兴趣、爱好和职业目标，学生能更好地选择适合自己发展的方向。

提供个性发展指导：学校可以设立个性发展指导团队，为学生提供个性化的发展指导。包括了解学生的个性特点、潜能和需求，为其制定个性化的发展计划。

鼓励多元化发展：学校应鼓励学生在多个领域进行探索，包括学科、艺术、体育等。通过多元化的发展，学生能够更全面地培养自己的个性。

建立学生档案与评价体系：学校可以建立完善的学生档案和评价体系，记录学生在学业、兴趣、社会活动等方面的表现。有助于全面了解学生的个性发展情况，为个性化的发展提供有力的支持。

提供个性化的培训与课程：学校可以根据学生的兴趣和发展需求，提供个性化的培训和课程。包括专业技能培训、兴趣班级以及跨学科的学习机会。

鼓励创新与实践：学校应该鼓励学生参与创新和实践活动。这可以通过组织创业竞赛、科技创新项目、社会实践等方式，为学生提供实践锻炼的机会。

引导学生培养学科交叉能力：学校和教师可以引导学生培养跨学科的学科交叉能力。有助于学生更全面地发展，拓展视野，应对未来多变的社会和职业需求。

倡导个性发展理念：学校和教育机构应倡导个性发展的理念。通过举办座谈会、讲座、家长会等形式,向家长、学生和教师普及个性发展的重要性,形成共识。

提供心理健康支持:学生的个性发展与心理健康密切相关。学校应提供心理健康支持服务,帮助学生处理情绪问题,建立积极的心态,有助于个性发展的全面展现。

学生自主学习和个性发展是教育中不可分割的两个重要方面。通过学生的主动参与学习、培养自主学习的能力,能够为其个性的全面发展提供坚实的基础。学校和教育机构在教育教学中应当关注学生的个性差异,采取差异化教育的方式,为学生提供更多选择、更灵活的学习环境。

在培养学生的个性发展过程中,关键是要重视学生的独特性,引导他们根据兴趣和目标进行学习和发展。学生应当被视为学习的主体,教育者的任务是为他们提供适当的支持和指导,让他们在自主学习的过程中发现自己的价值和潜力。

通过学生自主学习和个性发展的有机结合,可以培养更具创新力、独立思考力和实践能力的新一代人才。这样的人才不仅具备专业知识,更能在面对未知和复杂的挑战时展现出独特的魅力,为社会的发展做出更大的贡献。因此,学生自主学习和个性发展不仅是学校教育的重要任务,更是塑造未来人才的关键路径。

二、学生参与学校管理的机会

学生参与学校管理是一种推崇学生主体性、培养学生领导力和责任心的重要举措。通过提供学生参与学校管理的机会,不仅能够有效地促进学校的良性运作,更有助于培养学生的综合素养和团队协作精神。本书将探讨学生参与学校管理的机会,包括其定义、意义、具体机制以及实施过程中可能面临的挑战,并提出一些建议,以促进学生更积极地参与学校管理。

(一)学生参与学校管理的定义与意义

1.学生参与学校管理的定义

学生参与学校管理是指学生在学校运作中担任一定角色,参与决策、规划、组织和管理学校事务的过程。包括学生代表、学生会、班级委员等形式,旨在使学生能够在学校事务中发挥积极作用。

2.学生参与学校管理的意义

培养领导力：学生参与学校管理可以培养学生的领导力。通过担任学生会主席、班级干部等职务，学生能够锻炼领导团队、协调资源和解决问题的能力。

增强责任心：学生参与学校管理有助于增强学生的责任心。担任管理职务的学生需要对学校事务负责，有助于培养他们的责任感和使命感。

提升综合素养：学生参与学校管理涉及各个方面的工作，如组织活动、协调师生关系等，有助于提升学生的综合素养，使他们在多方面都能够有所收获。

促进民主意识：学生参与学校管理有助于促进学生的民主意识。学生通过参与决策过程，体验到了解决问题的民主方式，从而培养出民主思维。

改善校园氛围：学生参与学校管理可以改善校园氛围。学生了解学生的需求，更好地代表学生群体的利益，推动学校发展，使校园更加和谐。

（二）学生参与学校管理的具体机制

学生会与学生代表：学生会是学生组织中常见的形式，由学生选举产生，负责组织和协调校内各类活动。学生代表则可以通过班级选举，参与学校事务的决策和管理。

班级委员会：班级委员会是班级内部的管理组织，由学生代表担任，负责班级内部的组织协调工作，例如，组织班级活动、解决同学之间的问题等。

学生参与决策机构：学校可以设立专门的学生参与决策机构，让学生代表参与学校的决策过程，如学校发展规划、重大决策等。

课外活动组织：学生可以通过参与各类课外活动组织，如文艺社团、体育俱乐部等，担任组织者或领导者的角色，锻炼自己的管理能力。

学生参与教育研讨：学生可以参与学校的教育研讨，与教师一同探讨课程设置、教学方法等问题，为提升教学质量提供学生的观点和建议。

（三）学生参与学校管理的实施过程中的挑战

学生参与度不高：一些学生可能对学校管理事务缺乏兴趣或信心，导致学生参与度不高。这可能与学生对学校事务认知不足、对自身能力缺乏信心等因素有关。

管理层与学生之间的沟通障碍：学生和学校管理层之间的沟通不畅，可能导致学生的需求难以被及时了解，也使学校的政策难以被学生理解和接受。

管理责任划分困难：学生参与学校管理需要明确的责任划分，但有时可能由于管理体制不完善，导致学生在管理中难以发挥作用，责任划分不明确。

学生管理者的经验不足：一些学生管理者可能缺乏实际管理经验，面对一些复杂的学校事务可能无法有效应对，需要更多的培训和支持。

学生代表的代表性问题：学生代表可能面临代表性不足的问题。有时候，学生代表未必能充分代表学生群体的声音，可能只代表了特定群体或兴趣小团体的观点，这就需要学校设立更加全面、多元的机制，确保所有学生的声音都被充分考虑。

学生权益保障问题：在学生参与学校管理中，保障学生的权益是一项重要的任务。有时学生可能因为参与管理而面临权益受损的担忧，这就需要建立完善的制度来保障学生在参与管理中的权益。

（四）促进学生积极参与学校管理的策略

1. 提高学生参与的吸引力

设立奖励机制：学校可以设立参与学校管理的奖励机制，鼓励学生积极参与。奖励可以包括荣誉证书、奖学金、学分等，提高学生的积极性。

组织丰富多彩的活动：学校可以组织各种有趣的、具有挑战性的活动，引导学生参与其中。通过参与活动，学生更容易感受到参与的意义和成就感。

2. 加强学校与学生的沟通

设立定期沟通渠道：学校可以设立定期的学生代表与学校管理层的沟通渠道，使学生代表能够及时反馈学生的意见和需求，促进学生与管理层的直接对话。

利用信息化手段：利用信息化手段，如，建立学生反馈平台、在线问卷调查等，方便学生随时随地提出建议和意见，加强学校与学生的互动。

3. 加强学生培训与提升

举办学生管理培训课程：学校可以定期组织学生管理培训课程，提高学生管理者的管理水平和组织能力，使其更好地履行管理职责。

邀请专业人士指导：学校可以邀请专业的管理人士或心理辅导专家，为学生提供指导和培训，帮助他们更好地理解管理工作的要点。

4. 创造更多的参与机会

设立学生参与决策机构：学校可以设立专门的学生参与决策机构，确保学生代表在学校重大决策中有更多的发言权,真正实现学生参与学校管理的目的。

丰富课外活动:学校可以加大对各类课外活动的支持力度,鼓励学生参与学科竞赛、社会实践等活动,提供更多机会,锻炼学生的领导和组织能力。

5.建立学生权益保障机制

建立学生权益保障小组:学校可以设立学生权益保障小组,负责监督学校的决策是否影响到学生权益,及时提出改进建议。

制定学生权益保障政策:学校可以制定明确的学生权益保障政策,规定学生在参与管理中享有的权利和保障措施,为学生提供政策支持。

学生参与学校管理是学校民主管理的一项重要举措,对培养学生的综合素质、提高学校的管理水平都具有积极意义。通过提供多样化、有吸引力的机会,加强学校与学生的沟通,加强学生培训与提升,创设更多的参与机会,建立学生权益保障机制等策略,可以促使学生更积极地参与学校管理,为学校的发展注入新的活力。学生参与学校管理不仅是学生自身成长的机会,更是促进学校共同体建设的重要环节。

三、鼓励学生创新创业与实践

创新创业与实践是当今社会发展的关键驱动力之一,也是培养学生综合素质和适应未来社会需求的重要途径之一。本书将深入探讨鼓励学生创新创业与实践的意义、方法、策略,以及相关挑战和对策。

(一)鼓励学生创新创业与实践的意义

培养创新精神:鼓励学生进行创新创业与实践,能够培养其创新精神,使其具备面对未知、解决问题的能力。有助于学生在未来职业生涯中更好地应对各种挑战。

提高实际操作能力:创新创业与实践是理论与实际相结合的过程,能够帮助学生将所学知识应用于实际,提高实际操作和问题解决的能力。

培养团队协作精神:创新和创业往往需要团队的共同努力,鼓励学生参与实践项目,可以培养他们的团队协作精神,学会在协同工作中实现个体价值。

促进职业规划:创新创业与实践是学生了解不同职业领域的机会和挑战的途径,有助于他们更清晰地制定职业规划,找到自己感兴趣的方向。

培养独立思考能力：在创新创业与实践中，学生需要独立思考、主动解决问题。有助于培养他们的独立思考和判断能力，提高应对复杂情境的能力。

（二）鼓励学生创新创业与实践的方法

提供创业课程：学校可以设置创新创业相关的课程，包括创业管理、商业计划书撰写、市场营销等，以帮助学生系统地学习和掌握创业所需的知识和技能。

支持创业实验室：学校可以设立创业实验室，提供必要的资源和支持，让学生能够在实践中尝试创意和创业想法，加速项目的孵化和发展。

鼓励创新科研：学校可以鼓励学生参与创新科研项目，提供资金支持和导师指导，使学生有机会将创新想法付诸实践，推动科技创新。

创业导师制度：学校可以建立创业导师制度，邀请成功的企业家或行业专家担任学生的创业导师，提供实际经验和专业指导。

举办创业竞赛：学校可以组织创业竞赛，设立奖项鼓励学生提交创意项目和创业计划。这既是对学生创新能力的考验，也是激发创业热情的有效途径。

提供创业基金：学校可以设立创业基金，为有创业梦想的学生提供启动资金和支持，帮助他们更好地实现创业梦想。

（三）鼓励学生创新创业与实践的策略

融入实践项目于课程中：将实践项目融入学科课程中，使学生在课程学习的同时，能够实际应用所学知识，培养实际动手的能力。

建立校外实习渠道：学校可以与企业、研究机构建立合作关系，提供学生参与实际项目的实习机会，让他们在真实的工作环境中学到更多。

制定创新创业教育计划：学校可以制定全面的创新创业教育计划，明确培养目标、课程设置、实践环节等，确保学生在校期间有系统地培训。

设立创新中心：学校可以设立创新中心，为学生提供创新资源、创业辅导、项目孵化等服务，成为学生创新创业的有力支持。

强化团队合作：在创新创业项目中强调团队合作，培养学生的团队精神和协作能力。鼓励学生在团队中共同探讨问题、解决难题。

（四）鼓励学生创新创业与实践中的挑战与对策

缺乏资源支持：学生在创新创业与实践过程中，可能面临缺乏资金、设备和技术支持的问题。为应对这一挑战，学校可以通过建立合作关系、设立创业基金等方式，提供更多的资源支持。此外，引导学生善于利用现有资源，发掘创新机会，也是培养学生创业能力的一种途径。

缺乏实践经验：初次涉足创新创业领域的学生可能缺乏实际经验，不清楚从何入手。学校可以通过提供实践机会、导师指导、行业实习等方式，帮助学生积累实践经验，降低他们在创业过程中的风险。

市场风险和不确定性：创新创业涉及市场风险和不确定性，对于学生而言可能会感到担忧。学校可以通过开设相关课程，邀请企业家分享经验，使学生更好地了解市场机制和风险管理策略。

学科知识和实践技能的融合难度：学生可能在学科知识和实践技能融合方面遇到困难，需要学会如何将所学知识应用于实际问题的解决。学校可以通过开设专门的实践课程、提供导师指导等方式，帮助学生更好地进行知识与实践的结合。

成功案例的缺乏：对于学生而言，缺乏成功的创业案例可能会影响其创业信心。学校可以积极宣传校友或其他成功人士的创业故事，鼓励学生通过学习他人的经验教训来更好地规划创业道路。

鼓励学生创新创业与实践是培养未来社会所需人才的重要途径，具有重要的意义。学校应通过制定创新创业教育计划、提供资源支持、设立实践平台等方式，为学生提供更多参与创新创业与实践的机会。同时，面对相关挑战，学校需要精心设计培训方案，提供多层次的支持，以确保学生在创新创业与实践中能够充分发挥自己的潜力，为未来职业生涯奠定坚实的基础。通过学校的积极引导和支持，学生将更有信心、能力去迎接未来社会中的创新挑战。

第六节 管教结合，促进大学生个性发展

一、管教理念的转变与个性发展

在教育领域，父母和教育者的管教理念对于孩子和学生的个性发展至关重要。传统上，严厉的管教方式往往强调规矩和纪律，而随着社会的变迁和心理学研究的深入，越来越多的人开始关注温和、理解式的管教理念。本书将探讨管教理念的转变对个性发展的影响，以及如何在教育中实现更加全面的个性发展。

（一）传统管教与现代管教理念的对比

1. 传统管教理念

传统的管教理念往往以严厉、强制为主导，侧重于规则的执行和纪律的维护。这种理念通常采用惩罚为手段，强调孩子或学生对权威的绝对服从。家长和教育者常常在这种体制下，通过限制和控制来确保孩子或学生遵守社会规范。

2. 现代管教理念

现代管教理念更加注重个体的理解、尊重和关怀。这种理念强调合理的沟通、建立亲密的关系，使孩子或学生在更宽松的环境中自由表达和发展。现代管教者更倾向于使用正激励，鼓励积极行为，注重培养孩子或学生的自主性和责任感。

（二）管教理念的转变对个性发展的影响

1. 个性发展的多样性

现代管教理念强调个体差异的尊重和接纳，更注重发展孩子或学生的独特个性。与传统理念相比，现代管教更倾向于激发个体的潜能，鼓励他们在兴趣和天赋方面发展。

2. 自主性与责任感的培养

传统管教往往将责任感建立在权威的基础上，通过强制性的规则来促使孩子或学生遵守。而现代管教更注重培养自主性和内在的责任感，通过与孩子或学生的平等沟通，激发他们对学业和生活的主动参与和责任心。

3. 情商和社交技能的培养

现代管教强调情商的培养,注重培养孩子或学生的社交技能。通过与他们建立良好的关系,教育者可以更好地引导他们发展积极的人际关系,增强沟通能力,为将来的职业和生活做好准备。

4. 创造性思维的激发

传统的教育体系通常注重规范化的学习和考试,对学生的创造性思维发展可能存在一定限制。而现代管教更注重培养创造性思维,鼓励孩子或学生独立思考、创新,使其在解决问题和面对挑战时更具有创造性和灵活性。

5. 心理健康的维护

现代管教更注重学生的心理健康,强调情感的表达和情感的认知。通过理解学生的情感需求,建立更加亲密的师生或家长子女关系,有助于降低学生的心理压力,促进其身心健康的全面发展。

(三)实现更全面个性发展的策略

1. 建立积极的师生或家长子女关系

师生或家长子女关系是影响个性发展的关键因素之一。建立积极的关系有助于学生或孩子更好地理解自己,获得更多的支持和指导。教育者应尽量减少权威的表现,与学生或孩子平等沟通,关心他们的需求和感受。

2. 引导而非强迫

在教育过程中,采用引导而非强迫的方式对于个性发展至关重要。教育者可以通过提问、讨论、激发兴趣等方式,引导学生或孩子自主思考和行动。这样的方式有助于培养他们的独立性和解决问题的能力。

3. 提供丰富的学习资源

提供丰富多样的学习资源,包括图书、网络资源、实践活动等,可以满足学生或孩子个性化的学习需求。不同的学科和领域都能为他们提供发展的空间,帮助他们更好地发现兴趣点和潜能。

4. 倡导情商教育

情商教育是培养学生或孩子情感智力的一种教育方式。通过情商教育,可以使他们更好地理解自己和他人的情感,学会积极应对生活中的各种情绪。教育者可以通过情感课程、心理辅导等方式,引导学生或孩子更好地处理情感问题,提升其情商水平。

5. 鼓励自主学习和探索

鼓励学生或孩子进行自主学习和探索,是培养其个性发展的有效途径。提供一些开放性的问题,引导他们主动获取知识,培养独立思考和解决问题的能力。这样的学习方式能够更好地满足个体的学习兴趣和需求。

6. 提供多元评价体系

传统的评价体系往往过于注重学科知识的量化评估,而现代教育更倾向于多元化的评价方式。除了学科知识,还可以通过项目作品、社会实践、团队协作等方面的表现来全面评价学生的个性发展。有助于学生更好地展示其多方面的才能和潜力。

7. 建立学生参与决策的机制

为学生提供参与决策的机会,使其在学校或家庭中的事务中能够发表意见和建议。这种参与决策的机制可以培养学生的领导力、团队协作和责任心,有利于其个性的全面发展。

8. 提供心理支持和咨询服务

个性发展可能伴随着一些情感、心理上的困扰。提供心理支持和咨询服务,使学生或孩子能够更好地应对压力、解决情感问题,有助于他们更健康、更积极地成长。

(四)应对转变中可能面临的挑战

1. 社会期望和压力

在传统的文化背景下,社会对于学生或孩子的期望可能过于功利化,过度强调成绩和规范。教育者需要引导学生或孩子理解个性发展的重要性,帮助他们树立积极、健康的人生观。

2. 家长教育观念的转变

家长在孩子个性发展中发挥着至关重要的作用。然而,由于家长的教育观念可能受传统观念的影响,理念的转变可能面临一定的阻力。因此,教育者需要通过家校合作、家长培训等方式,逐步推动家长教育观念的转变。

3. 个体差异的应对

个体差异是个性发展中的常态，学生或孩子都有其独特的发展轨迹。教育者需要充分理解并尊重这些差异，制定灵活多样的教育方案，确保每个个体都能够得到充分的关注和支持。

4. 教育体制的改革

教育体制的改革是个性发展需要面对的一项重要任务。在传统的教育体制下，注重标准化的评估和内容传递，往往难以满足学生个性发展的多样性需求。为了更好地促进个性发展，教育体制需要更加灵活和包容，提供更多元的教学方式和评价标准。可能需要涉及政策制定、课程设计和教育资源分配等方面的全面改革。

5. 教育者专业发展

教育者在引导个性发展方面需要具备更多的专业知识和技能。他们需要深入了解心理学、教育学等相关领域的最新研究成果，不断提升专业水平。学校和教育机构可以通过提供专业培训和支持，帮助教育者更好地适应新的教育理念。

管教理念的转变与个性发展之间存在着紧密的关系。现代社会对于学生和孩子的要求，已经不仅仅是培养出色的学科知识，更注重其综合素质和个性特点的发展。在管教理念的转变中，注重尊重、理解和引导，使个性发展能够更加全面、积极地展现。通过建立积极的师生和家长关系，引导学生自主学习和探索，提供多元的学习资源，实施全面评价体系等策略，教育者和教育机构能够更好地支持个性发展的实现。有助于培养更具创造力、适应力和社会责任感的新一代人才，推动教育朝着更加人本、全面的方向发展。

二、管教模式创新与大学生素质培养

大学生素质培养是高等教育的核心任务之一。而传统的管教模式在这一过程中显得逐渐滞后，亟待创新。本书将深入探讨管教模式创新对大学生素质培养的意义、创新的方式方法，以及可能面临的挑战和对策。

（一）传统管教模式的问题

1. 严厉教育模式的弊端

传统的管教模式往往偏向于严厉、强制性，以规则和纪律为主导。这种模式在培养学生素质方面存在一些弊端，导致学生在过于严格的环境中缺乏创新力和自主性。

2. 缺乏个性化关怀

传统的管理方式较为集中在规则和纪律的执行上，缺乏对个体差异的关注。可能导致学生在发展过程中感受不到个性化的关怀和引导，影响其全面素质的培养。

3. 少数学科导向教育

传统模式下，过于注重学科知识传授，而忽视了综合素质的培养。大学生仅通过课堂学习难以全面发展，需要更多注重实践和创新的管教方式。

（二）管教模式创新的意义

1. 个性化关怀与引导

管教模式的创新可以更好地实现对学生的个性化关怀与引导。通过了解每个学生的兴趣、优势和需求，教育者能够更有针对性地制定培养计划，帮助他们更好地发展自身潜力。

2. 创造性思维与实践能力的培养

新型的管教模式可以更加注重创造性思维和实践能力的培养。通过引入更多的实践性教学、项目研究等方式，激发学生的创新潜力，培养解决实际问题的能力。

3. 全面素质的发展

创新的管教模式有助于实现学生全面素质的发展，包括但不限于学科知识、专业技能、创新思维、团队协作等。这样的全面素质更符合当今社会对人才的需求。

4. 培养自主学习能力

通过创新的管教模式，可以培养学生的自主学习能力。鼓励学生主动参与学科研究、社会实践等活动，培养他们对知识的主动获取和应用能力。

（三）管教模式创新的方式与方法

1. 引入导师制度

建立导师制度，每位学生配备一个专业导师，进行个性化指导和辅导。导师可以通过定期面谈、学术指导等方式，更好地了解学生的发展需求，提供针对性的培养计划。

2. 实践性教学

加强实践性教学，引入实际项目、实验课程等，让学生在实践中学习，提高他们的实际操作能力和解决问题的能力。

3. 课程设置创新

创新课程设置，引入跨学科的课程和项目，促使学生在不同领域进行交叉学科的学习，培养他们的创新思维和综合能力。

4. 学科竞赛和项目实践

鼓励学生参与学科竞赛和项目实践，提供丰富多彩的实践机会，培养他们的团队协作精神、创新能力和实际问题解决的技能。

5. 引入教育技术

应用教育技术手段，借助在线学习、虚拟实验室等资源，提供更灵活、多样的学习途径，满足学生个性化学习的需求。

（四）创新中可能面临的挑战与对策

1. 传统观念的转变

面对传统教育观念的转变可能会遇到一定的阻力，需要通过宣传教育和示范引导等方式，逐渐改变人们对于传统教育的认知。

2. 资源投入的问题

创新的管教模式通常需要更多的人力、物力和财力投入。学校和教育机构需要调动更多资源，制定合理的投入计划，确保创新模式的实施。

3. 教育者的专业发展

创新模式要求教育者具备更多的跨学科知识和教学技能。提供教育者专业发展的机会，包括参与培训、学术研讨会和教育技术的应用培训，提高他们适应新教育理念的能力。

4. 学生适应期的挑战

学生对于新的管教模式可能需要一定的适应期，尤其是在个性化关怀、自主学习方面。学校可以通过逐步引入新模式、提供学术和心理支持服务，帮助学生顺利适应新的学习环境。

5. 评估与认可体系的建设

创新的管教模式需要有相应的评估与认可体系，确保学生的全面素质得到有效培养。建设科学合理的评价机制，包括定期的综合评估、实践能力测试等，确保学生在各个方面都得到了充分的培养。

管教模式的创新与大学生素质培养密切相关，是推动高等教育不断发展的重要方向。通过引入导师制度、实践性教学、创新课程、教育技术等创新手段，可以更好地满足学生个性化的需求，培养他们的创新能力、实践能力和全面素质。然而，创新中可能面临的挑战需要学校、教育机构以及教育者共同努力，建设科学的评估与认可体系，提供支持教育者专业发展的机制，促使学生顺利适应新的学习环境。在这个过程中，不断总结经验、进行评估与调整，是持续推动管教模式创新与大学生素质培养的有效途径。通过全社会的共同努力，我们有望迎来更为灵活、个性化、富有创新力的高等教育体系，为培养更具综合素质的人才奠定坚实基础。

三、大学生发展评价与个性特长培养

大学生的发展评价与个性特长培养是高等教育中一个至关重要的议题。传统的学科知识评价往往难以全面反映学生的潜力和个性特长。本书将深入探讨大学生发展评价的重要性，以及如何结合个性特长培养，为大学生提供更全面的发展路径。

（一）大学生发展评价的重要性

1. 全面素质的培养

传统的学科知识评价过于侧重学科基础，而现代社会对人才的需求更加强调全面素质。大学生发展评价需要包括学科知识、实践能力、创新能力、人际沟通等考量，以培养更具综合素质的人才。

2. 个性发展的关注

每个大学生都是独特的个体，其个性特长和发展潜力也各异。发展评价应更加关注个性发展，激发学生的兴趣和潜能，引导他们更好地发展自身个性。

3. 职业规划与竞争力提升

大学生发展评价的结果将直接关系到其职业规划和未来竞争力。全面的发展评价可以帮助学生更清晰地认识自己，有助于为未来的职业发展制定更明确的目标和计划。

4. 社会责任感的培养

现代社会需要具备社会责任感的人才，大学生发展评价应当关注学生在社会实践、公益活动等表现，培养其社会责任感和公民意识。

（二）大学生发展评价的指标体系

1. 学科知识水平

学科知识水平是大学生成绩评价的重要组成部分，但不应局限于学科基础，还应关注学科拓展、跨学科综合能力等方面。

2. 实践能力与创新能力

评价应当注重学生的实践能力和创新能力，包括解决实际问题能力、创造性思维、独立研究等表现。

3. 人际沟通与团队协作

社会需求越来越强调团队协作和人际沟通能力。发展评价体系应包括学生在团队中的角色扮演、协作能力、有效沟通等方面的评估。

4. 个性特长和兴趣发展

评价应关注学生的个性特长和兴趣发展，包括艺术、体育、科研等方面的表现。个性特长的培养有助于激发学生的自信心和创造力。

5. 社会实践和公益参与

社会实践和公益活动的参与度是培养学生社会责任感的有效途径，发展评价应该关注学生在这些方面的积极参与和贡献。

（三）个性特长培养的策略与方法

1. 制定个性发展规划

学校可以鼓励学生在入学初制定个性发展规划，明确自己的兴趣爱好、潜力和发展方向。规划可以包括学科选择、实践活动参与、个性特长培养等。

2. 提供多元化培养资源

学校应提供多元化的培养资源，包括各类社团、实验室、艺术团队等，以满足学生个性特长的培养需求。资源的多样性有助于激发学生的兴趣和潜力。

3. 鼓励跨学科学习

促使学生进行跨学科的学习和实践，可以培养其综合素质。学校可以设立跨学科项目或开设相关课程，引导学生在不同领域进行学科交叉。

4. 设立个性特长导师

为学生配备个性特长导师，由导师指导学生的个性发展和特长培养。导师可以根据学生的特点和兴趣，提供个性化的建议和引导。

5. 提供公益实践机会

学校可以建立公益实践平台，鼓励学生参与社会服务、志愿活动等，培养其社会责任感和团队协作能力。

（四）发展评价与个性特长培养的整合

1. 建立全面评价体系

发展评价应当建立全面的评价体系，包括学科知识水平、实践能力、创新能力、个性特长等。评价指标应具有权衡性，避免过于偏重某一方面而忽视其他重要方面。

2. 制定个性特长发展计划

发展评价的结果可以作为学生个性特长发展的参考依据。学校可以根据评价结果，与学生共同制定个性特长发展计划，明确培养目标和路径。

3. 个性特长的评估和认可

学校应建立个性特长的评估和认可机制，将个性特长纳入到学生学业成绩的评价范围。有助于激励学生更加积极地参与个性特长的培养。

4. 提供支持和资源

学校应该为个性特长培养提供支持和必要的资源。包括但不限于提供专业的导师指导、开设相关的课程、提供实践平台等，以促进学生个性特长的发展。

5. 引导学生进行自我反思

发展评价与个性特长培养需要与学生建立密切的互动关系。通过引导学生进行自我反思，了解自己的优势和劣势，有助于更有针对性地推动个性特长的培养。

（五）面临的挑战与对策

1. 评价体系的建设

建立全面的评价体系是一个复杂而系统性的任务。学校需要投入足够的资源和时间，综合考虑各方面因素，建设科学合理的评价体系。

2. 学生认知与配合度

学生对于发展评价与个性特长培养的认知程度可能存在差异，部分学生可能更关注学科成绩，较难理解个性特长的培养价值。学校需要通过教育宣传和个性发展指导，提高学生对于综合评价的认知度。

3. 教育者的专业发展

教育者需要具备更多的跨学科知识和个性特长培养的指导能力。学校可以通过提供专业培训、组织教育者交流等方式，帮助教育者更好地适应新的教育理念。

4. 社会认可度

个性特长培养的成果需要得到社会的认可，包括企业用人单位、研究机构等。学校可以与社会各界建立紧密联系，推动社会对个性特长培养价值的认可。

5. 个性特长培养资源的分配

个性特长培养需要更多的资源投入，包括导师、实践平台、设备设施等。学校需要在资源分配上做出合理规划，确保学生都能够得到充分的支持。

大学生发展评价与个性特长培养是高等教育中的重要任务，对于培养具有综合素质和创新能力的人才至关重要。通过建立全面的评价体系，制定科学的培养计划，提供个性化的支持与资源等方式，学校可以更好地引导学生全面发展。在这个过程中，需要学校、教育者、学生及社会共同努力，建设更加灵活、个性化的教育体系，为培养更具创造力和实践能力的新一代人才奠定坚实基础。

第六章 高校校园文化的作用与功能

第一节 高校校园文化对学校发展的推动作用

一、校园文化对学校品牌建设的影响

校园文化是学校的灵魂和特色,直接影响着学校的品牌建设。学校品牌的形成和发展不仅依赖于硬性的硬件设施和学术实力,同样需要校园文化的独特魅力来吸引关注、塑造认知。本书将深入探讨校园文化对学校品牌建设的影响,分析其作用机制和实施策略。

(一)校园文化与学校品牌的关系

1.定义校园文化

校园文化是指学校内部形成的一种独特的、共同的价值观念、行为规范、社会习惯以及学校精神风貌的总和。贯穿于学校的方方面面,涵盖了学术氛围、学生活动、师生关系等层面。

2.学校品牌的内涵

学校品牌是学校形象的代名词,它包含了学校的办学理念、教学质量、师资力量、校园设施等方方面面的元素。品牌是学校在社会认知中的标志,决定了学校在学生、家长、社会中的地位和声望。

3.校园文化与学校品牌的关系

校园文化直接塑造了学校的品牌形象。学校品牌要想取得市场认可,不仅需要在硬性条件上有所建设,更需要通过校园文化来传递学校的核心价值观,形成独特的品牌。

（二）校园文化对学校品牌建设的积极影响

1. 塑造独特性

每所学校都有其独特的校园文化，反映了学校的历史传统、办学理念、地域文化等方面的特色。通过突显校园文化，学校能够在众多高校中脱颖而出，形成独特的品牌形象。

2. 提升知名度

具有鲜明校园文化的学校更容易在社会上引起关注，吸引媒体报道和社会话题。通过校园文化的传播，学校的知名度得以提升，有助于树立积极的品牌形象。

3. 吸引优秀师生

学校品牌建设不仅关系到外部认知，也影响着内部资源的吸引。通过优秀的校园文化塑造，学校能够更容易吸引到优秀的师资和学生群体，为学校的长期发展提供强大支持。

4. 形成良好的师生关系

积极的校园文化有助于构建良好的师生关系。和谐的师生关系是学校品牌的一部分，能够影响学生的学习体验，提升他们对学校的认同感和忠诚度。

5. 传递核心价值观

学校品牌的核心在于其价值观念，而校园文化是价值观念的具体体现。通过校园文化的宣传，学校能够向外部社会传递其独特的办学理念、人才培养目标等核心价值观。

（三）校园文化对学校品牌建设的实施策略

1. 校园文化建设的前期规划

在校园文化建设的初期，学校需要制定明确的规划，明确学校的核心价值观和文化定位。规划应充分考虑学校的历史、地域、人才培养目标等因素，确保校园文化的建设方向与学校品牌定位相契合。

2. 校园文化的形象宣传

通过媒体和社交平台，对校园文化进行形象宣传，让更多人了解学校的独特魅力。可以包括制作校园文化宣传片、推出校园文化主题活动、发布校园文化特色文章等手段。通过各种渠道的宣传，学校的校园文化将更广泛地为社会所知。

3. 引入艺术元素与活动设计

艺术元素和文化活动是校园文化的生动表现。学校可以通过引入艺术元素，如校园雕塑、文化墙画等，为校园注入独特的艺术氛围。同时，组织多样化的文化活动，如文艺晚会、文化节、主题讲座等，丰富学生校园生活，激发他们的创造力和参与感。

4. 建设校园文化平台

学校可以建设专门的校园文化平台，通过官方网站、社交媒体等途径展示学校的校园文化。在这个平台上，可以发布有关学校历史、特色活动、师生风采的内容，进一步弘扬校园文化。

5. 加强与校友的互动

校友是学校品牌建设的重要支持者。通过加强与校友的互动，让他们更深入地了解学校的发展和校园文化，也为他们提供机会积极参与学校的品牌建设。校友的支持和参与将成为学校品牌发展的有力推动力。

6. 建立文化特色项目

学校可以打造一些独特文化特色的项目，如特色课程、独家研究项目、社会实践活动等。这些项目将成为学校品牌的有力代表，突显学校的教育理念和办学特色。

7. 加强内外部交流合作

积极参与国际、国内等各类交流合作，将学校的校园文化传播至更广泛的范围。与其他高校、企业、文化机构等建立合作关系，通过交流合作活动将学校独有的文化价值输出，进一步扩大学校品牌的影响力。

（四）面临的挑战与对策

1. 校园文化建设的一致性

学校在校园文化建设中需要保持一致性，避免出现内外部不一致的情况。建设过程中需要充分吸纳师生的意见，确保校园文化的内涵与外在表现一致，形成真实、可信的品牌形象。

2. 校园文化的可持续发展

校园文化的可持续发展需要学校保持创新力和活力。制定长期规划，结合学校发展阶段，及时调整和更新校园文化建设方向，确保与时俱进，不断适应社会的变化。

3. 校园文化传播的深入度

校园文化的传播需要深入到更广泛的社会层面。学校可以利用新媒体、社交媒体等现代传播手段，提升校园文化传播的深入度和广度，确保更多人能够深刻理解学校的文化内涵。

4. 外部环境的影响

外部环境的变化会对学校品牌产生影响。面对外部环境的不确定性，学校需要灵活调整品牌策略，及时回应社会关切，确保校园文化建设与社会需求保持一致。

校园文化作为学校的独特标志，直接影响着学校品牌的建设。通过塑造独特性、提升知名度、吸引优秀师生等积极影响，校园文化为学校品牌建设提供了有力支持。学校应注重校园文化建设的前期规划，通过宣传推广、艺术元素引入等手段，将校园文化生动地呈现给外界。在面对挑战时，学校需要保持一致性、注重可持续发展、深入推进文化传播，以应对外部环境的变化，确保学校品牌建设在不断发展中保持活力。通过这样的努力，学校将更好地展示独特魅力，塑造积极向上的品牌形象。

二、校园文化与学校社会形象的传播

校园文化是学校的精神灵魂，承载着学校的特有氛围和核心价值观。学校社会形象的传播，不仅涉及硬性指标如学术实力、设施条件，更需要通过校园文化的传播来展现学校的独特魅力和核心理念。本书将深入探讨校园文化与学校社会形象传播的关系，分析其互动作用和实施策略。

（一）校园文化对学校社会形象的塑造

1. 定义校园文化

校园文化是学校内部形成的一种共同的、独特的文化氛围，包括学校的历史传统、核心价值观、师生相处方式、学风建设等。它体现了学校的个性和魅力。

2. 学校社会形象的涵义

学校社会形象是指学校在社会大众心目中的形象和印象。这包括学校的学术声誉、师资力量、办学理念、学科特色等多个方面,是学校在社会中的认知和评价。

3. 校园文化塑造社会形象的作用

形象独特性:校园文化通过展现学校的独特性,使其在众多高校中脱颖而出,形成独特的品牌形象。

价值观传递:学校社会形象的塑造离不开价值观的传递,而校园文化是这一传递的载体,通过文化活动、精神内涵等方面,传达学校的核心价值观。

吸引优秀资源:具有独特校园文化的学校更容易吸引优秀的师生,形成积极向上的师资力量和学术氛围,从而推动学校社会形象的提升。

4. 校园文化的具体表现

学术氛围:体现在学校的教学科研活动中,包括学术讲座、学术研究成果的发布等。

学风建设:反映在学生学习态度、创新能力、团队协作等方面,体现学校的教育理念和育人目标。

校园活动:如文艺演出、体育赛事、社会实践等,展现学校丰富多彩的校园生活。

(二)校园文化对学校社会形象传播的影响机制

1. 形成统一的视觉形象

通过统一的视觉形象,包括校园标识、校训标语、校园景观设计等,使校园文化在视觉上形成一体,提高社会形象的识别度。

2. 通过故事叙述传递核心理念

通过校园文化中蕴含的故事、传说,以及通过宣传手段进行的故事叙述,有效传递学校的核心理念和办学宗旨。

3. 培养品牌大使

通过培养具有代表性的品牌大使,如优秀的校友、知名教授等,作为学校形象的代表,通过其影响力为学校社会形象传播提供有力支持。

4. 制定品牌传播策略

校园文化的传播需要有计划、有策略地进行。制定品牌传播策略,包括宣传材料的制作、社交媒体的运营、线上线下活动的组织等方面,确保信息传播的一致性和广泛性。

5. 创造互动平台

搭建互动平台,包括学校官方网站、社交媒体平台等,为师生、校友及外部社会提供了解学校校园文化的机会。通过互动,形成对话式传播,提高信息传递的效果。

(三)校园文化与学校社会形象传播的实施策略

1. 制定校园文化发展规划

学校应制定校园文化发展规划,明确文化建设的目标、定位和重点方向。规划需要综合考虑学校的历史、地域、人才培养目标等因素,确保文化建设与学校整体发展相一致。

2. 加强校园文化宣传

通过各类媒体和宣传手段,加强对校园文化的宣传。可以通过制作宣传片、发布校园文化特色文章、组织主题活动等方式,提高社会对校园文化的认知度。

3. 设计有吸引力的校园文化活动

安排富有创意和吸引力的校园文化活动,如文艺晚会、音乐节、艺术展览等。这些活动不仅可以增强师生的归属感,也能吸引外部人士参与,提升校园文化在社会中的影响力。

4. 利用数字化媒体传播校园文化

在数字化时代,利用互联网和社交媒体平台,进行校园文化的传播至关重要。学校可以创建官方网站,定期发布有关校园文化的信息。同时,积极运用社交媒体平台,通过微博、微信、抖音等传递校园文化的魅力,拉近与社会公众的距离。

5. 强化校园文化的数字化展示

在校园内设立数字展览馆或虚拟校园文化馆,通过多媒体手段展示学校的历史、特色、优秀校友等信息。这样的展示形式既能够吸引学生更好地了解校园文化,也能让外部人士更直观地感受学校的独特魅力。

6. 加强校园文化的国际传播

面向国际社会，学校可以加强校园文化的国际传播。通过国际学术交流、文化交流等方式，向世界传递学校的特色和魅力，提高学校在国际上的声誉。

7. 建设校园文化体验项目

为外部人士提供校园参观、文化体验项目，让他们更深入地了解学校的文化内涵。这可以包括开放日活动、校园导览服务等，让访客亲身感受学校的校园文化。

8. 培养校园文化的代表性符号

创建具有代表性的校园文化符号，例如，校训、校歌、校徽等。这些符号可以成为学校的形象代表，通过它们传递学校的核心价值观。

（四）面临的挑战与对策

1. 信息传播的一致性难保障

面对社会形象传播，信息的一致性至关重要。学校需要建立科学的信息传播管理体系，确保发布的信息一致、准确、真实，避免信息传递上的混乱。

2. 社会变迁对校园文化的影响

社会环境的变迁可能对校园文化产生一定影响，学校需要保持对社会动态的敏感性，及时调整校园文化的表达方式，确保其与时俱进。

3. 校园文化宣传的新媒体风险

新媒体为校园文化传播提供了更多的渠道，但也带来了信息传播的风险。学校需要加强新媒体宣传的监管与管理，防范不实信息和舆情风险。

4. 跨文化传播的挑战

在国际化的传播中，可能涉及不同文化背景的理解和接受。学校需要进行跨文化传播的专业化培训，确保信息在不同文化中能够准确传达学校的意图。

校园文化与学校社会形象的传播是一项复杂而重要的工作。通过制定明确的发展规划、加强校园文化的数字化宣传、设计有吸引力的校园文化活动等策略，学校可以更好地传递自身的特色和核心价值观，提升社会形象的认知度和好感度。在面对挑战时，学校需要灵活应对，注重信息传播的一致性和真实性，确保校园文化与社会形象的传播取得更好的效果。通过不懈努力，学校将更好地展示独特魅力，吸引更多优秀的师生和社会资源，推动学校的长远发展。

三、文化对学术研究与创新的激发

文化是人类社会的精神基石,对学术研究与创新有着深远的影响。文化既包含了传统的价值观、信仰和习俗,也涵盖了当代社会的思潮、艺术表达和科技发展。本书将探讨文化对学术研究与创新的激发作用,分析文化与学术创新之间的互动机制,以及如何在不同文化背景下推动更具活力和创造性的学术研究。

(一)文化对学术研究的激发作用

1. 形塑学术思维模式

文化为学术研究提供了思考的框架和思维模式。不同文化传统中的哲学观念、逻辑方式和知识体系,影响着学者的学术思考方式。例如,东方文化注重整体性和综合性,而西方文化强调分析和逻辑推理,这种差异直接影响了学者在研究问题时的思维路径。

2. 提供独特的研究课题

文化蕴含着丰富的历史、传统和人文内涵,为学者提供了丰富的研究课题。在文化的引导下,学者可以挖掘特定文化背景下的社会、历史、艺术等问题,形成独特的研究方向。

3. 影响研究动机与目标

文化对个体的价值观和信仰产生深刻影响,从而影响学者选择研究的动机和目标。例如,学者受到本土文化的熏陶,可能更倾向于探讨与本土相关的社会问题,追求研究中的文化认同感。

4. 塑造研究方法与范式

文化对学术研究的影响还体现在研究方法和范式的选择上。不同文化传统中存在着独特的研究方法,例如,人类学的田野调查、东方哲学的思辨性方法等,这些方法与文化密切相关,影响着学者在学术研究中的选择。

(二)文化对学术创新的激发机制

1. 多元文化的交流与碰撞

在全球化的今天,各种文化在交流中发生碰撞,文化融合和对话促进了学术创新。跨文化的学术交流可以使学者汲取不同文化传统中的思想和方法，推动学术研究走向创新。

2. 文化多样性激发创造性思维

文化多样性为学术创新提供了丰富的原材料。不同文化传统中的独特观念和思考方式，激发了学者的创造性思维，促使他们挑战传统，提出新的理论和观点。

3. 文化背景与问题定位的匹配

在研究过程中，学者的文化背景往往与其所关注的问题密切相关。通过将研究问题与文化背景匹配，学者更容易发现问题的深层次内涵，从而产生具有创新性的研究成果。

4. 文化创意的启发

文化中的创意元素常常是学术创新的源泉。绘画、音乐、文学等艺术形式中的创意元素，能够激发学者的创造性灵感，为学术研究注入新的思维和表达方式。

（三）不同文化背景下的学术创新实践

1. 东方文化的学术创新实践

在东方文化中，强调整体性思维和宇宙观念。学者常常关注自然、人文、宗教等问题，在研究中体现出对和谐、平衡的追求。例如，中国传统哲学中的"天人合一"思想，对现代科技、社会管理等领域的影响。

2. 西方文化的学术创新实践

西方文化注重逻辑推理和个体主义，学者在研究中更注重实证研究和理论构建。西方学术体系中强调的学术自由和批判性思维，推动了现代科学、社会科学等领域的发展。

3. 跨文化合作的学术创新实践

通过跨文化的合作，学者能够充分利用不同文化背景下的专业知识和研究方法，产生具有丰富多样性的研究成果。跨文化合作不仅丰富了学术研究的层面，也促进了文化之间的相互理解和交流。

4. 社会文化与科技创新的融合实践

在当代社会，科技创新和文化的融合成为一种趋势。社会文化的价值观和需求往往直接影响科技创新的方向和应用。例如，某些地区强调可持续发展的文化氛围可能催生出一系列环保科技创新。

（四）面临的挑战与应对策略

1. 文化对学术自由的挑战

在某些文化背景下，可能存在对学术自由的限制。学者在面临这一挑战时，需要保持对真理的探求不变，倡导学术独立性，同时通过合理的沟通和对话促进文化理解。

2. 跨文化沟通的障碍

跨文化合作可能会面临语言、价值观、工作习惯等方面的障碍。学者需要通过有效的沟通渠道、培训和互相尊重的态度，解决这些问题，促进合作的顺利进行。

3. 文化差异对研究课题的影响

文化差异可能导致学者在选择研究课题时存在偏好，而忽视了其他文化中同样重要的问题。学者需要以开放的心态，广泛关注各种文化背景下的研究议题，确保研究的全面性和公正性。

4. 文化创新的接受度

一些创新理念可能在特定文化环境中难以被接受。在面对这一挑战时，学者需要巧妙地结合本土文化特色，提出更具可接受性的创新观点，逐渐引导社会对创新的认可。

文化作为学术研究与创新的重要驱动力，不仅在塑造学术思维模式、提供研究课题方面具有深远的影响，同时在跨文化交流、多元文化的交汇中推动了学术创新的不断涌现。学者在不同文化背景下的学术实践中，可以更好地发掘并利用文化的力量，使学术研究更加丰富多彩。面对挑战，学者需要保持开放心态，促进跨文化合作，推动文化与学术研究的有机融合，为全球学术创新注入更多活力。通过文化的引领，学术研究与创新将在多元文化的交流中不断繁荣发展，为人类社会的进步和发展做出更为重要的贡献。

第二节 高校校园文化的社会辐射功能

一、校园文化与社会的互动关系

校园文化是学校内部形成的一种独特文化氛围,承载着学校的价值观念、传统习俗和学术氛围。而社会则是多元复杂的系统,由各种组织、群体和个体构成。校园文化与社会之间存在着紧密的互动关系,两者相互渗透、相互影响。本书将深入探讨校园文化与社会的互动关系,分析其在教育、社会影响、文化传承等方面的重要性和作用。

(一)校园文化在社会中的角色

1. 教育与社会的互动

校园文化是教育的核心,而教育是社会进步的引擎。学校作为教育的基本单元,其文化对社会具有引导、培养和塑造的作用。通过校园文化的传承,学校可以培养学生的社会责任感、创新精神和团队协作能力,为社会培养更多有担当、有智慧的人才。

2. 社会价值观的传递与塑造

校园文化承载着学校的价值观念,通过教育活动、校规校纪等途径向学生传递社会价值观。学生在校园文化的熏陶下,形成对社会的认知和对价值的判断,进而在成年后,将这些观念融入社会,影响社会的道德风尚和社会公德心。

3. 社会参与与责任担当

校园文化的塑造往往强调社会参与和责任担当。通过社团、志愿者活动等,学生在校园中培养了参与社会的意识,形成了服务社会、奉献他人的价值追求。这种社会参与的精神在学生毕业后延续,为社会注入积极向上的力量。

(二)社会对校园文化的影响

1. 社会多元性的反映

学校作为社会的一部分,校园文化受到社会多元性的影响。不同地域、不同民族、不同社会群体的文化元素在校园文化中得以反映和融合。这种多元性的反映既是校园文化的丰富来源，也使学校更能贴近社会需求。

2. 社会变革对校园文化的挑战

社会在不断变革发展中，校园文化也面临着来自社会的挑战。社会的科技进步、价值观念的更新、经济结构的调整等都会对校园文化提出新的要求。学校需要不断调整和更新校园文化，以适应社会的发展。

3. 社会期望与学校使命的契合

社会对学校的期望往往体现在对人才培养、社会责任的要求上。学校的校园文化需要能够契合社会对学校的期望，使学校在社会中扮演更加积极的角色。例如，社会对创新、创业精神的需求，促使学校在校园文化中注入更多创新元素，培养更多具有创业意识的学生。

（三）校园文化与社会的双向塑造

1. 社会对校园文化的塑造

社会的观念、需求、期望对校园文化有着直接的塑造作用。社会的价值观念和风向标会影响学校对校园文化的调整和更新。例如，社会对创新型人才的需求，推动学校加强创新教育、培养学生的创新能力。

2. 校园文化对社会的塑造

校园文化通过培养学生、传递价值观念等途径，对社会产生着潜在的影响。一方面，校园文化培养了社会的中坚力量，为社会输送了一批有责任感、有担当的人才。另一方面，学生毕业后将校园文化中的价值观念融入社会，影响社会风气和社会关系。

3. 校园文化与社会互动的反馈机制

校园文化与社会之间存在着持续的反馈机制。学校通过校园文化培养了一批学生，而这些学生在进入社会后，又通过实际行动影响着社会。社会的变革、需求的更新又通过社会的反馈影响到学校，促使学校不断地调整和完善校园文化。

4. 社会认知与校园文化的协同发展

社会对校园文化的认知和理解也在不断发展。通过社会媒体、新闻报道、校园开放日等途径，社会能够更全面地了解学校的校园文化。这种协同发展促进了学校更好地满足社会需求，同时也使社会更好地理解和支持学校的教育理念和办学方向。

（四）校园文化对社会的贡献与影响

1. 人才培养与社会发展

校园文化是学校培养人才的重要环节，通过塑造学生的品格、价值观和综合素养，为社会培养具备创新能力、团队协作能力、社会责任感的优秀人才。这些人才将为社会的各个领域注入新的活力和智慧，推动社会不断向前发展。

2. 社会价值观的引领

校园文化作为学校的精神灵魂，通过传递特定的价值观念，引导学生在成长过程中形成正确的人生观、价值观。价值观的引领作用不仅影响学生个体，也对社会的整体价值观产生积极的影响，形成社会向善的风气。

3. 社会创新与创业精神的培养

校园文化强调创新、创造力的培养，通过各种创业实践、科研活动等，激发学生的创新潜能。这对社会的创新与创业环境的改善具有积极的推动作用。校园文化中的鼓励创新、尊重个性的理念，也有助于社会更好地容纳和激发个体创造力。

4. 社会和谐与文化传承

校园文化在强调社会和谐、人际关系的培养中，对社会形成一种和谐相处的氛围，培养学生的沟通、合作和团队协作能力。有助于社会关系的和谐发展。同时，学校通过传承和弘扬校园文化，也在一定程度上促进了社会文化的传承。

（五）面临的挑战与应对策略

1. 校园文化的时代更新

随着社会的不断变革，校园文化需要不断更新，以适应新的时代。学校需要审时度势，引入新的教育理念和文化元素，使校园文化更符合社会的发展趋势。

2. 多元文化的融合与冲突

在社会多元文化的大环境下，学校可能面临多元文化的融合与冲突。为了更好地促进社会和谐，学校需要在校园文化中充分融入多元文化元素，同时注重文化之间的平衡和相互尊重。

3.社会舆论与校园文化的平衡

社会舆论对学校的校园文化有一定的影响,学校需要在坚守核心价值的基础上,对社会舆论进行合理引导,确保校园文化的塑造更好地服务于教育使命。

4.教育资源与校园文化的协同

校园文化的建设需要支持于教育资源,包括人才、财力、物力等方面。学校需要合理规划教育资源的分配,确保校园文化建设能够有足够的支持和保障。

校园文化与社会的互动关系是一个双向的、不断发展的过程。学校作为社会的重要组成部分,校园文化在不断塑造和影响着社会。同时,社会的变革、需求和期望也不断地影响着学校的校园文化。通过深入理解和把握这一互动关系,学校能够更好地服务于社会、培养更全面的人才,同时也使社会更好地理解和支持学校的教育事业。在面对挑战时,学校需要灵活调整校园文化,使其更好地适应社会的发展需要,实现学校与社会的共同繁荣与进步。

二、高校文化传承与社会责任

高校作为社会的重要组成部分,不仅肩负着培养人才的使命,更承担着传承文化、引领社会发展的责任。高校文化传承与社会责任是紧密相连的,既需要高校将深厚的文化传统传承给新一代,又需要高校积极履行社会责任,为社会进步和发展贡献力量。本书将深入探讨高校文化传承与社会责任之间的关系,以及高校在这一过程中的作用和责任。

(一)高校文化传承的重要性

1.保护和传承文化传统

高校作为文化的传播者,承载着丰富的文化传统。包括学术传统、校园风土、学科传承等多个方面。传承文化传统不仅有助于保护和继承国家、地区的文化底蕴,也有助于形成高校独特的文化特色。

2.塑造学生的文化认同和人文素养

高校的文化传承对塑造学生的文化认同和人文素养起着至关重要的作用。学生在校园文化的熏陶下,形成对文化传统的认同感,并在学习、生活中逐渐培养出人文关怀、社会责任感等素养。

3. 促进学术创新和思想进步

高校文化传承有助于形成积淀深厚的学术传统，为学术创新提供了历史深度和思想渊源。在传承的基础上，学者更容易对前人研究进行深入思考，推动学术领域的不断发展。

4. 传递精神价值观念

高校的文化传承是对一系列精神价值观念的传递。这些价值观念既包括学术上的严谨和创新，也包括社会责任感、公益精神等。通过文化传承，高校能够引导学生树立正确的人生观、价值观，培养出对社会有积极贡献意识的人才。

（二）高校文化传承的途径和方法

1. 学科建设和教学模式的传承

高校文化传承的一个重要方面是学科建设和教学模式的传承。在学科建设中，需要继续发扬学科的优势，保留并传承学科的经典理论和方法论。教学模式的传承则包括经典课程的继续开设、教学方法的传统与创新相结合等。

2. 校园文化建设与活动组织

高校文化的传承也需要通过校园文化建设和丰富多彩的活动组织来实现。建设具有校园特色的文化符号、校史馆等，举办传统文化节、学术讲座、校庆活动等，能够将高校文化深入融入师生的日常生活，加深文化认同感。

3. 导师制度的继承和创新

导师制度是高校文化传承的一个重要途径。老一辈优秀学者的经验和学术传统通过导师传授给后辈，形成学术传承的链条。同时，导师制度也需要在继承中不断创新，符合新时代学术发展和学生培养的需求。

4. 精神文化的弘扬与传播

高校文化传承不仅是学科和教学模式的传承，更包括了高校的精神文化。需要通过各种媒介和渠道，包括校园宣传、校友交流、社交媒体等，将高校的精神文化传播给更广泛的社会。

（三）高校社会责任的内涵与体现

1. 人才培养的社会责任

高校的首要社会责任是培养具有创新能力、实践能力和社会责任感的优秀人才。通过为学生提供丰富多彩的学科知识、实践机会和社会服务项目，高校能够培养学生的全面素养，使其更好地适应社会的发展需求。

2. 社会服务与公共事务的参与

高校应当积极参与社会服务和公共事务，将其在学科领域的专业优势转化为服务社会的实际行动。包括为地方政府、企业提供咨询服务、参与社区建设、推动科技创新等方面。高校可以通过与社会各界的合作，共同解决社会面临的问题，为社会的可持续发展做出积极的贡献。

3. 科研创新与技术成果的社会应用

高校在科研创新领域具有独特的优势，其所取得的科研成果应当更多地服务于社会。通过将科研成果转化为实际的技术和产品，高校能够推动社会的科技进步，促进产业的发展，从而履行科技创新的社会责任。

4. 社会公益与社区互动

高校还应当积极参与社会公益事业，关心社区的发展，倡导学生和教职工参与社区服务。通过组织公益活动、开展志愿服务等方式，高校能够建立良好的校地关系，拉近与社区居民的距离，实现与社会的深度互动。

5. 环境保护与可持续发展

高校作为科研和教育机构，应当关注环境问题，积极参与环境保护和可持续发展的实践。从校园建设到教学和科研活动，高校应当注重节能减排，倡导绿色发展理念，引导师生形成环保意识，为构建可持续的生态环境贡献力量。

（四）高校文化传承与社会责任的有机结合

1. 文化传承与社会责任的统一目标

高校文化传承和社会责任并非两个孤立的领域，而是有机地结合。它们的统一目标是培养全面发展、具有社会责任感的人才，同时通过文化传承和社会责任的有机结合，使高校在办学中既弘扬传统文化，又能为社会发展作出积极贡献。

2. 文化传承与社会责任的相互促进

高校文化传承和社会责任在相互促进中得到更好的发展。通过社会责任的实践，高校更好地传递和弘扬自身的文化传统，激发师生对文化传承的热情。反过来，深厚的文化传承为高校履行社会责任提供了精神支撑和行动指南。

3. 文化传承和社会责任的实践路径

高校可以通过多元的实践路径实现文化传承与社会责任的有机结合。例如，通过在课程中融入社会责任教育元素，组织学生参与社会服务项目，将文化传承融入实际的社会实践中。另外，高校可以通过在科研项目中注重解决社会问题，将科研成果直接应用于社会，实现文化传承与社会责任的双赢。

（五）面临的挑战

1. 价值观念的统一

面临着不同地区、不同层次高校之间的差异，如何在文化传承和社会责任层面形成统一的价值观念是一个挑战。高校需要在培养人才的同时，通过引导和教育，推动高校师生共同接受并践行社会责任的核心价值。

2. 资源分配的平衡

高校在进行文化传承和履行社会责任时，需要合理平衡资源的分配。既要确保文化传承的深度和广度，又要履行社会责任需要的实践和投入，需要高校在资源管理上做出明智决策。

3. 创新与传统的平衡

如何在传承文化的同时保持创新是高校面临的挑战之一。传统文化的传承不能仅仅停留在复制和模仿，更需要通过创新，使其在新时代焕发出新的活力。

4. 多元社会需求的应对

社会对高校的期望日益多元化，不仅要求高校传承深厚的文化，还期望高校更加积极地履行社会责任。高校需要更加灵活地调整定位，综合考虑各方需求，以更好地服务社会。

（六）未来发展方向

深化社会责任教育：高校应将社会责任教育融入课程设置中，培养学生的社会责任感和创新精神。

推动文化创新：在文化传承中注重创新，使传统文化更好地适应时代发展的需求，激发新的文化创造力。

加强国际交流与合作：通过国际交流与合作，拓宽高校文化传承和社会责任的视野。借鉴国际先进经验，共同探讨文化传承与社会责任的实践模式。

建立社会责任评估体系：建立科学合理的社会责任评估体系，通过量化和定性指标，对高校的社会责任履行情况进行全面评估，为高校提供发展的方向和动力。

强化校企合作与产学研结合：加强与企业的合作，将高校的科研成果更好地转化为实际生产力，促进产业发展。同时，培养符合社会需求的人才，实现产业、学术和社会的良性互动。

加强校友资源的利用：充分发挥校友在社会领域的影响力，通过校友资源的整合与利用，为高校的文化传承和社会责任履行提供更多的支持和帮助。

推动跨学科研究与综合实践：鼓励跨学科研究，促使不同学科间的合作与交流，使文化传承和社会责任履行更具综合性和整体性。

强调全员参与与共建共享：倡导全员参与，包括师生、校友等各界人士，实现高校文化传承与社会责任的共建共享。形成全校共同努力的良好氛围。

高校文化传承与社会责任是高等教育事业中的两个重要方面，相辅相成、相互促进。高校通过传承深厚的文化传统，培养具有社会责任感的优秀人才，为社会的进步与发展做出贡献。在新时代，高校需要不断调整发展战略，更好地融入社会，承担更多的社会责任。只有在文化传承与社会责任的有机结合下，高校才能真正实现自身的价值，为社会培养更多有担当、有理想、有创新精神的人才，推动社会的可持续发展。

三、校园文化对地方社会的影响

校园文化作为高校的精神灵魂和独特标识，不仅是校园内部的一种文化积淀，更是与地方社会相互联系的纽带。校园文化通过影响师生的思想观念、价值取向以及行为规范，对地方社会产生着深远的影响。本书将从多个维度深入探讨校园文化对地方社会的影响，包括经济、文化、社会等方面。

（一）经济层面的影响

1. 人才培养与地方经济发展

校园文化通过对学生的塑造，培养出具有创新能力、团队协作精神和实践能力的人才。这些人才在毕业后进入地方社会工作，不仅推动了当地产业的发展，还为地方社会引入了新的经济元素。高校的科研成果和技术创新也有助于提升地方产业的竞争力。

2. 创业文化的培育

校园文化中鼓励创新创业的理念，对地方社会的创业氛围有着积极的影响。通过开设创业课程、组织创业大赛等活动，高校激发了学生的创业热情，一部分优秀的学生在毕业后选择留在当地创业，为地方经济的多元化和创新发展注入新动力。

3. 产业结构的升级与优化

高校作为科研和创新的重要阵地，推动了地方社会产业结构的升级和优化。高校与企业、产业园区的合作，促使科研成果更好地转化为实际生产力，推动传统产业向高科技、高附加值方向发展。

（二）文化层面的影响

1. 价值观念的传递与引领

校园文化是一种独特的文化符号，通过学校内外的宣传、校园建筑、学科设置等，传递着一种积极向上、崇尚知识和创新的价值观。这种价值观不仅影响着在校学生，也对地方社会的整体文化氛围产生着深远的影响。

2. 社会责任感的培养

校园文化中普遍强调社会责任感和公益精神，通过开展各类社会服务活动、志愿者活动，培养学生对社会的关切和责任感。这种社会责任感在学生毕业后得到延续，一些校友积极参与地方社会的公益事业，推动社会的和谐发展。

3. 文化交流的促进

高校是文化交流的重要场所，不仅有来自不同地域的学生，还有来自国内外的学者。这种多元文化的融合促进了地方社会文化的交流与创新。学生在这个多元文化的环境中接触到不同背景的人和思想，形成更加开放包容的文化观念。

（三）社会层面的影响

1. 社会活动与互动的增加

校园文化的活跃使得学校成为社会活动的重要场所，学术讲座、文艺演出、社团活动等丰富了地方社会的文化生活。这些活动不仅使学校成为社会文化的传播者，也为地方居民提供了广泛参与的机会。

2. 校园安全与社会治安的关联

校园文化对地方社会的影响还体现在社会治安方面。相对安全的校园环境对地方社会的治安起到积极作用,吸引了更多的人口和投资。同时,校园也需要关注社会治安问题,确保校园内外的安全稳定。

3. 校友网络与地方社会的联系

高校培养的校友网络是一个庞大的社会资源。通过校友会、校友企业等形式,校友与母校保持联系,同时也成为地方社会的一支积极力量。校友资源的整合对地方社会的发展起到了积极的推动作用。

(四)教育层面的影响

1. 教育理念的传播与影响

高校的教育理念是校园文化的重要组成部分,通过教学、管理、校风等多个方面传达给学生。学生在接受这种教育理念的同时,也会将其带回到地方社会,影响当地的教育观念。高校所倡导的创新、协作、实践等理念,有可能成为地方教育的参考和借鉴对象,推动地方教育的改革和发展。

2. 教育资源的共享与互动

高校作为教育资源的集聚地,与地方社会形成了共享关系。高校的教学资源、图书馆、实验室等设施,可以为地方社会提供学术研究和教育培训的支持。与地方中小学、职业培训机构的合作,使得高校的教育资源能够更广泛地服务于社会。

3. 人才流动与社会发展

高校培养的优秀人才在毕业后,选择留在当地或返回所在地工作,促进了地方社会的人才流动。这种流动有助于不同地区的人才交流和共享,推动地方社会的发展。同时,高校的人才输出也为地方社会注入新的知识和智慧。

(五)面临的挑战

1. 文化冲突与融合

不同地域、不同社会群体之间存在着文化的差异,校园文化对地方社会的影响也可能引发文化冲突。未来的发展方向需要更注重文化的融合与包容,使得校园文化更好地融入当地社会,成为社会的一部分。

2.资源分配与社会责任

高校在影响地方社会的过程中,需要平衡资源的分配。特别是在资源有限的情况下,如何更公平地利用资源,履行更多的社会责任,是亟待解决的问题。

3.教育质量与社会需求

高校的教育质量直接关系到对地方社会的影响力。未来需要更加关注社会对人才的实际需求,调整和优化教育体系,确保培养出更符合社会发展需要的人才。

4.社会参与与治理体系

校园文化影响地方社会,也需要更积极的社会参与。在地方社会的治理体系中,如何更好地发挥高校的作用,参与社会事务,需要建立更加有效的合作机制和沟通渠道。

(六)未来发展方向

强化校地互动:加强高校与地方政府、企业、社会组织的合作,形成校地互动的合力,共同推动地方社会的发展。

拓展社会服务功能:高校应进一步发挥其在科研、人才培养等方面的专业优势,开展更多有益于社会的实际服务项目,为地方社会的发展提供智力和技术支持。

建立校友资源共享平台:建立校友资源共享平台,加强校友与母校以及彼此之间的联系,形成更加紧密的社会网络,为地方社会的建设和发展提供更多支持。

开展社会责任教育:在教育体系中更加注重社会责任教育,培养学生的社会责任感和参与意识,使其在成为社会一员能更好地履行社会责任。

推动文化创新与传承:校园文化要注重创新,既要传承优秀传统文化,又要不断创新,使校园文化更具活力和吸引力。

校园文化作为高校的独特标识,对地方社会产生着广泛而深刻的影响。在这一过程中,高校既是文化传承的承载者,又是社会责任的履行者。未来,高校应当继续优化校园文化,注重与地方社会的互动,更好地履行社会责任,为地方社会的可持续发展贡献更多力量。

第三节 高校校园文化的育人功能

一、文化对学生成长过程的影响

学生成长是一个复杂而多层次的过程，不仅受到家庭、学校、社会等多方面的影响，同时文化作为一种强大的力量，也在学生成长的过程中扮演着重要的角色。本书将深入探讨文化对学生成长过程的影响，包括文化对学生身份认同、价值观念、学习态度、社交能力等方面的塑造作用。

（一）文化对学生身份认同的影响

1. 文化认同与个体认同的交织

文化对学生身份认同产生深远影响。学生在成长过程中通过接触、学习，逐渐形成文化认同。这种认同既包括个体在家庭中接受的文化，也包括在学校、社会中所接触到的多元文化。学生对于所处文化的认同，影响着其对个体身份的建构和塑造。

2. 多元文化对认同的拓展

在现代社会，文化多元化是一种普遍现象。学生在学校中接触到来自不同文化背景的同学，融入多元文化的学习环境。有助于学生对不同文化的理解与尊重，形成更加包容和开放的文化认同。多元文化的交融，使得学生的认同更加灵活和丰富。

3. 文化认同与学业表现的关系

学生对文化的认同程度与其学业表现之间存在密切关系。在对自己文化的认同中，学生可能更容易找到学习的自信和动力，提高学习效果。相反，对文化认同的不确定或排斥，可能影响学生对学校文化的融入，从而影响学业的表现。

（二）文化对学生价值观念的影响

1. 文化价值观的内化与传承

学生在成长过程中通过家庭、学校等环境的影响，逐渐内化并形成价值观念。其中，文化扮演着至关重要的角色。家庭文化、学校文化等对学生的影响，影响着他们对事物的评价标准、人际关系的处理方式等,构建了学生的核心价值观。

2. 文化对学生人生观的塑造

文化对学生的人生观产生深刻的塑造作用。例如,一些传统文化注重家庭价值观念,强调孝道和家庭责任;而一些现代文化可能更强调独立性和个体追求。这些价值观在学生的成长过程中,会影响其对未来发展方向、人际关系的理解和选择。

3. 跨文化体验对开放性价值观的培养

在全球化的今天,学生有机会接触到来自不同文化的信息和体验。这种跨文化的接触有助于学生超越狭隘的文化视角,形成更为开放和包容的价值观。通过接触多元文化,学生能够更好地理解和尊重不同文化中的多样性,培养国际化的视野。

(三)文化对学生学习态度的影响

1. 文化对学习动机的塑造

学生的学习动机受到文化的影响。一些文化强调对知识的渴望和追求,注重学业的成就;而另一些文化可能注重实际技能的培养和应用。学生在这种文化影响下,形成了不同的学习动机,影响其对学业的投入程度。

2. 高效学习文化的形成

文化对于学习方法和态度的传承在学生成长过程中起到关键作用。一些文化强调刻苦努力和持之以恒,培养学生的耐心和毅力;另一些文化可能注重灵活性和创新性。这种文化对学生形成高效学习的态度和方法具有深远影响。

3. 文化对对待失败的态度

文化也会影响学生对待失败的态度。一些文化鼓励学生从失败中吸取教训,培养坚韧不拔的品质;而另一些文化可能强调成功压力,导致学生对失败过于敏感。这种文化的影响会影响学生对学业中挫折的接受和应对方式。

(四)文化对学生社交能力的影响

1. 文化对人际关系的塑造

文化对学生的社交能力产生直接而深刻的影响。一些文化强调集体主义和人际关系的重要性,培养学生团队协作的精神;而另一些文化可能注重个体独立,强调竞争和自主性。这种文化背景影响下，学生形成了不同的人际交往风格和社交技能。

2. 文化对沟通方式的塑造

文化也深刻影响着学生的沟通方式。一些文化注重言辞的委婉和间接表达，强调尊重他人的感受；而另一些文化可能直接、果断。这种文化的影响会在学生的人际交往中表现出来，影响其与他人的沟通效果和方式选择。

3. 文化与人际冲突的处理

学生在成长过程中难免面临各种人际冲突，而文化对于学生处理冲突的方式有着深远的影响。一些文化强调寻求共识和妥协，注重保持人际和谐；而另一些文化可能强调直面矛盾，强调解决问题的效率。学生在这种文化影响下，形成了不同的人际冲突处理模式。

（五）文化对学生创新能力的影响

1. 文化对创新思维的激发

文化对学生的创新能力产生着深刻的激发作用。一些文化注重培养学生的创新意识，鼓励他们思考问题、寻找解决方案；而另一些文化可能强调传统、规范，对创新的接受度较低。学生在这种文化氛围中，对创新思维的培养程度有很大的差异。

2. 跨文化体验与创新的结合

学生在成长过程中如果能够有跨文化的体验，将有助于创新能力的培养。通过接触不同文化的思维方式、解决问题的途径，学生能够更好地理解多元化的观点，促进创新思维的形成。

3. 文化对创新团队的影响

创新往往需要团队协作，而文化也对创新团队的形成和运作产生影响。一些文化注重集体主义，强调团队协作和共同目标；而另一些文化可能强调个体的创新和表现。学生在这种文化中，对于创新团队的角色和期望有着不同的认知。

（六）文化对学生社会责任感的塑造

1. 文化与社会责任观念的关联

学生成长过程中，文化对于学生社会责任感的形成有着直接的关联。一些文化强调个体对社会的责任，注重为社会做出贡献；而另一些文化可能强调个体的权利和自由。学生在这种文化影响下，对社会责任的看法和态度有着不同的侧重点。

2. 文化对公益参与的引导

文化还对学生参与公益活动产生引导作用。一些文化鼓励学生积极参与志愿服务、社区建设等公益活动，培养其社会责任感；而另一些文化可能强调个体的私人权益，对公益参与的要求较低。学生在这种文化影响下，对于公益事业的关注程度和参与意愿存在差异。

3. 跨文化交流与全球社会责任

在全球化时代，学生有机会接触到来自不同文化背景的信息和问题。通过跨文化交流，学生能够更好地理解全球性的社会责任问题，培养全球社会责任感。有助于学生超越本地文化的狭隘视角，更全面地思考和参与全球社会事务。

文化在学生成长过程中扮演着重要的塑造力量，影响着学生的身份认同、价值观念、学习态度、社交能力、创新能力以及社会责任感等。了解文化对学生的影响，有助于更好地引导学生发展，并提供更多的支持和教育资源。在未来，学校和家庭应当共同努力，创造积极向上的文化环境，培养学生全面发展所需的素质和能力，使其在多元文化的背景下更好地适应社会的发展需求。

二、校园文化与学生综合素质培养

校园文化是学校的精神灵魂，同时也是学生成长过程中不可或缺的一部分。学校通过创造独特的校园文化，旨在培养学生的综合素质，包括品德修养、学术能力、创新意识、社会责任感等。本书将深入探讨校园文化与学生综合素质培养之间的关系，分析校园文化在培养学生综合素质中的作用与影响。

（一）校园文化对学生价值观念与品德的塑造

1. 值得尊敬的榜样

校园文化中常常涵盖着一些值得尊敬的榜样，如杰出的校友、优秀的教职工等。这些榜样通过他们的品德操守、专业素养等表现，为学生树立了积极向上的榜样，影响学生的道德品质和价值观念。

2. 弘扬正能量

通过校园文化的建设，学校能够弘扬积极向上的正能量，传递正面的价值导向。例如，通过举办一些具有正能量的文艺活动、讲座、社会实践等，激发学生对真善美的追求，引导学生形成正确的人生观与价值观。

3. 强调社会责任感

一些校园文化注重培养学生的社会责任感。通过组织社会实践、公益活动，让学生体验社会的需要与挑战，激发他们对社会问题的关注，并培养他们为社会作出积极贡献的意识和能力。

（二）校园文化对学术能力的激发与提升

1. 学术氛围的营造

校园文化对学术能力的培养首先体现在学术氛围的营造。一些学校通过举办学术讲座、研讨会、科研活动等，营造浓厚的学术氛围，激发学生对知识的追求和创新的热情。

2. 提供学科交叉平台

一些校园文化强调学科交叉，通过设立交叉学科的课程、研究中心等，为学生提供更宽广的学术视野。有助于培养学生的跨学科思维能力，提高其综合应用学科知识的能力。

3. 引导创新思维

校园文化的创新导向对学生的创新能力有着积极的影响。一些学校通过创新创业竞赛、科技项目孵化等方式，鼓励学生提出创新性的想法，并提供支持和资源，培养学生的创新思维和实践能力。

（三）校园文化对学生团队协作与领导力的培养

1. 强调集体主义

校园文化中一些强调集体主义的元素有助于培养学生的团队协作意识。通过开展各类团队活动、社团组织等，学生在集体中学会合作、分享，培养了团队协作的能力。

2. 领导力的培育

一些校园文化强调个体的领导力培养。学校通过设立学生会、组织领导力培训等活动，鼓励学生承担起一定的组织和管理责任，锻炼他们的领导力和团队管理能力。

3. 团队建设的机会

通过校园文化的组织，学生有机会参与各类团队建设活动。这种活动有助于学生更好地理解团队协作的重要性，培养团队精神，锻炼学生在团队中充当协作者或领导者的能力。

（四）校园文化对学生实践能力的培养

1. 实践机会的提供

校园文化中融入实践元素，通过组织实习、社会实践、实验等活动，为学生提供了更多实践的机会。有助于学生将理论知识转化为实际能力，提高他们的实践水平。

2. 职业规划辅导

一些校园文化注重学生的职业规划，通过举办职业规划讲座、提供职业咨询服务等方式，帮助学生更好地了解自己的兴趣、优势和职业发展方向。这种关注学生未来发展的校园文化，有助于培养学生的职业规划意识和实践能力。

3. 创业文化的培育

一些学校通过创业孵化基地、创业导师制度等方式，营造创业氛围，鼓励学生参与创业实践。有助于培养学生的创业精神、创新能力和实际操作能力，使其更好地适应社会发展的需要。

（五）校园文化对学生身心健康的关照

1. 心理健康服务

良好的校园文化通常关注学生的心理健康。通过设立心理健康中心、提供心理咨询服务、开展心理健康教育等活动，帮助学生建立积极的心态，提高应对压力的能力，维护身心健康。

2. 体育文化的促进

一些校园文化强调体育锻炼，通过组织体育赛事、提供运动场地等方式，鼓励学生积极参与体育活动。体育文化的培养有助于学生保持身体健康，提高体质，增强身体素质。

3. 营造轻松愉悦的氛围

校园文化的营造也应注重轻松愉悦的氛围。通过开展文艺演出、庆典活动、社交聚会等，让学生在紧张的学业压力中得到放松，保持心情愉快，促进身心平衡。

（六）校园文化对学生跨文化交流能力的培养

1. 国际化的学术交流

一些校园文化强调国际化，通过组织国际学术交流、邀请国际学者讲座等方式，为学生提供参与国际学术活动的机会。有助于培养学生的国际视野和跨文化交流的能力。

2. 多元文化的融合

校园文化的多元性也为学生提供了与来自不同文化背景的同学交流的平台。多元文化的融合有助于学生更好地理解和尊重不同文化，提高跨文化交流的敏感性和能力。

3. 语言交流机会

通过语言角、国际交流活动等，学校为学生提供了锻炼语言交流能力的机会。对于培养学生在跨文化环境中更好地表达自己、理解他人有着积极作用。

（七）校园文化对学生终身学习的启迪

1. 学习氛围的建设

校园文化的建设应该有助于形成积极的学习氛围。通过举办学术讲座、知识竞赛等活动，激发学生对知识的追求，培养他们的终身学习意识。

2. 提供学习资源

校园文化还应该关注提供学习资源，如图书馆、实验室、在线学习平台等，为学生提供广泛而丰富的学习资源，促使他们在校园文化的熏陶下保持持续的学习动力。

3. 引导学生自主学习

良好的校园文化应当引导学生形成自主学习的习惯。通过导师制度、学科竞赛等方式，激发学生自觉主动地进行学科拓展和深度学习。

（八）面临的挑战

1. 多元文化的平衡

在培养学生综合素质的过程中，多元文化的融合既是机遇也是挑战。学校需要平衡传统文化的传承与现代多元文化的融合，使其在校园文化中形成有机的统一。

2. 个性发展的关照

每个学生都是独特的个体，校园文化应当注重关照个性化的发展需求。通过提供个性化的教育服务、拓展课程等方式，满足学生多样化的成长需求。

3. 技术与人文的平衡

随着科技的发展，校园文化也要关注技术与人文的平衡。不仅要注重技术创新、信息技能的培养，更要保持对人文关怀、道德情操的培养，以确保学生在技术快速发展的同时，保持对人文精神的重视。

4. 全球化时代的适应

全球化的时代背景下，校园文化需要更好地适应跨文化、跨国际的需求。学校可以通过加强国际交流，引进国际化的课程，培养学生具备更广泛的国际视野和全球背景下的综合素质。

5. 社会需求的瞬息变化

社会的需求在不断变化，校园文化需要更加灵活和创新，紧跟社会的发展趋势。学校应通过持续的调研和反馈机制，及时调整校园文化的内容和形式，确保与时俱进。

（九）未来发展方向

全面发展： 校园文化应以全面发展为目标，注重学生德智体美劳的全面培养，使学生得到充分的发展。

创新与创业： 鼓励创新和创业精神是未来校园文化的重要方向。学校可以设立创业孵化中心、提供创业导师，激发学生创新创业的兴趣和能力。

社会责任： 校园文化需要更加强调社会责任感的培养，使学生在成长过程中认识到自己对社会的责任，培养为社会做贡献的意识。

跨文化交流： 鉴于全球化的趋势，加强跨文化交流是校园文化的重要方向。通过国际化的课程、学术交流项目等，培养学生具备更强的国际竞争力。

个性化发展：校园文化应更加注重个性化的发展，为每个学生提供符合其兴趣、特长和发展方向的机会，促使学生在个性发展上能够更好地发挥潜力。

技术与人文的结合：技术与人文的结合将成为未来校园文化的发展趋势。通过整合科技与人文课程，培养既具备技术能力又具有人文素养的综合型人才。

校园文化是学校教育的重要组成部分，直接影响着学生的综合素质培养。通过塑造积极向上的文化氛围，关注学生的品德修养、学术能力、团队协作、实践能力、身心健康等方面，学校能够更好地培养学生适应未来社会需求的综合素质。在未来的发展中，校园文化需要不断创新，紧跟社会变化，更好地服务于学生的全面成长。

三、文化活动对学生道德品质的塑造

学生的道德品质是人格发展的重要组成部分，对于培养学生积极向上的人生态度、社会责任感以及团队协作精神具有至关重要的作用。文化活动作为学校教育的重要组成部分，通过各类文艺、体育、社会实践等活动，为学生提供了塑造道德品质的有力渠道。本书将深入探讨文化活动对学生道德品质的塑造过程、机制以及实际效果，并探讨其在学生全面发展中的作用。

（一）文化活动促进学生的道德感知和认同

1. 视觉化的道德表达

文化活动往往通过视觉、听觉等方式，将道德观念呈现给学生。例如，通过话剧、美术展、音乐会等形式，向学生传递积极向上的人生态度，引导他们形成正确的价值观念，培养对美、善良、正义的感知和认同。

2. 故事与情感共鸣

文化活动常常包含丰富的故事情节，通过故事，学生能够在情感上与其中的人物产生共鸣。这种情感共鸣有助于学生对道德情感的体验，激发他们对于善恶、正义与公平的敏感性，从而形成积极向上的道德认同。

3. 道德典故的传承

文化活动可以通过演绎经典文学作品、传承历史典故等方式，向学生传递古往今来的道德智慧。这样的活动有助于学生从传统文化中汲取道德力量，培养对传统美德的认同和尊重。

（二）文化活动培养学生的社会责任感

1. 社会题材的呈现

文化活动常常选择与社会相关的题材，通过艺术的手法将社会问题呈现给学生。例如，通过话剧讲述社会公正与不公正的故事，引导学生关注社会现实问题，培养他们对社会责任的认识和担当。

2. 志愿服务与公益活动

文化活动可以组织学生参与志愿服务、公益活动，让他们亲身体验为社会作出贡献的过程。通过参与这样的活动，学生能够深刻体会到自己对社会的影响力，从而激发对社会责任的认知和实践。

3. 领导力的锻炼

一些文化活动，如学校的文艺团队、社团组织等，为学生提供了担任领导职务的机会。通过担任领导职务，学生能够在组织和管理中感受到责任的重大，培养起对团队和社会的责任感。

（三）文化活动促使学生团队协作和人际沟通的能力

1. 团队合作的重要性

参与文化活动往往需要团队的协同合作。例如，在舞台剧排练、音乐演奏等活动中，学生必须密切合作才能取得成功。有助于培养学生团队合作的重要性，懂得通过共同努力达成共同目标。

2. 沟通与协商的技能

文化活动往往需要学生进行频繁的沟通与协商。在排练、创作、演出等过程中，学生需要不断地交流意见、解决问题，培养了他们在人际关系中的沟通与协商的技能。

3. 社交网络的扩展

参与文化活动为学生提供了拓展社交圈的机会。在不同的文化活动中，学生能够结识不同专业、不同年级、不同背景的同学，有助于培养学生更好地适应社会多元化的能力。

（四）文化活动对学生品德修养的影响

1. 榜样的作用

文化活动中的优秀表演者、艺术家等往往成为学生心目中的榜样。学生通过欣赏这些榜样的表现，可以从中学到为人处事的道理，潜移默化地受到品德修养的熏陶。

2. 艺术美的感悟

文化活动中的艺术作品，如绘画、音乐、舞蹈等，往往蕴含着深刻的情感和道德寓意。学生通过欣赏艺术作品，可以提升对美的敏感性，培养对善良、正义的感悟，从而影响他们的品德修养。艺术美的感悟有助于学生形成对美好事物的追求，引导他们追求高尚的品德和行为。

3. 道德情感的表达

在文化活动中，学生有机会通过表演、创作等方式表达道德情感。例如，在话剧中演绎正直勇敢的角色、在音乐中表达对爱与友情的理解，这些过程可以促使学生更深入地思考并表达出对道德问题的态度和见解。

（五）文化活动对学生实践能力的培养

1. 实践中的伦理挑战

文化活动中常常伴随着一系列的实践活动，而实践是学生道德品质培养的重要途径之一。在实践中，学生可能面临伦理和道德的挑战，通过解决这些问题，促使学生更好地理解和应用道德原则。

2. 道德决策与实际行动

文化活动提供了学生在实践中进行道德决策的场景。例如，在艺术创作中，学生可能面临到底如何表达观点、在团队协作中如何处理分歧等问题。这些决策和实际行动有助于学生形成正确的道德判断和行为准则。

3. 批判性思维的培养

参与文化活动可以激发学生的批判性思维，使他们能够在实践中审视自己的行为，并思考其中的道德因素。通过批判性思维的培养，学生更容易意识到自己的价值观、行为准则，并对其进行调整和提升。

（六）文化活动对学生心理健康的影响

1. 心理抒发的途径

文化活动为学生提供了一个自由发挥和表达情感的空间。通过参与文学创作、绘画、音乐等活动，学生可以用自己的方式表达内心的情感，有助于缓解心理压力，促进心理健康。

2. 团体认同感的建立

在文化活动中,学生通常需要与他人合作,共同追求共同的目标。这种团体协作有助于建立学生的团体认同感,使他们在集体中感到被理解、被接纳,有利于心理健康的维护。

3. 美好情感的感受

艺术和文化活动往往能够唤起人们美好的情感。通过欣赏艺术作品、参与文化创作等活动,学生能够体验到愉悦、激动、温馨等积极的情感,有助于调节情绪,提升心理幸福感。

(七)文化活动的挑战和发展方向

1. 平衡娱乐与教育

文化活动在塑造学生道德品质的同时,也面临着平衡娱乐和教育的难题。有些活动过于追求娱乐性,可能使学生过度沉迷于娱乐,而忽视了对道德品质的培养。未来的发展中,需要更加注重在娱乐性中融入教育元素,使学生在娱乐中获取教育的启迪。

2. 跨学科融合

文化活动往往涉及多个学科领域,包括文学、艺术、音乐、社会学等。跨学科的融合有助于学生更全面地理解和感悟道德问题。因此,文化活动的发展需要更加注重各学科的协同合作,为学生提供更为丰富的道德启迪。

3. 利用科技手段

随着科技的发展,新的文化活动形式不断涌现。利用科技手段,如虚拟现实、在线创作平台等,可以为学生提供更丰富、更便捷的文化活动。未来的发展中,可以进一步探索如何整合科技手段,拓展文化活动的形式,使其更适应学生的需求和兴趣。

4. 强化导师制度

在文化活动中,导师的引导和指导对学生道德品质的培养起着至关重要的作用。建立强化的导师制度,加强导师与学生之间的互动,有助于更有针对性地指导学生在文化活动中的参与和表现。

文化活动对学生道德品质的塑造具有重要而深远的影响。通过文化活动,学生不仅能够感知和认同道德价值，还能培养社会责任感、团队协作和人际沟通的能力，同时影响其品德修养、实践能力和心理健康。文化活动不仅是一种娱乐方式，更是一种教育形式，通过艺术、文学、音乐等方式，潜移默化地引导学生形成正确的道德观念和行为准则。

第七章 高校校园文化建设的实现路径

第一节 大学校园文化建设的目标和原则

一、校园文化建设的长远目标

校园文化是学校教育的重要组成部分,直接影响学校的教育质量、学生的全面发展以及学校的社会形象。长远看,校园文化建设的目标应当不仅仅局限于短期的改进和提升,更需要立足于培养学生的全面素养、塑造良好的学术氛围、提升教职工的专业素养,以及与社会形成良性互动。本书将深入探讨校园文化建设的长远目标,包括学生全面发展、学术研究与创新、教职工素质提升、社会互动与责任担当等。

(一)学生全面发展的长远目标

1.培养具有创新精神的综合人才

长远目标应当是培养具有创新精神的综合人才。学校的文化建设应注重培养学生的创新思维、团队协作能力和实践能力,使学生在未来社会中能够更好地适应和引领变革。

2.培养具有国际视野的全球公民

全球化时代背景下,学生需要具备更广阔的国际视野。学校的文化建设应当使学生能够理解尊重不同文化、具备跨文化交流的能力,成为有国际竞争力的全球公民。

3.强化人文关怀,培养社会责任感

学校文化建设的长远目标之一是强化人文关怀,培养学生的社会责任感。

通过社会实践、志愿服务等活动，使学生深刻认识到社会的责任，培养关爱他人、关注社会的品格。

（二）学术研究与创新的长远目标

1. 建设具有国际影响力的学术研究平台

学校文化的长远目标之一是建设具有国际影响力的学术研究平台。通过引进国际优秀学者、开展国际合作项目，使学校成为学术研究的重要阵地，为学生和教职工提供更广阔的学术发展空间。

2. 鼓励学科交叉融合，推动创新成果转化

学校文化建设应鼓励学科交叉融合，打破学科壁垒，促进创新成果的转化。通过建立创新创业平台、加强产学研合作，推动学术研究成果更好地为社会和产业服务。

3. 培养学术道德与创新精神

长远目标中，学校文化建设应强调培养学术道德和创新精神。学术道德的培养包括诚实守信、尊重知识产权等，而创新精神的培养则包括勇于探索、乐于创新、善于合作等。

（三）教职工素质提升的长远目标

1. 激发教职工的教学热情与创新意识

学校文化建设的长远目标之一是激发教职工的教学热情与创新意识。通过持续的教学培训、优质的教学资源支持，使教职工保持学术活力、不断提升教学水平。

2. 倡导教育教学研究，推动教育改革

学校文化建设的长远目标之一是倡导教育教学研究，推动教育改革。学校应鼓励教职工参与教育研究项目，关注教育前沿理论与方法，推动教育教学的创新与改革，促进高等教育的不断发展。

3. 提供良好的职业发展环境与支持

学校文化建设的目标之一是提供良好的职业发展环境与支持。建立完善的教职工培训体系、评价机制，为其提供广阔的发展空间和相应的支持，使教职工在学术和职业生涯中获得持续的提升。

（四）社会互动与责任担当的长远目标

1. 构建良好的校企合作与社会合作平台

学校文化建设的长远目标之一是构建良好的校企合作与社会合作平台。通过深化校企合作、积极参与社会服务，使学校与社会形成互动机制，为学生提供更多实践机会，同时促进产学研的深度融合。

2. 弘扬社会责任与公益精神

学校文化建设的长远目标应当是弘扬社会责任与公益精神。通过组织各类公益活动、推动社会责任项目，培养学生和教职工的社会责任感，使学校成为社会的责任担当者。

3. 建立健全的校友网络与校友资源

长远目标中，学校文化建设应建立健全的校友网络与校友资源。通过积极引导校友关注学校的发展，搭建校友资源共享平台，促进校友与学校的深度互动，形成强大的校友力量。

（五）文化传承与创新的长远目标

1. 传承校园文化的核心价值观

学校文化建设的长远目标之一是传承校园文化的核心价值观。学校应深入挖掘和传承校园文化的独特价值，使之成为学校的文化基因，引领学生和教职工朝着积极向上、团结奋进的方向发展。

2. 创新文化载体与表达形式

长远目标中，学校文化建设应当注重创新文化载体与表达形式。通过运用现代科技手段、发展多元化的文化活动，使文化表达更具包容性、创意性，更好地契合新时代学生的需求。

3. 推动文化建设与学科发展的有机结合

学校文化建设的长远目标之一是推动文化建设与学科发展的有机结合。通过将校园文化与学科建设相结合，使文化活动不再是独立的事件，更是学科发展的重要推动力，形成相互促进的良性循环。

（六）环境氛围与学术氛围的长远目标

1. 营造积极向上的学术氛围

学校文化建设的长远目标之一是营造积极向上的学术氛围。通过加强学术交流、组织学术活动、提供学术资源,激发师生学术研究的热情,形成学术创新的浓厚氛围。

2. 建设宜人的校园环境

长远目标中,学校文化建设应着力建设宜人的校园环境。创造舒适、开放、绿色的校园环境,为师生提供良好的学习和工作条件,助力学校文化建设的可持续发展。

3. 培养良好的人际关系与团队协作

学校文化建设的目标之一是培养良好的人际关系与团队协作。通过强化师生之间的沟通与合作、构建和谐的人际关系,使校园充满凝聚力和向心力,形成共同奋斗、共同成长的团队。

(七)文化建设的可持续发展

1. 建立健全的文化建设管理体系

学校文化建设的可持续发展需要建立健全的管理体系。通过制定明确的文化建设规划、设立专门的管理机构等方式,确保文化建设与学校整体发展保持协调和一致。

2. 持续改进与创新

可持续发展的关键在于持续改进与创新。学校文化建设需要保持对新理念、新方法的敏感性,随时调整和改进文化建设的策略和手段。通过引入新鲜元素、拓展文化载体,确保文化建设不断与时俱进。

3. 发挥教育创新的引领作用

学校文化建设的可持续发展还需要发挥教育创新的引领作用。在教学内容、教学方法、评价体系等方面进行创新,使学校文化能够更好地适应社会和教育发展的变化,为学生提供更贴近未来需求的教育。

4. 强化校内外合作与交流

建设可持续发展的文化,需要不断强化校内外的合作与交流。通过与其他高校、企业、研究机构的深度合作,引入外部资源和经验,促使学校文化保持活力和创新力。

5. 培养学校文化的传承者与传播者

可持续发展的文化需要有一支有活力的传承者与传播者队伍。培养一批热爱学校文化、有传播力和影响力的人才，使其成为文化的推动者和传承者，确保文化建设得以代代相传。

学校文化建设的长远目标应当立足于培养学生全面发展、推动学术研究与创新、提升教职工素质、促进社会互动与责任担当、传承与创新文化等方面。这些目标相辅相成，共同构建了一个有机、协调的文化建设体系。在实现这些目标的过程中，需要不断适应时代的变化，注重创新与持续改进，形成有特色、有深度、有影响力的学校文化。只有这样，学校文化建设才能不断焕发生机，为学生和教职工提供丰富的成长空间，为社会和国家培养更多更优秀的人才，真正实现可持续发展的目标。

二、文化建设的基本原则

文化建设是学校发展的重要组成部分，对于促进学校的可持续发展、培养学生的全面素养以及提升教职工的专业素养具有深远的影响。在进行文化建设时，需要遵循一系列基本原则，以确保文化的健康、可持续、具有包容性。本书将深入探讨文化建设的基本原则，包括价值导向、参与共建、创新驱动、适应变革等方面。

（一）价值导向原则

1. 建立积极向上的核心价值观

文化建设的首要原则是建立积极向上的核心价值观。学校的文化应当体现积极、向上、进取的价值观，以激励学生和教职工为更高的目标努力奋斗。

2. 强调人文关怀与社会责任

文化建设应强调人文关怀与社会责任。通过文化的表达与传播，培养学生的社会责任感，使学校成为社会的有益一员。

3. 尊重多元文化，促进文化共融

文化建设需要尊重多元文化，促进文化共融。学校应当鼓励各种文化元素的融合，创造多元共存的文化环境，使学生能够在不同文化中接纳、尊重和理解他人。

（二）参与共建原则

1. 共建共享，形成广泛共识

文化建设的参与共建原则要求广泛凝聚共识。通过广泛的参与，形成共建共享的文化，确保文化建设不是少数人的事业，而是全体师生的共同努力的结果。

2. 提倡平等参与，充分发挥个体优势

参与共建原则强调平等参与，充分发挥每个个体的优势。不同的师生在文化建设中都应有平等的权利和机会，各自的独特性与创造力都应受到充分的重视。

3. 倡导团队协作，形成集体力量

文化建设需要倡导团队协作，形成集体力量。通过团队的协同努力，集思广益，形成更具创新力和活力的文化体系。

（三）创新驱动原则

1. 鼓励文化创新，打破陈旧框架

创新驱动原则要求鼓励文化创新，打破陈旧的文化框架。学校文化建设应不断创新，适应时代发展，使文化更具活力和吸引力。

2. 提倡跨学科融合，拓展文化形式

创新驱动原则强调跨学科融合，拓展文化形式。不同学科、领域的交叉合作，有助于文化的多样性和丰富性，为学生提供更全面的发展空间。

3. 利用科技手段，拓展文化载体

文化建设需要充分利用科技手段，拓展文化载体。通过数字化、虚拟现实等技术手段，创造更多元、更丰富的文化表达形式，使文化更贴近当代学生的需求。

（四）适应变革原则

1. 高度适应性，顺应时代发展

适应变革原则强调高度适应性，顺应时代发展。学校文化建设需要密切关注社会变革、教育趋势，不断调整文化发展方向，使之能够顺应时代的发展潮流。

2. 灵活机动，及时调整策略

适应变革原则要求灵活机动，及时调整文化建设的策略。学校应具备对外部环境变化的敏感性,及时调整文化建设的策略和方法,确保文化建设的有效性和可持续性。

3. 保持开放心态,积极接纳变化

适应变革原则倡导保持开放心态,积极接纳变化。学校文化建设需要教职工具备开放的思维,勇于接受新理念、新文化,不断更新自身认知。

(五)共生共荣原则

1. 构建和谐校园氛围,促进共生发展

共生共荣原则要求构建和谐的校园氛围,促进共生发展。学校文化建设应致力于构建师生共同发展的氛围,形成共生的校园生态。

2. 实现内外共赢,推动全球化发展

共生共荣原则强调实现内外共赢,推动全球化发展。学校文化建设应促使学校与社会、企业、教育机构等形成良好的合作关系,实现内外共赢,共同推动学校的全球化发展。

3. 倡导共同责任,实现共同繁荣

共生共荣原则倡导共同责任,实现共同繁荣。学校文化建设应激励每个成员对学校的发展负有责任心,形成共同承担的良好氛围,共同创造学校繁荣的局面。

(六)可持续发展原则

1. 确保文化传承与创新并重

可持续发展原则要求确保文化传承与创新并重。学校文化建设应既注重传承学校的优秀传统,又鼓励创新,以确保文化建设的可持续发展。

2. 重视文化建设的长远规划

可持续发展原则强调重视文化建设的长远规划。学校应制定明确的文化建设规划,包括目标、措施、时间表等,以确保文化建设的长远性和系统性。

3. 持续改进与反馈机制

可持续发展原则要求建立持续改进与反馈机制。学校文化建设应不断收集反馈意见,进行自我评估,及时调整文化建设的策略和方向,以适应不断变化的需求。

（七）透明与民主原则

1. 透明决策，确保公正公平

透明与民主原则要求文化建设中的决策过程应当透明，确保公正公平。学校应通过公开、透明的决策机制，使每个成员都能参与其中，确保文化建设的合理性和公正性。

2. 民主参与，充分发挥主体作用

透明与民主原则倡导民主参与，充分发挥成员的主体作用。学校文化建设应通过广泛的讨论、调查等方式，让师生员工充分表达意见，确保文化建设更符合整体期望。

3. 倡导平等对话，凝聚共识

透明与民主原则要求倡导平等对话，凝聚共识。学校文化建设应确保每个成员都有平等发言的机会，通过对话与沟通达成共识，形成有广泛支持的文化价值观。

（八）社会责任原则

1. 积极履行社会责任，回馈社会

社会责任原则要求学校文化建设应积极履行社会责任，回馈社会。通过开展公益活动、社会服务等方式，让学校文化成为社会的积极贡献者。

2. 弘扬社会正能量，传递正面价值观

社会责任原则强调弘扬社会正能量，传递正面价值观。学校文化建设应通过文化传播的方式，传递积极向上的正面价值观，引领社会发展的正能量。

3. 与社会合作，共同解决问题

社会责任原则倡导学校与社会合作，共同解决问题。学校应积极响应社会需求，与社会各界建立紧密联系，共同推动社会进步，为解决社会问题贡献力量。

文化建设的基本原则是学校发展的基石，关系到学校的长远发展、师生的全面素质提升，以及学校与社会的良性互动。通过价值导向、参与共建、创新驱动、适应变革、共生共荣、可持续发展、透明与民主、社会责任等基本原则的贯彻，学校文化能够形成积极向上、蓬勃发展的良好氛围。在实践中，学校需要根据自身的特点和发展阶段，有针对性地制定并贯彻这些原则，从而推动文化建设迈上更高水平。

三、适应时代发展需求的文化建设目标

随着社会的快速发展和变革,高校文化建设也面临着更为复杂的挑战。适应时代发展需求的文化建设目标变得尤为重要。在这一背景下,高校需要明确文化建设的目标,以更好地适应时代的发展需求,推动学校朝着更高水平、更全面的方向迈进。本书将深入探讨适应时代发展需求的文化建设目标,包括学生培养、教学体系创新、科研创新、社会服务与合作等。

(一)学生培养的文化建设目标

1. 培养创新能力与实践能力

适应时代发展的文化建设目标之一是培养学生创新能力与实践能力。学校文化应激励学生积极参与创新实践,培养解决问题、创造价值的能力,使学生在面对复杂多变的社会时具备适应力。

2. 弘扬学科交叉与综合素养

时代发展要求更强调学科交叉和综合素养的培养。文化建设应该鼓励学科之间的融合,培养学生在多学科领域中具备广泛知识和能力,更好地适应未来的职业发展。

3. 倡导国际化视野与全球胜任力

文化建设的目标之一是倡导国际化视野与全球胜任力。学校应鼓励学生参与国际化项目、国际交流活动,培养跨文化沟通与合作的能力,使学生具备适应全球化背景下的竞争力。

(二)教学体系创新的文化建设目标

1. 推动教育信息化与智能化

适应时代发展的文化建设目标之一是推动教育信息化与智能化。文化建设应支持并促进现代信息技术在教学中的应用,倡导创新教学模式,使学校教学体系更加灵活、高效。

2. 强调实践教学与产业融合

时代发展对高校提出了更高要求,文化建设应强调实践教学与产业融合。通过与产业深度合作、开展实践项目,促使教学更紧密地贴近实际需求,提高学生的职业素养。

3. 倡导跨学科教学与终身学习

文化建设目标应倡导跨学科教学与终身学习。学校应构建跨学科的教学体系，培养学生具备自主学习的能力，适应知识更新速度更快的时代需求。

（三）科研创新的文化建设目标

1. 鼓励跨领域科研与创新

适应时代发展的文化建设目标之一是鼓励跨领域科研与创新。文化建设应支持教师在不同学科领域间的合作与交流，促进跨学科科研的开展，推动创新成果的涌现。

2. 提升科研成果转化率

时代发展要求科研成果更好地为社会服务，文化建设目标应当提升科研成果的转化率。学校应设立专门的科研转化机构，支持教师将科研成果转化为实际应用，促进科技与产业的深度融合。

3. 强化国际学术合作与交流

文化建设的目标还应强化国际学术合作与交流。学校应鼓励教师参与国际性科研项目，推动国际学术研究合作，提升学校在国际科研领域的影响力。

（四）社会服务与合作的文化建设目标

1. 加强与产业、企业的深度合作

适应时代发展的文化建设目标之一是加强与产业、企业的深度合作。文化建设应倡导学校与产业之间的紧密合作，促进科技成果的应用于实际生产与社会服务。

2. 提升社会服务能力与水平

文化建设的目标还应包括提升社会服务能力与水平。学校应积极响应社会需求，通过组织公益活动、社区服务等方式，为社会提供更多有益服务。

3. 弘扬社会责任与公益精神

文化建设的目标之一是弘扬社会责任与公益精神。学校应培养学生和教职工具备社会责任感，通过开展公益活动、社会服务等形式，使学校成为社会责任的践行者，树立起为社会做出积极贡献的良好形象。

（五）文化建设的组织与管理目标

1. 强化团队协作与沟通机制

为适应时代的发展需求，文化建设目标需要强化团队协作与沟通机制。学校应建立更加灵活高效的组织结构，鼓励部门之间的协作与交流，使得文化建设能够更好地整合资源，实现协同发展。

2. 建设开放型管理体系

适应时代发展的文化建设目标还包括建设开放型管理体系。学校管理层应鼓励教职工提出建议，参与决策，形成开放的管理氛围，促进管理与实践的紧密结合。

3. 提升学校治理效能

文化建设的目标之一是提升学校治理效能。学校应优化治理结构，提高决策效率，通过科学合理的决策机制，推动学校更好地适应时代的快速变化。

（六）文化建设的社会形象与品牌目标

1. 塑造积极向上的社会形象

适应时代发展的文化建设目标包括塑造积极向上的社会形象。学校文化建设应弘扬正能量，通过传递积极的价值观，使学校成为社会的典范，赢得社会的认可与尊重。

2. 构建独特的学校品牌

文化建设的目标之一是构建独特的学校品牌。学校应注重挖掘特色与优势，通过品牌建设，形成鲜明的办学特色，提升学校在国内外的知名度和影响力。

3. 强化与社会各界的沟通与合作

适应时代发展的文化建设目标还需要强化与社会各界的沟通与合作。学校应主动与政府、企业、社区等建立紧密联系，通过合作共赢，实现学校与社会的共同发展。

（七）文化建设的可持续发展目标

1. 制定长远规划与发展战略

文化建设的目标之一是制定长远规划与发展战略。学校应设定清晰的发展目标，制定长远规划，通过科学的战略布局，确保文化建设能够持续发展。

2. 建设有机的文化传承机制

适应时代发展的文化建设目标需要建设有机的文化传承机制。学校应注重培养一支有文化传承意识的团队，通过文化活动，使文化代代相传。

3. 强化自我监测与改进机制

为实现文化建设的可持续发展，学校需要强化自我监测与改进机制。通过建立科学的评估与反馈体系，及时发现问题，调整文化建设策略，确保文化建设不断适应时代的发展需求。

适应时代发展需求的文化建设目标涵盖了多个方面，包括学生培养、教学体系创新、科研创新、社会服务与合作、组织与管理、社会形象与品牌、可持续发展等。这些目标相互关联，共同构建了一个有机、协调的文化建设体系。在实现这些目标的过程中，学校需要不断调整战略，灵活应对时代变化，确保文化建设紧跟时代步伐，为学校的可持续发展奠定坚实基础。

第二节　大学校园文化建设的机制构建

一、文化建设的组织机构

文化建设是学校发展的重要方向之一，其组织机构的设计与运作直接关系到文化建设的质量和效果。一个良好的文化建设组织机构应当具备科学合理的架构、高效协同的工作机制，以推动学校文化建设朝着积极向上、创新发展的方向不断迈进。本书将深入探讨文化建设的组织机构，包括组织结构、职责分工、沟通机制等的设计。

（一）组织结构的设计

1. 高效平衡的层级结构

文化建设的组织结构首先需要设计一个高效平衡的层级结构。层级结构应当清晰、简明，避免过多的层级，导致信息传递的滞后和决策效率的降低。通常，可以设立文化建设领导小组或委员会，直接汇报给学校领导，实现高效的决策和执行。

2. 多维度的职能部门设置

为了更好地满足文化建设的多方面需求，组织结构需要考虑设置多维度的职能部门。可以设立学生培养部门、教学体系创新部门、科研创新部门、社会服务与合作部门等，以确保每个方面都有负责的部门进行管理和推动。

3. 交叉合作的工作组

为促进文化建设各方面的协同发展，组织结构还可以设计交叉合作的工作组。这些工作组可以由不同职能部门的代表组成，负责处理跨部门的文化建设项目、活动等，确保各方面协同合作、形成合力。

（二）职责分工的明确性

1. 文化建设领导小组

文化建设领导小组是整个组织机构的核心，其职责包括制定文化建设的总体战略、目标和政策，负责各职能部门的协调与整合，推动文化建设工作向着学校整体发展的方向前进。

2. 学生培养部门

学生培养部门的职责主要包括设计和推动学生培养的相关计划和项目，培养学生的综合素养、创新能力以及实践能力。此外，还应当负责学生活动、社团管理等工作，促使学生更好地融入文化建设中。

3. 教学体系创新部门

教学体系创新部门的职责涉及到教育教学方面的创新工作，包括推动新的教学模式、教育信息化建设、跨学科教学的开展等。其目标是提升教学质量和效果，为学生提供更为丰富的学习体验。

4. 科研创新部门

科研创新部门的职责主要涉及科研方向的规划与推动，包括支持教师科研项目的开展、促进国际学术交流、推动科研成果的转化等。有助于学校形成具有创新能力的学术氛围。

5. 社会服务与合作部门

社会服务与合作部门的职责涉及学校与社会、产业的紧密合作。主要包括与企业的深度合作、社会服务项目的开展、公益活动的组织等，以实现学校与社会的互利共赢。

(三)沟通机制的建立

1. 定期汇报与交流会议

为促进各职能部门之间的信息共享与沟通,可以设立定期的汇报与交流会议。通过会议,各部门可以分享工作进展、遇到的问题、提出建议等,形成跨部门的交流机制,促使整个文化建设工作更为顺畅地推进。

2. 信息平台的建设

建设信息平台是一个高效的沟通手段。可以采用内部网络、社交平台等方式,建设一个信息共享的平台,使各部门之间能够及时了解彼此的动态,方便协同工作。

3. 跨部门工作组的设立

为了应对复杂多样的文化建设需求,可以设立跨部门的工作组,负责具体项目的推进。这些工作组可以由来自不同部门的专业人员组成,以确保项目的全面考虑和协同执行。

4. 信息透明与反馈机制

建立信息透明与反馈机制是组织机构中非常重要的一环。通过建立学校内部的信息透明机制,包括内部通告、公告、邮件等方式,确保每个成员了解学校文化建设的最新动态。同时,设立反馈渠道,鼓励教职工提出建议和意见,以促进组织机构的持续改进。

(四)组织机构的适应性与灵活性

1. 动态调整与优化

组织机构应当具有一定的适应性和灵活性,能够及时调整与优化。在面临新的发展需求或变革时,学校文化建设组织机构应当能够灵活调整,以适应新的情境,并确保各部门的协同作业。

2. 促进横向协同与交流

为了打破部门之间的信息壁垒,组织机构应当设计横向协同与交流机制。可以通过交叉部门的项目、共同参与活动等方式,促进不同部门之间的横向沟通,形成更为紧密的合作关系。

3. 弹性的团队设置

为适应不同阶段的工作需求,组织机构可以采用弹性的团队设置。在需要的时候，成立专门团队负责特定的项目或任务，任务完成后，可根据需要进行解散或调整，以确保高效的资源配置。

（五）文化建设的评估机制

1. 制定明确的评估指标

文化建设的组织机构需要建立明确的评估指标。包括学生培养成果、教学创新成效、科研创新水平、社会服务效益等方面。指标的设立应符合文化建设的总体目标，并能够客观、全面地反映文化建设的状况。

2. 定期进行自我评估

组织机构应定期进行自我评估。通过内部的自我审查，发现问题并及时进行调整。自我评估也有助于组织机构更好地了解自身的发展状况，为未来的规划提供参考。

3. 外部评估与认证

为了获取更为客观的评价，可以邀请外部专家进行评估与认证。外部评估可以帮助组织机构发现盲点和不足，提供外部的专业建议，促使文化建设更好地适应时代的发展需求。

（六）人才培养与团队建设

1. 专业化人才培养

文化建设的组织机构需要具备一支专业化的团队。通过培养专业的文化建设人才，确保团队成员具备丰富的经验和专业知识，能够更好地推动文化建设工作。

2. 团队建设与激励机制

团队建设是组织机构成功运行的关键。通过设立激励机制，包括奖励、晋升等，激发团队成员的积极性和创造力。同时，组织团队建设活动，增强团队协作与凝聚力，提高团队整体绩效。

3. 持续的培训与发展

由于文化建设是一个动态发展的过程，团队成员需要持续学习与发展。建立持续的培训机制，使团队成员不断提升专业素养、关注行业动态，保持对文化建设领域的领先认知。

（七）财务与资源管理

1. 财务规划与监控

组织机构需要建立科学的财务规划与监控体系，确保文化建设的经费得到合理分配和使用。在财务监控中，需要特别关注项目的成本和效益，确保资源的有效利用。

2. 多元化资源整合

为支持文化建设，组织机构需要具备整合多元化资源的能力。包括财政资金、社会捐赠、产业合作等多个方面的资源整合，以保障文化建设项目的顺利进行。

3. 定期的资源评估

为确保资源的合理配置，组织机构应定期进行资源评估。包括对各项资源的利用效果、存在的问题和潜在的改进空间进行评估，以优化资源配置方案。

文化建设的组织机构设计是学校文化建设成功实施的基础。一个科学合理的组织机构能够推动文化建设目标的达成，促进学校在培养学生、教学体系、科研创新、社会服务、组织管理等全面发展。在组织机构的设计中，要注重层级结构的平衡、职责分工的明确、沟通机制的建立等方面，以确保文化建设工作顺利推进。此外，适应性与灵活性的考虑、评估机制的建立、人才培养与团队建设的重视，以及财务与资源的科学管理，都是组织机构设计中需要特别关注的方面。

在文化建设的过程中，组织机构应当具备持续改进的意识，不断根据学校发展需求和外部环境的变化进行调整与优化。只有不断适应时代的要求，才能使文化建设始终保持活力与创新力，为学校的可持续发展奠定坚实的基础。

二、校园文化建设中的参与主体

校园文化建设是学校可持续发展的关键组成部分，涵盖了学校的精神风貌、价值观念、组织文化等多个层面。在文化建设的过程中，参与主体的积极参与和协同合作至关重要。本书将深入探讨校园文化建设中的参与主体，包括学校管理层、教职工、学生以及社会等角色和作用。

（一）学校管理层的作用

1. 制定文化建设战略

学校管理层是校园文化建设的决策者和战略制定者。他们应该积极制定与学校愿景和使命相符的文化建设战略，明确目标、任务和时间表，为文化建设提供明确的方向。

2. 资源投入与保障

学校管理层应充分认识到文化建设的重要性，通过合理的资源投入，为文化建设提供保障。包括财政支持、人力资源、物质设施等方面的支持，确保文化建设项目得以顺利推进。

3. 塑造学校形象与品牌

学校管理层在文化建设中还扮演着树立学校形象和品牌的重要角色。通过引领校园文化建设，可以打造积极向上、创新发展的学校形象，提升学校在社会中的知名度和声誉。

4. 推动改革与创新

校园文化建设需要与时俱进，因此学校管理层应当推动改革与创新。可以提供政策支持，鼓励教育教学的创新实践，促进校园文化不断适应社会的发展变化。

（二）教职工的参与与贡献

1. 传承和践行学校价值观

教职工是学校文化的传承者和践行者。他们应当深刻理解学校的价值观，通过自身的言行举止成为学生的榜样，传递正能量，形成良好的校园文化氛围。

2. 参与文化建设项目

教职工可以通过积极参与文化建设项目，为学校的文化建设提供实际支持。他们可以参与文艺活动的组织、教育教学模式的创新、学科建设的推动等，为文化建设注入新的动力。

3. 提供学科与专业支持

不同学科和专业领域的教职工在文化建设中发挥着独特的作用。他们可以通过提供专业支持，推动学科发展与创新，丰富校园文化的内涵。

4. 参与学生培养

教职工对学生的影响深远，参与学生培养是校园文化建设的重要环节。他们可以通过关注学生个性发展、指导学生参与社会实践、提供个性化教育服务等方式，促进学生全面发展。

（三）学生的角色与责任

1. 积极参与校园文化活动

学生是校园文化建设中最直接的受益者和参与者。他们应当积极参与校园文化活动，包括文艺演出、科技竞赛、社会实践等，为校园文化注入活力。

2. 倡导积极的学生文化

学生应当在日常生活中倡导积极向上的学生文化。通过自觉遵守学校规章制度、尊重他人、关心社会等行为，为校园文化建设贡献正能量。

3. 参与学生自治与管理

学生自治是校园文化建设的一部分，学生可以通过参与学生自治组织，积极参与学校管理，发表见解和建议，形成积极向上的学生管理文化。

4. 提供创新与活力

学生天生具有创新与活力，他们可以通过提出新颖的观点、组织创意活动等方式，为校园文化建设注入新的元素，推动校园文化不断发展。

（四）社会的支持与互动

1. 与社会资源对接

学校需要与社会资源对接，融入社会力量的支持。包括与企业、社区、NGO 等机构合作，共同推动校园文化建设项目的开展。

2. 提供专业意见和建议

社会可以通过提供专业意见和建议，帮助学校更好地理解外部环境和行业发展趋势，为校园文化建设提供有益的参考。专业的外部意见有助于学校更科学地规划文化建设的方向和目标。

3. 参与社会服务与实践

学校应该通过校园文化建设将学生与社会联系起来，鼓励学生参与社会服务与实践活动。社会可以提供支持和资源，同时也能从学生的实践中受益。

4. 传播和宣传

社会作为学校的外部群体，可以通过传播和宣传帮助学校树立良好的形象，吸引更多的资源和关注。有助于形成良好的校园文化氛围，提升学校在社会中的声誉。

（五）校园文化建设中的互动机制

1. 多层次、全方位的互动

为了实现校园文化建设的全面发展，各参与主体之间需要建立多层次、全方位的互动机制。包括学校管理层与教职工之间的协同、教职工与学生之间的互动、学生与社会之间的合作等。

2. 定期的沟通与交流

建立定期的沟通与交流机制是促进互动的关键。学校管理层、教职工、学生、社会等应定期召开座谈会、工作坊、论坛等活动，共同研讨文化建设中的问题与挑战，提出建议与意见。

3. 开展合作项目

不同的参与主体可以共同开展文化建设的合作项目，通过跨界合作实现资源共享、优势互补。可以包括联合举办活动、共同组织培训、开展科研合作等形式。

4. 建立反馈机制

为了更好地了解各方的期望和需求，建立反馈机制是必不可少的。学校可以通过调查问卷、听取意见建议、组织座谈等方式，收集各方对校园文化的看法，以便及时调整和优化文化建设策略。

（六）跨界合作与跨学科融合

1. 跨界合作

在校园文化建设中，各个参与主体之间可以进行跨界合作。学校管理层、教职工、学生和社会可以跨界合作，共同参与文化活动、项目开发和创新实践，形成合力。

2. 跨学科融合

为促进文化建设的多元化，可以进行跨学科融合。不同学科领域的教职工可以联合开展项目，结合专业优势，形成跨学科的合作与创新。

3. 打破学科壁垒

文化建设需要突破传统的学科壁垒，鼓励各个学科之间的交流与合作。这样的跨学科融合有助于产生更具创新性和前瞻性的文化建设理念，推动校园文化的不断进步。

（七）参与主体的培训与发展

1. 提供培训机会

为了提高各参与主体在文化建设中的专业水平和执行能力，学校可以提供相关的培训机会。包括学校管理层的领导力培训、教职工的教学创新培训、学生的领导力与团队协作培训等。

2. 建立专业发展通道

为各参与主体提供专业发展通道，激励其在文化建设中发挥更大的作用。建立相关的晋升机制，为有实际贡献的成员提供更多的发展机会，鼓励其持续投入文化建设。

3. 不断学习与创新

校园文化建设是一个不断学习与创新的过程，各参与主体需要保持学习的态度。通过鼓励持续学习、参与学术交流、关注行业动态等方式，促使参与主体保持对文化建设领域的敏感度和创新意识。

（八）面临的挑战与解决方案

1. 沟通与理解障碍

不同参与主体之间存在沟通与理解的障碍，可能因为语言、专业领域、文化背景等差异。解决方案包括建立多层次的沟通渠道、开展跨部门的培训与交流活动，促进各方更好地理解和协作。

2. 利益分歧与合作机制

在文化建设中，可能存在不同主体之间的利益分歧。解决方案是通过建立合作机制，明确各方的责任和利益，形成共赢的合作关系。可以通过定期召开协调会议、建立联络小组等方式，及时解决合作中出现的问题，确保各方的利益得到平衡和满足。

3. 资源分配与管理

资源的有限性可能导致在文化建设中的分歧和竞争。解决方案包括建立科学的资源分配机制，明确优先发展的项目和领域，确保资源的合理利用和最大化效益。

4. 文化建设目标的统一性

不同的参与主体可能对文化建设的目标有不同的理解和期望，可能导致方向的偏差。解决方案是在文化建设初期，明确目标，并通过定期的沟通与调整，确保各方对目标的理解一致，形成共同的努力方向。

5. 人员流动与团队稳定

在学校中，人员流动较为频繁，可能导致团队的不稳定性。解决方案包括建立持续的人才培养与引进机制，提高团队的稳定性，并通过传承机制确保文化建设工作的延续性。

6. 面临外部环境的变化

外部环境的变化可能对校园文化建设产生一定的影响。解决方案是建立灵活的文化建设机制，及时调整策略以适应外部环境的变化，保持文化建设的前瞻性和适应性。

7. 跨学科融合的难度

实现跨学科融合可能面临学科壁垒的难度。解决方案包括设立跨学科的交流平台，鼓励不同学科领域的教职工共同参与文化建设项目，促进学科之间的交流与合作。

8. 管理与执行层面的挑战

在实际的文化建设过程中，管理与执行层面可能面临的挑战包括组织协调、项目执行、团队激励等。解决方案是建立高效的管理团队，明确责任分工，设立奖励机制，确保文化建设项目的顺利推进。

校园文化建设中的参与主体包括学校管理层、教职工、学生以及社会等多方面的角色。各参与主体在文化建设中扮演着不同而又互相关联的角色，共同推动校园文化的发展。在面对各种挑战时，建立良好的互动机制、推动跨界合作与跨学科融合、提供培训与发展机会等都是有效的解决方案。通过共同努力，学校可以打造出更为丰富、活力和具有特色的校园文化，为学校的可持续发展奠定坚实的基础。

三、创新机制促进文化建设

在当今社会,高校文化建设日益成为高等教育管理的重要组成部分。面对激烈的竞争和快速变化的社会环境,高校文化建设需要具备创新精神,不断更新理念、拓展领域、激发活力。本书将探讨创新机制如何促进高校文化建设,以应对当前和未来的教育挑战。

(一)创新机制的理念与目标

1. 理念的转变

传统的高校文化建设往往注重文化的传承和积淀,创新机制的理念是更加注重变革和更新。通过引入创新理念,高校可以打破传统束缚,更灵活地应对社会变革和教育发展。

2. 目标的设定

创新机制的目标是打造富有活力、具有创新精神的校园文化。包括推动学术创新、培养创新人才、构建创新体系等目标,以使高校文化能够紧跟时代步伐,为学校的可持续发展提供有力支持。

(二)文化建设中的创新机制

1. 教育教学模式的创新

创新机制首先应体现在教育教学模式上。高校可以引入先进的教学理念,借助信息技术推动在线教育、远程教育,提倡问题导向的学习和跨学科的教学方法,以培养学生的创新思维和实践能力。

2. 多元化的文化活动

创新机制还表现在校园文化活动的多元化上。学校可以打破传统的文艺活动框架,鼓励学生参与社会实践、科技创新、志愿服务等活动,激发学生的全面发展和创新潜能。

3. 创新性科研与学术成果

推动科研创新是高校文化建设中不可或缺的一环。学校可以通过建立创新研究中心、提供科研项目支持、鼓励跨学科研究等方式,推动创新性科研与学术成果的产生。

4. 社会实践与创业培训

创新机制还应注重培养学生的社会实践和创业能力。学校可以与企业、社会机构合作，提供实习、创业培训等机会，使学生在校园中就能接触到真实的社会问题和挑战，培养创新创业的意识。

（三）创新机制在学科建设中的应用

1. 跨学科融合

创新机制在学科建设中的一个关键点是跨学科融合。通过打破学科壁垒，促进不同学科的交流与合作，可以在学科间形成更具创新性的研究方向和项目。

2. 突破学术研究的传统模式

传统的学术研究模式往往以专业领域为主，创新机制要求打破这种模式。学校可以鼓励教师跨足多个学科领域，参与具有前瞻性的跨学科研究，推动学科建设的创新。

3. 创新型学科的发展

引入创新机制有助于培育创新型学科。学校可以设立创新型学科专业，设置与社会需求紧密相关的课程，通过项目式学习等方式，培养学生的创新思维和解决问题的能力。

（四）管理体制的创新

1. 灵活的管理机制

创新机制要求学校管理体制更加灵活。传统的严格层级制度可能会限制创新的发挥，因此需要建立更加灵活的管理机制，鼓励各层次管理者有更多的自主权，更好地响应变化。

2. 创新文化的建设

建立创新文化是创新机制的一个关键方面。学校可以通过设立创新奖励制度、推崇鼓励新思想的文化氛围、开展创新论坛等方式，激发教职工的创新活力。

3. 数据驱动的决策

引入数据驱动的决策是管理体制创新的一部分。通过收集、分析大量的数据，学校可以更好地了解师生需求、识别问题和机会，以数据为支撑做出更科学的决策。

（五）社会资源与创新机制的融合

1. 产业合作与技术创新

创新机制需要将学校与产业界更紧密地联系起来。通过与企业、科研机构的深度合作，学校可以获取解决实际问题的方案，推动科技成果的转化，培养学生的实际应用能力。

2. 资金与资源整合

社会资源的整合对于创新机制至关重要。学校可以通过与企业、社区、政府等合作，整合各方资源，实现优势互补，促进创新项目的顺利开展。

3. 制定产业需求导向的课程

创新机制应当与产业需求相紧密结合。学校可以定期进行产业调研，制定与产业需求相匹配的课程体系，确保培养出更符合社会实际需要的人才。

（六）推动文化创新的组织机制

1. 创新团队的建立

为了推动文化建设的创新，学校可以设立专门的文化创新团队。这个团队可以由学校管理层、教职工、学生等跨层次的人员组成，共同参与文化建设的规划和执行。

2. 创新平台的建构

建立创新平台是推动文化建设的有效途径。可以包括线上线下的交流平台、实践基地、创新实验室等，为各参与主体提供展示和实践的机会，促进创新的蓬勃发展。

3. 激励机制的设计

激励机制是推动创新的重要保障。学校可以设立创新奖项、评优制度，鼓励教职工和学生在文化建设中的创新实践，并将优秀表现予以充分肯定。

4. 制定长期规划

创新机制需要有长期的发展规划。学校可以设立文化建设的长期规划，明确发展目标、计划和阶段性任务，保持对创新的持续关注和投入。

（七）面临的挑战与解决方案

1. 文化保守主义

部分教育机构可能受传统文化观念的影响，对文化建设持保守态度。解决方案是通过教育培训、文化创新示范等方式，逐渐改变教职工和学生对文化建设的观念，推动文化的创新。

2. 资源不足

创新机制需要大量的支持和投入，而有些学校可能面临资源不足的困境。解决方案可以通过与企业、社会合作、争取政府支持等方式，多渠道获取资源，实现创新机制的顺利推进。

3. 人才培养难题

推动文化创新需要具备相应能力的人才，有些学校可能在人才培养方面存在难题。解决方案包括引进高水平的教职工、鼓励学生参与创新实践、加强培训等，培养更多具备创新能力的人才。

4. 管理层推动力不足

如果学校管理层对文化建设的创新机制推动力不足，可能导致整个创新机制的难以贯彻。解决方案是加强管理层的培训与激励，使其更好地理解创新机制的重要性，积极推动相关工作。

创新机制作为推动高校文化建设的重要手段，涉及到教育教学、学科建设、管理体制、社会资源融合等多个层面。通过不断引入新思想、新技术、新模式，高校可以建立更具活力和创新力的文化体系，为培养更全面发展的学生成为社会创新者和领导者提供坚实基础。在应对各种挑战的同时，高校需要通过合理规划、创新机制的建设，推动文化建设取得更为显著的成果，更好地适应时代发展的需求。

第三节 大学校园文化的创新发展

一、传统文化与现代文明的融合

传统文化与现代文明的融合是一个复杂而深刻的话题，涉及文化、价值观、社会制度等多个层面的交织和交流。在全球化的今天，传统文化的保护与传承面临着现代文明的冲击，同时传统文化也在与现代文明相互交融中得以活化和延续。本书将探讨传统文化与现代文明的融合，分析融合的机遇与挑战，以及促进两者融合的有效途径。

（一）传统文化的价值与现代文明的冲击

1. 传统文化的丰富内涵

传统文化是一个国家、一个民族的精神瑰宝，包括语言文字、历史传统、艺术表达等方面。传统文化承载了丰富的智慧、道德观念和生活方式，是一个社会形态和思维方式的集合。

2. 现代文明的冲击

随着科技的飞速发展和全球化的推进，现代文明带来了前所未有的生活方式和思维方式。传统文化在这一变革中面临着被边缘化、消解的压力，尤其是在年轻一代中，传统价值观可能被现代文明冲击。

（二）传统文化与现代文明的融合机遇

1. 文化创新的可能性

传统文化与现代文明的融合为文化创新提供了广阔的可能性。通过将传统元素引入现代艺术、设计、科技等领域，创造出新颖独特的文化产品，实现传统文化的活化。

2. 跨文化的对话与理解

传统文化与现代文明的融合促使了跨文化的对话与理解。人们可以通过学习传统文化，更好地理解自己和他人的文化背景，形成更加开放包容的社会氛围。

3. 价值观的丰富与多元

传统文化与现代文明的融合使得社会的价值观更加丰富多元。传统的家庭观念、社会责任感等与现代的个人主义、自由等价值观相互交融，形成更具包容性的社会价值观。

4. 文化软实力的提升

传统文化的传承与融合有助于提升国家的文化软实力。在国际舞台上，传统文化的展示与现代元素的结合，能够吸引更广泛的目光，增强国家形象的吸引力。

（三）传统文化与现代文明的融合挑战

1. 价值观冲突与文化认同危机

传统文化与现代文明的价值观可能存在冲突，引发文化认同危机。一些传统观念可能与现代社会的自由、平等等价值观相悖，导致个体或群体的文化认同危机。

2. 文化失真与商业化

在融合过程中，一些传统文化元素可能被商业化、失真。为了迎合市场需求，一些文化产品可能过于注重商业利益，而失去了原有的文化内涵，导致传统文化的虚化。

3. 教育体系的矛盾

传统文化与现代文明的融合也在教育领域带来一些矛盾。一方面，学校需要传承和弘扬传统文化；另一方面，也要培养学生适应现代社会的能力，这在教育体系中可能面临平衡难题。

（四）促进传统文化与现代文明融合的途径

1. 文化教育与传承

通过在学校加强传统文化的教育，包括历史、语言、艺术等方面的传承，培养学生对传统文化的兴趣和理解。此外，社会应提供更多传统文化的展示与传播平台，使其更贴近年轻一代。

2. 文化政策的引导

政府可以通过文化政策的引导来促进传统文化与现代文明的融合。通过制定支持传统文化传承的政策，鼓励文化产业创新，保护非物质文化遗产等手段，推动文化的融合与创新。

3. 社会参与与共建共享

传统文化与现代文明的融合需要社会各界共同努力。各界可以通过社会参与的方式，共同建设、共享传统文化的资源。例如，通过举办文化活动、庙会、传统节庆等方式，促进社区居民和各个年龄段的人们参与其中，形成共建共享的文化氛围。

4. 文化产业与创新科技的结合

借助现代科技手段，可以更好地推动传统文化与现代文明的融合。利用虚拟现实（VR）、增强现实（AR）、人工智能等技术手段，创造新型的文化体验，使传统文化以更现代的方式呈现，增加吸引力。

5. 跨界合作与国际交流

促进传统文化与现代文明的融合需要不同领域的跨界合作。跨界合作可以是文化与科技的合作、文化与商业的合作等。同时，通过国际文化交流，吸纳外部文明的元素，促进文化的多元融合。

6. 制度建设与法规支持

社会发展需要一套完善的制度体系来支持文化的融合。建立相关法规，明确文化保护、传承和创新的政策，为传统文化的融合提供制度保障，同时推动现代文明与传统文化的有机结合。

传统文化与现代文明的融合是既复杂又迫切的任务。在这一过程中，需要保留传统文化的根基，同时也要适应现代社会的发展。政府、社会组织、学校、企业等应共同努力，通过文化教育、法规支持、社会参与等手段，促使传统文化与现代文明相互融合、相互激荡。

未来，可以进一步深化文化创新与科技融合，利用先进技术手段提升传统文化的传播效果；加强国际文化交流，推动中西方文明的对话与合作；鼓励更多创新性的文化项目，打破传统文化的局限，形成更具活力和包容性的文化形态。通过这些努力，传统文化与现代文明的融合将更好地促进文明的进步，为社会的发展注入更多的活力和创造力。

二、多元文化与学校文化建设

在当今全球化的时代，社会日益多元化，不同文化之间的交流与融合成为不可忽视的现象。学校作为社会文化传承和培养人才的重要机构，如何在多元文化的背景下进行文化建设，成为一个值得深入探讨的话题。本书将从多元文化的概念、学校文化建设的重要性出发，分析多元文化对学校文化建设的影响，并探讨在多元文化环境下如何实现更加包容、丰富和创新的学校文化。

（一）多元文化的概念与特征

1. 多元文化的定义

多元文化是指社会、地区或一个群体内存在多种不同的文化，这些文化相互存在、相互影响，形成了多元共存的文化现象。包括了不同民族、宗教、语言、风俗习惯等多种元素的交融。

2. 多元文化的特征

文化差异：多元文化的最显著特征是文化的差异，不同文化之间存在语言、信仰、价值观念等方面的多样性。

文化交流：多元文化意味着文化之间的交流和互动，不同文化相互影响、交流，形成新的文化元素。

文化共存：多元文化并不要求各文化融合为一体，而是鼓励不同文化在共同的社会空间内和平共存。

（二）学校文化建设的重要性

1. 学校文化的定义

学校文化是指学校内部共享的、对学校成员行为产生指导作用的信仰、价值观念、行为规范和社会风气的总和。反映了学校的办学理念、精神风貌和内在特质。

2. 学校文化建设的重要性

塑造学校特色：学校文化是学校的独特标识，能够为学校树立独特的办学特色，增强学校的认同感和凝聚力。

引领学校发展：学校文化是学校内部行为的指导原则，能够引领学校朝着共同的目标和方向发展，推动学校取得更好的成绩。

促进师生交流：通过共同的学校文化，师生之间更容易进行有效的沟通与合作，形成和谐的师生关系。

培养学生品格：学校文化中蕴含的价值观念对学生的品德养成具有积极的引导作用，有助于学生成为有担当的社会人才。

（三）多元文化对学校文化建设的影响

1. 促使文化多元性

多元文化的存在使得学校文化更加多元。学校需要尊重并容纳不同学生群体的文化差异，形成共存、共融的文化氛围。

2. 丰富学校文化内涵

多元文化的融合丰富了学校文化的内涵，使得学校文化更具广度和深度。学校可以从不同文化中汲取精华，形成更为丰富多彩的文化格局。

3. 增强学校文化包容性

多元文化的存在要求学校文化具有更强的包容性。学校应该通过开展多元文化教育，使师生更好地理解和尊重不同文化，进而促进文化之间的融合和共生。

4. 提升跨文化沟通能力

多元文化环境下，学校成员需要具备跨文化沟通的能力。包括语言、礼仪、价值观等方面的跨文化技能，有助于建立更加和谐的学校社区。

5. 激发创新与思辨精神

多元文化的碰撞能够激发学校成员的创新与思辨精神。不同文化的交流与融合常常催生新的思想、观念和艺术表达方式，为学校注入新的活力。

（四）实现多元文化与学校文化建设的途径

1. 制定多元文化政策

学校可以制定明确的多元文化政策，确保对各种文化的尊重和保护。包括语言政策、宗教政策、文化活动政策等，旨在构建更为包容的学校文化。

2. 引入多元文化教育课程

学校应该引入多元文化教育课程，让学生在学业之余了解和尊重不同文化，培养跨文化意识和沟通技能。可以通过开设相关的人文社科课程、举办多元文化活动等方式实现。

3. 创建跨文化交流平台

学校可以创建跨文化交流平台，提供一个交流、分享、合作的空间。通过国际学生交流项目、文化艺术展览、座谈会等形式，促进不同文化之间的交流与理解。

4. 建立文化融合的学术环境

学术环境是学校文化建设的重要组成部分。学校可以鼓励跨学科研究，支持结合多元文化元素的学术活动，培养学术上的开放性和包容性。

5. 鼓励多元文化的艺术表达

通过鼓励学生参与多元文化的艺术表达，如文学、音乐、舞蹈等形式，学校可以打破文化壁垒，促进学生在创造性表达中更好地理解和包容多元文化。

6. 促进师生交流与合作

建立师生之间更为开放的交流机制，鼓励教师和学生在教学和学习中分享文化的特色，促进文化的相互融合。

（五）挑战与未来展望

1. 挑战

文化冲突与误解：在多元文化的环境下，文化冲突与误解不可避免。一些文化差异可能导致师生之间的矛盾，需要学校建立有效的解决机制。

文化包容的平衡：如何在尊重多元文化的同时，确保学校文化的内部一致性，是需要平衡的难题。学校需要寻找适当的度，既保持包容性，又确保学校有明确的核心价值。

2. 未来展望

跨文化领导与管理：学校管理层需要具备跨文化领导的能力，能够有效应对多元文化带来的挑战，推动学校文化建设取得更好的成果。

全球教育网络：利用现代科技手段，建立全球性的教育网络，促进学校之间的跨文化合作与交流，为学生提供更广阔的国际化教育机会。

文化融合的研究：进一步深化对文化融合的研究，不仅在理论层面不断拓展认识，同时也需要形成一系列实践经验和案例，为学校文化建设提供更科学、有效的指导。

多元文化与学校文化建设的关系是一个动态、复杂而又具有挑战性的话题。学校应以开放的心态对待多元文化，将其视为丰富学校文化内涵的机会，通过制度建设、教育课程改革、国际交流与合作等多种途径，促进多元文化与学校文化的良性互动。在全球化背景下，建设具有多元文化特色的学校文化，不仅有助于学校在国际舞台上的竞争力，更有助于培养具备跨文化素养的新一代人才，为社会的发展注入更多的活力和创新力。

三、高校文化建设的创新策略

高校文化建设是学校内涵建设的核心内容之一，对于培养具有创新精神、人文素养和社会责任感的学生具有重要意义。在面对日益复杂多变的社会环境和激烈的国际竞争中，高校文化建设需要不断创新，以适应时代的发展需求。本书将探讨高校文化建设的创新策略，包括文化内涵的创新、制度机制的创新、科技与文化的融合等方面，以期为高校文化建设提供新的思路和方法。

（一）文化内涵的创新

1. 多元文化的融合

高校应积极促进多元文化的融合，通过引入多元文化元素，打破传统文化的束缚，构建更加包容、开放的文化氛围。可以通过开展多元文化活动、引进国际化课程、举办文化交流活动等方式，使学校文化更具多样性。

2. 创新性文化活动

推动创新性文化活动是高校文化内涵创新的关键。除了传统的艺术表演和体育赛事，可以引入创客比赛、文化创意展览、科技与艺术的融合项目等方式，激发师生的创造力和创新激情。

3. 强调实践与体验

高校文化建设应注重实践与体验，通过实地考察、社会实践、文化创意工作坊等方式，使学生更深入地了解文化，并通过参与感受文化的魅力，实现文化内涵的更丰富。

4. 社区参与与文化共建

倡导校园文化与社区文化的共建，通过与周边社区合作，共同举办文化活动，推动文化资源的共享，使校园文化融入社区生活，形成校园与社区共融的文化格局。

（二）制度机制的创新

1. 文化领导团队的建设

建立专业的文化领导团队，使之成为推动高校文化建设的中坚力量。团队应具备跨学科背景，有丰富的文化管理经验，能够引领学校文化发展方向，提供专业的咨询和指导。

2. 创新文化管理模式

采用更为灵活、创新的文化管理模式。传统的管理模式可能限制了文化建设的创新，应当引入灵活的文化治理机制，鼓励学生、教职工的参与，推动文化建设更为民主化。

3. 激励机制的建立

建立激励机制，鼓励教职工和学生参与到文化建设中。可以通过设立文化奖励、设立文化创新基金、评选文化创意项目等方式，激发全校成员的文化建设热情。

4. 跨学科合作机制

推动跨学科合作机制，鼓励文化学科与其他学科的合作，促进文化与科技、文化与商业、文化与社会问题等领域的交叉融合，培养具备多领域视野的学生。

（三）科技与文化的融合

1. 创新数字化展示手段

借助先进的科技手段，创新数字化文化展示手段。通过虚拟现实（VR）、增强现实（AR）、人工智能（AI）等技术手段，将传统文化元素以创新的方式呈现，使之更具吸引力和互动性。

2. 在线文化课程的推广

推动在线文化课程的发展，借助互联网平台开设丰富多样的文化课程。通过在线学习，使学生可以随时随地了解不同文化，拓展国际视野，促进文化与教育的有机结合。

3. 数字化文创产业的培育

鼓励学校与文化创意产业合作，培育数字化文创产品。通过数字化技术，将校园文化、学术资源转化为数字内容，创造出具有市场竞争力的文化产品，促进文化与科技的深度融合。

4. 云平台搭建与文化共享

构建文化资源云平台，实现文化资源的数字化管理和共享。平台可以汇聚各类文化资源，包括数字化的文献、艺术品、音乐、影像等，为学生提供更广泛的学习资源，促进文化传承与创新。

（四）社会参与与校园文化共建

1. 与社会机构合作

积极与社会机构合作，促进文化共建。可以与博物馆、图书馆、艺术机构等建立合作关系，共同举办文化活动，分享资源，为师生提供更广阔的学术与艺术交流平台。

2. 鼓励学生社团的文化创意活动

支持和鼓励学生社团开展丰富多彩的文化创意活动。学校可以提供资源、场地和指导，鼓励学生社团在文学、艺术、传媒等方面开展创新性的文化活动，培养学生的文化兴趣和创造能力。

3. 文化志愿服务

通过开展文化志愿服务项目，将学校文化服务扩展到社会。学生可以通过参与文化志愿服务，将校园文化带到社区、学校周边，促进文化交流与共享，同时培养学生的社会责任感。

4. 公共艺术空间的建设

在校园内建设公共艺术空间，为师生提供展示创意的平台。可以用于学生的文化展览、艺术作品展示，也可以邀请社会艺术家在校园内创作，形成公共艺术的文化氛围。

（五）评估与调整机制的建立

1. 设立文化建设评估体系

建立科学的文化建设评估体系，从文化内涵、创新活动、社会参与等多个维度对学校文化进行评估。通过定期的评估，及时了解文化建设的成效，为进一步的创新提供依据。

2. 建立反馈机制与改进措施

设立文化建设的反馈机制，鼓励师生提出建议和意见。建立一个能够及时响应、灵活调整的机制，根据反馈及时修正文化建设的方向，确保文化建设与学校实际需求相符。

3. 开展文化建设经验分享

鼓励学校与其他高校、文化机构进行文化建设经验分享。通过举办研讨会、座谈会等形式，分享成功的文化建设案例，推动高校文化建设的共同进步。

4. 借鉴国际先进经验

学校可以借鉴国际先进的高校文化建设经验。通过与国外高校建立合作关系，学习成功经验，对比差距，更好地推动高校文化建设的创新。

高校文化建设的创新是一个系统工程，需要多方位、全方位的努力。通过文化内涵的创新、制度机制的创新、科技与文化的融合、社会参与与校园文共建等策略，可以不断提升高校文化建设的水平，使之更好地适应时代的发展需求。

未来，随着科技的不断发展和社会的不断变迁，高校文化建设将面临更多新的挑战和机遇。在全球化的背景下，高校可以更加积极地参与国际文化交流，拓展国际化视野；在数字化时代，高校可以更深度地与科技结合，探索虚拟现实、人工智能等技术在文化建设中的应用。

综上所述，高校文化建设的创新需要学校领导的关注与支持，需要师生的共同努力。通过不断的实践和尝试，高校可以找到适合自身发展的文化建设路径，为培养具有创新意识和国际竞争力的优秀人才做出更大的贡献。

参考文献

[1] 王炳堃. 高校大学生管理教育与校园文化建设 [M]. 长春：吉林出版集团股份有限公司, 2021.

[2] 陆宝萍. 高校学生公寓管理及文化建设初探 [M]. 北京：北京理工大学出版社, 2021.

[3] 李石宝. 基于文化素质教育视角的大学校园环境建设研究 [M]. 北京：北京理工大学出版社, 2019.

[4] 黎雪琼. 大学生认同教育 [M]. 广州：广东高等教育出版社, 2020.

[5] 高健磊. 新时期高校管理与发展路径探索 [M]. 北京：中国政法大学出版社, 2021.

[6] 康丹丹, 施悦, 马烨军. 高校体育文化建设与大学生体育健康 [M]. 长春：吉林人民出版社, 2020.

[7] 吴奕, 金丽馥. 新时代高校文化育人理论与实践 [M]. 镇江：江苏大学出版社, 2021.

[8] 李平, 张昌山. 廉洁校园建设的思考与探索 [M]. 昆明：云南大学出版社, 2019.

[9] 尹冬梅. 新时代高校学生社团建设与管理案例集 [M]. 上海：复旦大学出版社, 2022.

[10] 王磊, 赵红梅, 李赫男. 探究智慧校园建设与信息技术应用 [M]. 哈尔滨：哈尔滨工程大学出版社, 2019.

[11] 陈雪玲. 高校管理案例永启示 第1辑 [M]. 武汉：华中师范大学出版社, 2017.

[12] 崔丽霜, 赵新然. 网络文化与当代大学生 [M]. 石家庄：河北人民出版社, 2017.

[13] 王利平. 网络环境下高校思想政治教育方法研究 [M]. 武汉：武汉大学

出版社, 2020.

[14] 何玉海. 高校教育评估标准、品质、属性、体系及其建设 [M]. 上海：上海三联书店, 2019.

[15] 李晓彦，葛晨光，吴云才. 校园网络文化建设与管理 [M]. 西安：西安地图出版社, 2010.

[16] 齐立石. 大学生思想政治教育 [M]. 成都：电子科技大学出版社, 2017.